# Indícios da pós-modernidade

Zygmunt Bauman

# Indícios da pós-modernidade

Tradução
Rachel Meneguello

Título original: *Intimations of Postmodernity*

Primeira publicação em 1992 pela Routledge. Simultaneamente publicado nos Estados Unidos e no Canadá pela Routledge



Direitos de publicação reservados à:
Fundação Editora da Unesp (FEU)
Praça da Sé, 108
01001-900 – São Paulo – SP
Tel.: (0xx11) 3242-7171
Fax: (0xx11) 3242-7172
www.editoraunesp.com.br
www.livrariaunesp.com.br
atendimento.editora@unesp.br

Dados Internacionais de Catalogação na Publicação (CIP) de acordo com ISBD
Elaborado por Odilio Hilario Moreira Junior – CRB-8/9949

---

B347i

Bauman, Zygmunt
Indícios da pós-modernidade / Zygmunt Bauman; traduzido por Rachel Meneguello. – São Paulo: Editora Unesp, 2023.

Tradução de: *Intimations of Postmodernity*
Inclui bibliografia.
ISBN: 978-65-5711-150-5

1. Sociologia. 2. Filosofia. 3. Pós-modernidade. 4. Zygmunt Bauman. I. Meneguello, Rachel. II. Título.

2023-3165 CDD 301
CDU 301

---

Editora afiliada:

# Sumário

# Introdução
# O reencantamento do mundo, ou como podemos narrar a pós-modernidade?

A pós-modernidade significa muitas coisas diferentes para muitas diferentes pessoas. Ela pode significar um edifício que ostenta com arrogância as "ordens", prescrevendo o que cabe em quê e o que deve ser mantido estritamente fora para preservar a lógica funcional do aço, do vidro e do concreto. Ela significa um trabalho de imaginação que desafia a diferença entre a pintura e a escultura, os estilos e os gêneros, a galeria e a rua, a arte e tudo mais. Ela significa uma vida que, de forma suspeita, parece com uma série de televisão e um docudrama que ignora a sua preocupação em separar a fantasia do que "realmente aconteceu". Ela significa a licença para fazer o que quiser e o conselho para não levar muito a sério nada que você ou os outros façam. Ela significa a velocidade com que tudo muda e o ritmo com que os humores se sucedem para que não tenham tempo de se ossificar em coisas. Ela significa a atenção voltada para todas as direções ao mesmo tempo, de modo que não possa parar em nada por um longo período e nada seja realmente visto de perto. Ela significa um shopping transbordando de mercadorias, cujo uso principal é a alegria de comprá-las, e a existência que parece um confinamento durante toda a vida nesse shopping. Ela significa a excitante liberdade de perseguir qualquer coisa e a impressionante incerteza quanto ao que vale a pena perseguir e em nome do que se deve fazê-lo.

A pós-modernidade é tudo isso e muito mais. Mas é também – talvez mais do que qualquer outra coisa – um *estado mental*. Mais precisamente, um estado daquelas mentes que têm o hábito (ou seria uma compulsão?) de refletir sobre si mesmas, de buscar seus próprios conteúdos e de relatar o que encontraram: o estado mental de filósofos, de pensadores sociais, de artistas – todas aquelas pessoas com quem contamos quando estamos pensativos ou apenas paramos por um momento para saber de onde estamos saindo ou sendo impelidos a sair.

Este é um estado mental marcado, sobretudo, pela sua *destrutividade*, que tudo ridiculariza, tudo corrói e tudo dissolve. Às vezes, parece que o espírito pós-moderno é uma crítica flagrada no momento de seu triunfo definitivo: uma crítica que considera cada vez mais difícil continuar sendo crítica apenas porque destruiu tudo aquilo que costumava criticar; com isso, foi embora a própria urgência de ser crítico. Não há mais nada a que se opor. O mundo e a vida no mundo se tornaram eles mesmos uma autocrítica irrefreável e obsessiva – ou é o que parece ter ocorrido. Assim como a arte modernista, empenhada em censurar a realidade moderna, acabou por desmanchar o próprio objeto de sua crítica (a pintura acabou em uma tela limpa; a escrita, em uma página vazia; a música, em silêncio;[1] na tentativa desesperada de purificar o trabalho do artista,

[1] A arte modernista, numa tentativa desesperada de cortar os vínculos com o mundo que deplora, destrói sistematicamente tudo o que esse mundo poderia aceitar, absorver e utilizar para si: ela "destrói a figura, anula-a, chega ao abstrato, à tela branca, à tela cortada, à tela carbonizada. Na arquitetura e nas artes visuais, será o muro cortina, o edifício como aço, o puro paralelepípedo, a arte minimalista; na literatura, a destruição do fluxo do discurso, a colagem semelhante à de Burroughs, o silêncio, a página em branco; na música, a passagem da atonalidade ao ruído e depois ao silêncio absoluto (neste sentido, o Cage inicial é moderno). Mas chega o momento em que a vanguarda (o moderno) não pode ir mais longe [...]" (Călinescu, Matei. *Five Faces of Modernity: Modernism, Avant-Garde, Decadence,*

Walter de Maria cavou um buraco profundo perto de Kassel, Yves Klein convidou os conhecedores de arte para uma exibição privada das paredes vazias da galeria, Robert Barry transmitiu suas ideias de arte telepaticamente para contornar a praga poluente da palavra e da pintura, e Rauschenberg colocou à venda desenhos apagados de seus amigos artistas),[2] a teoria crítica se defronta com um objeto que parece não mais oferecer resistência, um objeto que amoleceu, derreteu e se liquefez a ponto de o fio agudo da crítica passar sem que ele ofereça resistência. As tragédias passadas zombam de si mesmas em uma crescente caricatura sem sorrisos. Quão ridículo parece ser tentar mudar o rumo da história quando nenhum poder dá a mínima ideia de que deseja dar um rumo à história. Quão vazio parece ser o esforço de mostrar que o que passa por verdade é falso quando nada tem coragem e vigor para se declarar como verdade para todos e para sempre. Quão absurdo parece ser lutar pela arte genuína quando não se pode mais derrubar nada acidentalmente sem que o objeto caído seja proclamado arte. Quão quixotesco é desmascarar a distorção na representação da realidade uma vez que nenhuma realidade afirma ser mais real do que sua representação. Quão ocioso parece ser exortar as pessoas a irem a algum lugar em vez de outro em um mundo em que tudo é aceitável.

O estado mental pós-moderno é a vitória radical (embora certamente inesperada e provavelmente indesejada) da cultura moderna (isto é, inerentemente crítica, inquieta, insatisfeita, insaciável) sobre a sociedade moderna que ela almejou aperfeiçoar, abrindo-a amplamente ao seu próprio potencial. Muitas pequenas batalhas vitoriosas somadas a uma guerra vitoriosa. Uma após a outra, as barreiras foram destruídas, as muralhas derrubadas e esmagadas e as travas quebra-

---

*Kitsch, Postmodern*. Durham: Duke University, 1987. p.176-7). [Ed. bras.: *As cinco faces da modernidade: modernismo, vanguarda, decadência, kitsch, pós-modernismo*. Belo Horizonte: Vega, 1999.]

[2] Cf. Gablik, Suzi. *Has Modernism Failed?* Londres: Thames & Hudson, 1984.

das, no incessante e persistente trabalho de emancipação. A cada momento, uma restrição particular, uma proibição especialmente dolorosa estava sob ataque. Ao fim, o resultado foi um *desmantelamento universal das estruturas apoiadas pelo poder*. Entretanto, nenhuma ordem nova e aperfeiçoada emergiu dos escombros da antiga e indesejada ordem. A pós-modernidade (e nisso ela difere da cultura modernista da qual é tema legítimo e legatário) não busca substituir uma verdade por outra, um padrão de beleza por outro, um ideal de vida por outro. Em vez disso, ela divide a verdade, os padrões e o ideal entre aqueles já desconstruídos e aqueles prestes a o serem. Ela nega de antemão o direito de toda e qualquer revelação se colocar no lugar que as regras desconstruídas/desacreditadas deixou vago. Ela se prepara para uma vida sem verdades, padrões e ideais. Ela é acusada frequentemente de não ser positiva o suficiente, de não ser positiva de forma alguma, de não desejar ser positiva e de menosprezar a positividade como tal, de desconfiar que, por trás de um manto de virtude santa ou mesmo de uma serena autoconfiança, existe uma ameaça de falta de liberdade. A mente pós-moderna parece condenar tudo, não propor nada. A demolição é o único trabalho no qual ela parece se sair bem. A destruição é a única construção que ela reconhece. A demolição de restrições coercitivas e de bloqueios mentais é, para ela, o propósito maior e o fim do esforço emancipatório; a verdade e a bondade, diz Rorty, cuidarão de si próprias, uma vez que tenhamos cuidado adequadamente da liberdade.

Quando está em um molde autorreflexivo e filosófico, a mente pós-moderna indicaria, contra seus críticos, que, apesar de aparências sugerirem o contrário, ela não é uma "destruição destrutiva", mas *construtiva*, na qual esteve engajada o tempo todo. Seu trabalho tem sido uma espécie de operação de limpeza do local. Ao renunciar ao que meramente passa por verdade, desmantelando suas versões passadas, presentes e futuras, putativas e ossificadas, ela revela a verdade em sua forma primitiva, a qual as pretensões modernas mutilaram e distorceram de modo a torná-la irreconhecível.

Mais do que isso: a demolição revela *a verdade da verdade*, a verdade que reside no próprio ser, e não nos atos violentos praticados contra ela; a verdade que foi desmentida sob o domínio da razão legislativa. A verdade real já está lá antes de sua laboriosa construção ter começado; ela é recolocada no terreno sobre o qual os elaborados artifícios foram erguidos, supostamente para exibi-la, mas na verdade para escondê-la e contê-la.

A "segunda revolução copernicana" de Heidegger é frequentemente vista como o arquétipo e criador de tendências dessa demolição de falsos pretextos que a mente pós-moderna afirma estar realizando. Como explica Paul Ricœur, desde que *Sein und Zeit* apareceu, em 1927, a compreensão começou a ser reconhecida como o "modo de ser antes de se definir o modo de conhecer. Ela consiste essencialmente na capacidade do *Dasein* de projetar suas possibilidades mais apropriadas dentro da situação fundamental de estar no mundo". O *insight* seminal de Heidegger foi retomado e utilizado de diversas maneiras por seus seguidores – por exemplo, por Gadamer, que assumiu a responsabilidade de reexaminar a preocupação de Dilthey a partir da perspectiva heideggeriana. Essa questão foi testada em três áreas:

> a das artes, em que o nosso domínio da realidade estética precede o julgamento distanciado do gosto; a da história, onde a consciência de estar exposto aos labores da história precede as objetivações da historiografia documental; e a da linguagem, onde o caráter universalmente linguístico da experiência humana precede toda metodologia linguística, semiótica e semântica.[3]

Em suma, a pós-modernidade pode ser vista como uma forma de devolver o que a modernidade, presunçosamente, havia tirado dele; como um *reencantamento* do mundo que a modernidade se esforçou para *desencantar*. É o artifício moderno que foi desmantelado; o con-

---

[3] Em: Leenhardt, Jacques; Picht, Robert (Orgs.). *Au Jardin des malentendus*. Paris: Actes Sud, 1990. p.173-4.

ceito moderno de razão legisladora do significado que foi exposto, condenado e constrangido. Esse artifício e essa razão, a razão do artifício, são os acusados no tribunal da pós-modernidade.

A guerra contra o mistério e a magia foi, para a modernidade, a guerra de libertação que conduziu à declaração da independência da razão. Foi a declaração de hostilidades que transformou o mundo primitivo e não processado no inimigo. Como é o caso de todos os genocídios, o mundo da natureza (distintamente da casa da cultura que a modernidade se propôs a construir) teve de ser decapitado e, portanto, privado de vontade autônoma e poder de resistência. Na guerra, estava em jogo o direito à iniciativa e à autoria da ação, o direito de se pronunciar sobre os significados, de construir narrativas. Para ganhar as apostas, para ganhar todas elas e para ganhá-las de vez, foi preciso *desespiritualizar* o mundo e torná-lo inanimado, negando a capacidade do *sujeito*.

O desencantamento do mundo era a ideologia de sua subordinação, simultaneamente uma declaração de intenção de tornar o mundo dócil para aqueles que teriam conquistado o direito à vontade e uma legitimação de práticas guiadas apenas por essa vontade como padrão incontestável de propriedade. Nessa ideologia e na prática que ela refletia e legitimava, o espírito estava todo de um lado e toda a matéria se encontrava do outro. O mundo era um *objeto de ação desejada*, uma matéria-prima no trabalho guiado e moldado por desígnios humanos. Os significados e os projetos se tornaram um só. Abandonado a si mesmo, o mundo não tinha sentido. Foi apenas o projeto humano que o dotou de sentido e propósito. Assim, a terra se tornou um repositório de minérios e outros "recursos naturais", a madeira bruta foi transformada em madeira cortada, e a água – dependendo das circunstâncias – virou fonte de energia, hidrovia ou solvente de resíduos. A ligação que pode ser identificada entre a terra, a floresta e a água era difícil de perceber em meio aos minérios, à madeira e ao descarte de rejeitos; em suas novas encarnações, eles foram divididos entre funções e propósitos distintos e distantes e todos os seus elos outrora imaculados agora estavam sujeitos apenas à lógica destes últimos. À medida que a natureza se tornava progressivamente "inanimada", os humanos se tornavam cada vez mais "naturalizados", de modo que sua subjetividade, a "doação de sentido"[4] primordial de sua existência, pudesse ser negada e eles próprios pudessem se tornar acolhedores para significados instrumentais; eles passaram a ser como madeira cortada e cursos d'água, em vez de florestas e lagos. O seu desencantamento, como aquele do mundo como um todo, decorreu do encontro entre a postura projetista e a estratégia da racionalidade instrumental. A conquista desse encontro foi a divisão do mundo entre o sujeito que delibera e o objeto sem vontade; entre o ator privilegiado, cuja vontade importava, e o resto do mundo, cuja vontade não importava – tendo sido negada ou desconsiderada. É contra um mundo tão desencantado que o reencantamento pós-moderno se dirige.

## A modernidade, ou procura-se a estrutura desesperadamente

O tipo de sociedade que, em retrospecto, passou a ser chamada de moderna surgiu da descoberta de que a ordem humana é vulnerável, contingente e desprovida de fundamentos confiáveis. Essa descoberta foi chocante. A resposta ao choque foi um sonho e um esforço para tornar a ordem sólida, obrigatória e confiável. Essa resposta problematizou a contingência como inimigo e a ordem como tarefa. Ela desvalorizou e demonizou a condição humana "crua" e induziu um impulso incessante para eliminar o aleatório e

[4] *Giveness* é um termo da fenomenologia que trata do conhecimento da essência das coisas, e não há para ele uma tradução direta em português. Encontramos na literatura específica traduzida para o português tanto o uso em inglês quanto versões como "o que é dado" e "doação de sentido". (N. T.)

aniquilar o espontâneo. De fato, foi a ordem desejada que de antemão interpretou tudo para o qual não havia espaço ou tempo como contingente e, portanto, sem fundamento. O sonho da ordem e a prática de ordenar constituem o mundo – seu objeto – como caos. E, claro, como um desafio, como uma razão que compele à ação.

A descoberta da contingência não foi um feito da razão. Não se vê o que está à mão, muito menos se pensa nisso, até que ele quebre e decepcione. Não se concebe a regularidade a menos que se seja golpeado pelo inesperado; não se percebe a monotonia até que a forma como as coisas se comportavam ontem deixe de ser um guia confiável para sua conduta amanhã. A contingência foi descoberta *junto* com a percepção de que, se alguém deseja que as coisas e os eventos sejam regulares, repetíveis e previsíveis, é preciso fazer algo a respeito; elas não serão assim por conta própria. A consciência da contingência do mundo e a ideia da ordem como meta e resultado da *prática de ordenar* nasceram juntas, como gêmeas, talvez até gêmeas siamesas.

A dissipação da rotina socialmente supervisionada (teorizada como a ordem predeterminada do ser) poderia ter sido uma experiência estimulante. Entretanto, ela despertou um medo até então desconhecido. O enfraquecimento da rotina foi a bênção da liberdade para os fortes e ousados, mas foi a maldição da insegurança para os fracos e tímidos. O casamento entre a liberdade e a insegurança foi combinado e consumado na noite de núpcias; todas as tentativas subsequentes de separação foram vãs, e o casamento permanece em vigor desde então.

O Renascimento celebrou o colapso da ordem predeterminada (e, portanto, visível apenas em seu colapso) como a libertação. A retirada de Deus significou uma entrada triunfal do Homem. Na tradução de Pico della Mirandola, o Divino Criador disse a Adão: “tu deves ser teu próprio livre moldador e vencedor; tu podes degenerar em animal, e através de ti mesmo renascer para uma existência divina [...]. Somente tu tens o poder de desenvolver e crescer de acordo com o livre arbítrio".[5] Antes, quando se contemplava esse tipo de liberdade, o que nem sempre ocorria, ela era considerada como um atributo divino. Agora era humano; mas, como era humano por ordem divina (a *única* informação dada por Deus ao homem), também era dever do homem. A liberdade era uma oportunidade plena de obrigação. Agora cabia ao homem "renascer para uma existência divina". Essa era uma tarefa para toda a vida, sem nenhuma esperança de trégua. Nada seria satisfatório se faltasse o máximo, e o máximo não era nada menos que a *perfeição*, descrita por Leon Battista Alberti como uma harmonia de todas as partes encaixadas de tal forma que nada poderia ser acrescentado, retirado ou alterado, a não ser pelo pior. A liberdade humana de criação e de autocriação significava que nenhuma imperfeição, feiura ou sofrimento poderia agora reivindicar o direito de existir, muito menos legitimidade. Foi a contingência do imperfeito que estimulou a ansiedade de alcançar a perfeição. E a perfeição só poderia ser alcançada por meio da ação: era o resultado de um "encaixe" laborioso. Outrora uma questão de providência e de revelação, a vida se transformou em objeto de *techne*. A ânsia de refazer o mundo foi plantada na primeira experiência de libertação. Ela foi forçada a crescer de maneira dinâmica pelo medo do caos que dominaria o mundo se a busca pela perfeição fosse abandonada, ou mesmo afrouxada, em um momento de desatenção.

Uma celebração pura e límpida foi, portanto, curta, apenas um breve interlúdio entre o divino e as ordens feitas pelo homem, entre *ser o que se era* e *tornar-se o que se deveria ser*. De Erasmo, Mirandola, Rabelais ou Montaigne a Descartes ou Hobbes, houve apenas a

[5] Otto Rank, que cita Mirandola, fornece um comentário psicológico à noção de gênio humano nascida da experiência renascentista. Ele interpreta o conceito como "a apoteose do homem como personalidade criativa; a ideologia religiosa (voltada para a glória de Deus) sendo transferida para o próprio homem". O homem "assume o papel do herói divino" (*Art and Artist: Creative Urge and Personality Development*. Trad. Charles Francis Atkinson. Nova York: Alfred A. Knopf, 1932. p.24).

distância de uma geração. E a celebração ficou restrita aos poucos sortudos que puderam se concentrar em "moldar a si mesmos" graças à concentração de abundantes recursos, ainda não questionados como um direito e, portanto, prazerosos sem a consequente preocupação com os fundamentos. (No entanto, as celebrações não duraram muito e não poderiam ser universais, pois os fundamentos estavam fadados a se mostrar instáveis ou totalmente ausentes, os recursos estavam fadados a se esgotar e, portanto, o esforço para garantir o seu fluxo desimpedido estava fadado a colidir com o direito de desfrutar de sua contingência.)

Foi nesse breve interlúdio, e entre aqueles que puderam saborear os doces frutos do súbito colapso das certezas assistidas pelo poder, que a diversidade foi não apenas aceita como o destino humano, mas também cuidadosamente abraçada e saudada como sinal e condição da verdadeira humanidade. A abertura, a disposição para evitar condenar o outro e para argumentar com o antagonista, em vez de combatê-lo, a modéstia cognitiva e catéxica, que aceita o plausível em vez de perseguir o absoluto, foram marcas conspícuas da cultura humanista (a qual mais tarde, a partir do auge das ambições modernas, foi renomeada como a "crise pirrônica", um momento de fraqueza antes do ressurgimento da força), que, para todos os efeitos e propósitos práticos, logo seria arquivada em bibliotecas acumuladoras de poeira pelos séculos vindouros. As duras realidades da política após as guerras religiosas e o colapso final da ordem feudal tornaram a diversidade das vidas e a relatividade das verdades muito menos atraentes e certamente nada louváveis. Os governantes esclarecidos e os não tão esclarecidos começaram a construir de novo, voluntariamente e por projeto, a ordem das coisas que os monarcas ungidos do passado estupidamente permitiram desmoronar. Quando vista das torres de vigilância de novos poderes ambiciosos, a diversidade parecia mais com o caos, o ceticismo com a inaptidão, a tolerância com a subversão. A certeza, a ordem e a homogeneidade se tornaram as palavras do dia.

O que se seguiu foi uma longa era (aproximadamente três longos séculos) de *Cosmópolis* (para usar o apropriado termo recentemente cunhado por Stephen Toulmin).[6] Na Cosmópolis, a visão dos visionários se juntou à prática dos praticantes: o modelo intelectual de um universo ordenado mesclado com o alvoroço ordenador dos políticos. Tratava-se da visão de uma harmonia hierárquica refletida, como em um espelho, nos não contestados e incontestáveis pronunciamentos da razão. A prática consistia em fazer pronunciamentos, adornados com os símbolos da razão, incontestáveis e não contestados. Assim como a "cidade do homem" de Santo Agostinho refletia a glória d'*A cidade de Deus*, o Estado moderno, legislando obsessivamente, definindo, estruturando, segregando, classificando, registrando e universalizando, refletia o esplendor dos padrões universais e absolutos da verdade. Quem questionasse o casamento de Santo Agostinho entre o mundano e o divino só poderia falar em nome do mal e do diabo; quem questionasse o casamento moderno entre a verdade absoluta e o poder absoluto só poderia falar em nome da irracionalidade e do caos. O dissenso fora desacreditado e deslegitimado antes mesmo de ser mencionado – pelo próprio caráter absoluto da síndrome dominante, pelo universalismo de suas ambições proclamadas e pela plenitude de sua dominação. A nova certeza havia definido o ceticismo como ignorância ou má vontade, e a diferença como atraso fossilizado ou como um rudimento de ignomínia passada vivendo em um tempo emprestado.[7] Como bem

---

[6] Toulmin, Stephen. *Cosmopolis: The Hidden Agenda of Modernity*. Nova York: Free Press, 1990.

[7] Em um estudo altamente perceptivo sobre o uso do tempo na prática do poder moderno (*Time and the Other: How Anthropology Makes its Object*. Nova York: Columbia University Press, 1983 [ed. bras.: *O tempo e o outro: como a antropologia estabelece seu objeto*. Petrópolis: Vozes, 2013]), Johannes Fabian aponta que "a geopolítica tem seus fundamentos ideológicos na cronopolítica" (p.144). A perspectiva moderna "negava a coetaneidade" a qualquer forma de vida diferente da sua; interpretou o Outro de si mesmo como alguém que "vivia em outro tempo". O dispositivo de distanciamento alocrônico (excelente termo usado por Fabian)

afirmou Harry Redner, "assim como na linguagem da fé Deus não pode ser negado ou mesmo seriamente questionado, também nas linguagens do Progresso é o próprio Progresso que tem esse *status*".[8]

O diferente – o idiossincrático e o despreocupado – foi assim desonrosamente dispensado do exército da ordem e do progresso (como disse Comte, do progresso ordeiro e da ordem progressiva). A degradação foi inequívoca, completa e irrevogável. Realmente não havia nenhuma boa razão para tolerar o Outro que, por definição, se rebelava contra a verdade. Como Spinoza justamente apontou, se eu sei a verdade e você é ignorante, fazer você mudar seus pensamentos e maneiras é meu dever moral; abster-se de fazê-lo seria cruel e egoísta. A modernidade não era apenas o impulso do Homem Ocidental

---

parece ser uma variante de um recurso mais geral: construir o Outro (definir o Outro) de maneira que *a priori* decida seu *status* inferior e, de fato, transitório e (até o desaparecimento) ilegítimo. Em uma época de avanço do progresso guiado pela razão, descrever o Outro como antiquado, atrasado, obsoleto, primitivo e totalmente "pré-" era equivalente a tal decisão.

[8] Redner, Harry. *In the Beginning Was the Deed: Reflections on the Passage of Faust*. Berkeley: University of California Press, 1982. p.30. Redner resume o processo que se seguiu:

> A história é bem conhecida de como nós, europeus, nos lançamos em uma empreitada sem paralelos pelo poder, que chamamos de Progresso [...]. Todas as outras sociedades e culturas foram esmagadas, exterminadas ou forçadas a se engajar conosco em nossa corrida pelo Progresso; ao fim, talvez, alguns deles até se distanciarão de nós. Todos os recursos naturais e humanos foram colocados à nossa disposição para serem transformados de acordo com a nossa vontade soberana. Esse ímpeto voluntário pelo poder foi justificado em nome de um futuro ilimitado do Homem. (p.13)

A postura teórica/prática que define a era moderna foi sucintamente descrita por Redner como uma

> forma de dominar, controlar e dispor sistematicamente das coisas, que em primeiro lugar era dirigida contra a Natureza mas que [os humanos] agora descobriram que também está se voltando contra eles mesmos, privando-os de sua natureza humana [...]. Eles podem se tornar irrelevantes, se não redundantes, para seus próprios esquemas e assim descartar a si mesmos. (p.5)

para o poder; ela era também a sua *missão*, prova de retidão moral e motivo de orgulho. Do ponto de vista da ordem humana fundada na razão, a tolerância é incongruente e imoral.

A nova e moderna ordem decolou como em uma busca desesperada por estrutura em um mundo repentinamente desprovido desta. As utopias que serviram como balizas para a longa marcha rumo ao domínio da razão visualizavam um mundo sem margens, sobras, o inexplicável – sem dissidentes e rebeldes; um mundo em que, como naquele que acabou de ficar para trás, todos terão um trabalho a fazer e todos estarão ansiosos para fazer o trabalho que deve ser realizado: o *eu quero* e o *eu devo* fundir-se-ão. O mundo visualizado diferia do mundo perdido, colocando a atribuição onde o destino cego uma vez governou. Os trabalhos a serem realizados eram agora obtidos de um plano geral, elaborado pelos porta-vozes da razão; no mundo vindouro, o planejamento precedia a ordem. As pessoas não nasceram em seus lugares: elas tiveram que ser ensinadas, treinadas ou incitadas a encontrar o lugar que se encaixava nelas e no qual elas se encaixavam. Não é de admirar que as utopias tenham escolhido a arquitetura e o planejamento urbano como o veículo e a metáfora mestra do mundo perfeito, que não conheceria desajustes e, portanto, nenhuma desordem; por mais que diferissem em minúcias, todos detalhavam com amor os bairros urbanos cuidadosamente segregados e estritamente funcionais, a geometria reta e não poluída de ruas e praças públicas, a hierarquia de espaços e edifícios que, em seus volumes prescritos e austeridade de adornos, espelhavam a soberania estatal da ordem social. Na cidade da razão, não deveria haver estradas sinuosas, becos sem saída e locais abandonados deixados ao acaso – e, portanto, sem vagabundos, mendigos ou nômades.

Nessa cidade desenhada pela razão, sem ruas perigosas, manchas escuras e áreas proibidas, a ordem *deveria ser feita*; não haveria *nenhuma outra ordem*. Daí a ânsia, o desespero: haveria tanta ordem no mundo quanto conseguíssemos colocar nele. A prática decorrente da convicção de que a ordem só pode ser feita pelo homem, que deve permanecer uma imposição artificial ao estado natural indisciplinado das coisas e dos humanos, que por isso permanecerá para sempre vulnerável e precisará de supervisão e fiscalização constantes, é a principal (e, de fato, a única) marca distintiva da modernidade. De agora em diante, não haveria momento de descanso, não se relaxaria a vigilância. O impulso ordenador seria alimentado novamente pelo medo do caos, que nunca seria dissipado. O tampo da ordem nunca pareceria apertado e pesado o suficiente. A fuga da vida selvagem, uma vez iniciada, nunca terminará.

Em um estudo recente,[9] Stephen L. Collins destacou o "problema hobbesiano" como o epítome desse espírito moderno:

> Hobbes entendeu que um mundo em fluxo era natural e que a ordem deveria ser criada para conter o que era natural [...]. A sociedade não é mais um reflexo transcendentalmente articulado de algo pré-definido, externo e além de si mesmo que ordena a existência hierarquicamente. Ela é agora uma entidade nominal ordenada pelo Estado soberano que é o seu próprio representante articulado [...]. [Quarenta anos após a morte de Elizabeth] a ordem estava começando a ser entendida não como natural, mas como artificial, criada pelo homem e manifestamente política e social [...]. A ordem deve ser projetada para conter o que parecia ubíquo (ou seja, o fluxo) [...]. A ordem se tornou uma questão de poder, e o poder uma questão de vontade, força e cálculo [...]. Fundamental para toda a reconceituação da ideia de sociedade foi a crença de que a comunidade, assim como a ordem, era uma criação humana.

Criar a ordem não significa nem cultivar nem extirpar as diferenças. Significa *autorizá-las*. E isso significa uma *autoridade de autorização*. Inversamente, significa também deslegalizar as diferenças não autorizadas. A ordem pode ser apenas uma categoria que inclui tudo. Também deve permanecer para sempre um acampamento beligerante, cercado de inimigos e travando guerras em todas as fronteiras.

---

[9] Collins, Stephen L. *From Divine Cosmos to Sovereign State: An Intellectual History of Consciousness and the Idea of Order in Renaissance England*. Oxford: Oxford University Press, 1989. p.28-9.

A diferença não autorizada é o principal inimigo: é também um inimigo a ser consequentemente vencido – um inimigo temporário, um testemunho da inadequação do zelo e/ou recurso da ordem de combate (para os primeiros pensadores modernos – pode-se repetir segundo Peter de Bolla –, "as experiências heterogêneas do real indicam uma série de diferenças que devem ser transformadas em semelhança, que devem ser homogeneizadas em um sujeito unitário por meio de comparação e combinação").[10] O poder subversivo da diferença *não autorizada* reside precisamente na sua *espontaneidade*, ou seja, na sua indeterminação em relação à ordem decretada, na sua imprevisibilidade, na sua incontrolabilidade. Na forma da diferença não autorizada, a modernidade lutou contra o verdadeiro inimigo: a área cinzenta da ambivalência, da indeterminação e da indecidibilidade.

Dificilmente se pode imaginar um grupo social mais estritamente diferenciado, segregado e hierárquico do que a população do panóptico – a grande metáfora de Jeremy Bentham de uma sociedade ordenada e orientada pela razão. No entanto, *todos* os residentes do panóptico – o Vigilante, os supervisores e o mais baixo dos reclusos – são igualmente *felizes*. Eles são felizes porque vivem em um ambiente cuidadosamente controlado e, portanto, sabem exatamente o que fazer. As tristezas da frustração e a dor do fracasso não são para eles. A lacuna entre a vontade e o dever foi transposta.[11]

---

[10] "Para o teórico antigo", diz De Bolla, "a diferença representa a divisão da sociedade e, portanto, a divisão do eu; aqui a superfície reflexiva [...] é externa, pública, dentro do social, cultural e político" (De Bolla, Peter. *The Discourse of the Sublime: Readings in History, Aesthetics and the Subject*. Oxford: Basil Blackwell, 1989. p.285). O indivíduo autônomo pode ser concebido apenas como um excesso, um excedente, um efluente descontrolado do discurso de controle; ele é, pode-se dizer, um "negócio inacabado" do esquema de ordenamento, sobrecarregado com a reconciliação ou a suavização das diferenças – as tarefas que teriam sido resolvidas no nível público.

[11] Analisei as consequências psicossociais da estrutura panóptica mais detalhadamente no primeiro capítulo em Bauman, Zygmunt. *Freedom* (Milton Keynes: Open

Transpor a lacuna foi, de fato, o *focus imaginarius* da luta moderna pela ordem racionalmente projetada. Ficou a cargo do gênio de Bentham perceber que a prisão serve a esse propósito e o garante melhor do que qualquer outro arranjo. Ou melhor, que a principal tarefa do dia supera e ofusca as distinções "meramente funcionais" entre prisões, casas de detenção, casas de correção, casas de trabalho (*workhouses*), asilos, hospitais, abrigos, escolas, quartéis, dormitórios e fábricas. A modernidade foi uma longa marcha para a prisão. Ela nunca chegou lá (embora em alguns lugares, como a Rússia de Stálin, a Alemanha de Hitler ou a China de Mao, tenha chegado bem perto), mas não por falta de tentativas.

## A pós-modernidade, ou escondendo-se do medo

Fomos educados à sombra da sinistra advertência de Dostoiévski: se Deus não existe, tudo é permitido. Se somos cientistas sociais profissionais, também fomos treinados para compartilhar a não menos sinistra premonição de Durkheim: se a pressão normativa da sociedade diminuir, a ordem moral entrará em colapso. Por alguma razão, tendemos a acreditar que os homens e as mulheres só podem ser impelidos ou persuadidos a uma coexistência pacífica por uma força ou uma retórica superior. Portanto, estamos naturalmente propensos a ver com horror a perspectiva de nivelar as hierarquias: somente a desordem universal pode suceder ao desaparecimento das verdades que reivindicam a universalidade. (Essa é, provavelmente, a principal razão pela qual muitos filósofos e políticos, e aquela parte de cada um de nós onde reside um filósofo ou um político, militam contra encarar a contingência como um destino inevitável, quem dirá abraçá-la como um destino bem-vindo.) Sugiro que é

University Press, 1988). [Ed. bras.: *Liberdade*. Trad. Silvana Perrella Brito. Santo André-SP: Academia Cristã, 2014.]

justamente nesse horror e nesse ressentimento que o potencial mais perigoso da condição pós-moderna está emboscado.

As ameaças relacionadas à *pós-modernidade* são altamente familiares: pode-se dizer que elas são completamente *modernas* por natureza. Agora, como antes, elas nascem daquele *horror vacui* que a modernidade transformou em princípio de organização social e formação da personalidade. A modernidade foi um esforço contínuo e intransigente para preencher ou cobrir o vazio; a mentalidade moderna mantinha uma firme crença de que o trabalho pode ser feito – se não hoje, então amanhã. O pecado da pós-modernidade é abandonar o esforço e negar a crença; essa dupla parece ser de fato um pecado, uma vez que lembramos que abandonar o esforço e negar a crença não neutraliza, por si só, a força propulsora do *medo do vazio*; e a pós-modernidade não fez quase nada para apoiar a sua oposição à pretensão do passado com um novo antídoto prático para o velho veneno.

E, assim, os homens e as mulheres foram deixados sozinhos com seus medos; eles ouvem dos filósofos que o vazio veio para ficar e dos políticos que lidar com ele é seu próprio dever e preocupação. A pós-modernidade não acalmou os medos que a modernidade injetou na humanidade quando a deixou entregue a seus próprios recursos; ela apenas *privatizou* esses medos. Isso pode ser uma boa notícia: afinal, em sua forma coletivizada, a luta contra o vazio muitas vezes terminava em missões de classes, nações ou raças – muito longe do sonho dos filósofos de paz eterna resultante da universalidade da razão humana. A privatização dos medos pode não trazer paz de espírito, mas talvez elimine algumas das razões de guerras de classes, nações ou raças. No entanto, as notícias não são inequivocamente boas. Com os medos privatizados, a tentação de correr para se proteger continua mais forte do que nunca. Não há esperança de que a razão humana e seus agentes terrenos farão da corrida uma excursão guiada, que certamente terminaria em um abrigo seguro e agradável.

A privatização dos medos significa a privatização das rotas de fuga e dos veículos de fuga. Isso significa uma fuga do tipo "faça você mesmo". A única coisa que se espera que a coletividade ofereça é um conjunto de *kits* de automontagem para o trabalho. Tal como está, o mundo social aparece ao indivíduo como um conjunto de escolhas; um mercado, para ser mais exato. Quão significativos serão o trabalho de montagem e seu resultado depende de quem faz a seleção e a montagem: pelo menos é nisso que se fez essas pessoas acreditarem. Mas então elas não teriam os meios para descobrir o quão sensível e/ou gratificante é esse significado, uma vez terminada a montagem. Para isso, precisam de uma confirmação que só pode vir na forma de aprovação supraindividual. Essa necessidade não é de forma alguma nova ou especificamente pós-moderna. O que é de fato peculiarmente pós-moderno é a ausência de "agências oficiais de aprovação", capazes de impor, com a ajuda de normas sancionadas, sua aprovação ou desaprovação (daí a nova sensação de uma sinistra "suavidade" do *habitat*; o sentimento prazeroso embora perturbador de que "vale tudo"). Assim como as propostas que buscam aprovação, as próprias agências de aprovação devem ser frequentemente interpretadas da maneira "faça você mesmo" – exatamente como as escolhas que alguém deseja (e espera) que aprovem.

É por essa razão que a pós-modernidade, tendo privatizado os medos modernos e a preocupação de lidar com eles, teve que se tornar uma era de *comunidades imaginadas*.[12] Tanto para os filósofos quanto para as pessoas comuns, espera-se agora que a comunidade traga o socorro anteriormente buscado nos pronunciamentos da razão universal e de suas traduções terrenas: os atos legislativos do Estado nacional. Mas tal comunidade, como a sua predecessora (a razão universal), não cresce no deserto: é uma planta de estufa, que pre-

---

[12] Devo a ideia de *comunidade imaginada* a Benedict Anderson (de seu *Imagined Communities: Reflections on the Origin and Spread of Nationalism*. Londres: Verso, 1983 [ed. bras.: *Comunidades imaginadas*. Trad. Denise Bottmann. São Paulo: Companhia das Letras, 2008]), embora aceite a responsabilidade pelos usos que lhe dei. Também comparo Michel Maffesoli, *Les Temps de tribus: le déclin de l'individualisme dans les sociétés de masse* (Paris: Klincksieck, 1988 [ed. bras.: *O tempo das tribos: o declínio do individualismo nas sociedades de massa*. São Paulo: Forense Universitária, 2006]), para uma ideia semelhante de *neotribos*.

cisa ser semeada, alimentada, podada e protegida contra ervas daninhas e parasitas. Mesmo assim, ela leva apenas uma existência precária e pode desaparecer da noite para o dia caso o suprimento de cuidado afetuoso se esgote. É precisamente por causa de sua vulnerabilidade que a comunidade fornece o foco das preocupações pós-modernas, que atrai tanta atenção intelectual e prática e que figura com tanto destaque nos modelos filosóficos e nas ideologias populares da pós-modernidade.

As comunidades são *imaginadas*: a crença em sua presença é seu único tijolo e argamassa, e a imputação de importância é sua única fonte de autoridade. Uma comunidade imaginada adquire o direito de aprovar ou desaprovar como *consequência* da decisão do indivíduo que busca a aprovação de investi-la do poder de arbitragem e de concordar em ser vinculada à arbitragem (embora, é claro, deva-se *acreditar* que a ordem inversa tem fundamento para fazer a coisa toda funcionar). Por si só, uma comunidade imaginada não teria recursos para impor sua arbitragem no caso de a concessão de autoridade ser retirada; ela não teria sequer o órgão institucionalizado capaz de chegar à decisão no caso sob arbitragem. No entanto, a comunidade imaginada pode ser ocasionalmente muito mais poderosa do que jamais foram as "comunidades por inércia" concebidas por Ferdinand Tönnies (comunidades que perduram sem esforço, como se meramente por força de proximidade física e ausência de movimento). O que falta a ela em estabilidade e continuidade institucionalizada é mais do que compensado com o esmagador comprometimento afetivo de seus autodenominados "membros". Na ausência de apoio institucional, o compromisso tende a ser inconstante e efêmero. Nos momentos de condensação, porém, ela pode atingir uma intensidade de tirar o fôlego, literalmente, e o faz com frequência suficiente para despertar ansiedade.

Existir é ser declarado; eu sou visto, logo existo – essa pode ter sido a versão do *cogito* elaborada pela própria comunidade imaginada. Sem nenhuma outra âncora (e, acima de tudo, nenhuma âncora objetivada, supraindividual) exceto as afeições de seus "membros", as comunidades imaginadas existem apenas por meio de suas manifestações, por meio de ocasionais explosões espetaculares de união (manifestações, passeatas, festivais, protestos) – materializações repentinas da ideia, mais eficazes e convincentes por violarem abertamente a rotina do cotidiano. No *habitat* pós-moderno de ofertas difusas e de escolhas livres, a atenção pública é a mais escassa de todas as mercadorias (pode-se dizer que a economia política da pós-modernidade se preocupa principalmente com a produção e a distribuição da atenção pública). O direito de uma comunidade imaginada de arbitrar é estabelecido (embora apenas por um tempo e sempre apenas até segunda ordem) proporcionalmente à quantidade e à intensidade da atenção pública forçada a se concentrar em sua presença; a "realidade" e, portanto, também o poder e a autoridade de uma comunidade imaginada são a função dessa atenção. Ao buscar uma autoridade suficientemente poderosa para aliviá-los de seus medos, os indivíduos só conseguem atingir seu objetivo tentando tornar as comunidades imaginadas por eles mais autorizadas do que aquelas imaginadas por outros – e o fazem colocando-as no centro da atenção pública. Isso pode ser alcançado por meio de uma exibição espetacular – tão espetacular e intrusiva que impede o público de desviar os olhos. Como nenhuma comunidade imaginada está sozinha em sua luta pela atenção do público, o resultado é uma competição acirrada que força as apostas do jogo a aumentarem. O que era suficientemente espetacular ontem perde a sua força de atração hoje, a menos que eleve a novas alturas seu poder impressionante. Constantemente bombardeados, os poderes de absorção do público são incapazes de se apegar a qualquer uma das seduções concorrentes por mais do que um momento fugaz. Para chamar a atenção, as exibições devem ser cada vez mais bizarras, condensadas e (sim!) desconcertantes; talvez cada vez mais brutais, sangrentas e ameaçadoras.

No mundo das comunidades imaginadas, a luta pela sobrevivência é uma luta pelo acesso à imaginação humana. Portanto, quaisquer eventos que consigam obter tal acesso (batalha de rua antes e depois de jogos de futebol, sequestro de aviões, ato de terrorismo direcionado ou aleatório, profanação de túmulos, grafite ofensivo em locais de culto, envenenamento ou contaminação de alimentos de supermercado, ocupação de praças públicas, tomada de reféns, nudez em público, marcha em massa ou tumulto na cidade) o fazem antes de mais nada em sua qualidade semiótica e simbólica. Qualquer que seja o dano realmente infligido às vítimas intencionais ou acidentais da exibição, é o significado *simbólico* que conta – a captura da imaginação do público. Via de regra, a magnitude do efeito dessa captura está relacionada de maneira frágil à escala de devastação "material" que os espetáculos poderiam causar.

Essa última observação contém, talvez, um vislumbre de esperança. Mas permanece o fato de que a privatização pós-moderna dos medos provocou e provocará uma busca furiosa por abrigos comunais ainda mais veemente e potencialmente letal para a frágil e imaginada existência de comunidades; que essa busca gerará demonstrações cada vez mais ousadas (e possivelmente violentas, já que nada atrai tanto a atenção quanto a violência impensada e sem motivo) de união comunitária; e que as exibições permanecerão forçosamente competitivas e, portanto, impregnadas de hostilidade intercomunitária. Quantas oportunidades há para a tolerância?

Para todos os efeitos, o tribalismo desenfreado é a forma atualmente praticada de "abraçar a contingência"[13] (para usar a memorável expressão de Agnes Heller) já privatizada com o advento da pós-modernidade. Estamos fadados a viver *com* a contingência (conscientes da contingência, face a face com a contingência) no futuro previsível. Se quisermos que esse futuro também seja longo, a tolerância deve ser assegurada na única forma em que pode frear

[13] Heller, Agnes. From Hermeneutics in Social Science toward a Hermeneutics of Social Science, *Theory and Society*, v.18, n.3, p.291-322, 1989.

as hostilidades tribais: a da *solidariedade*.[14] Pode-se dar um passo adiante e propor que a tolerância como tal é possível *apenas* sob a forma de solidariedade: ou seja, é preciso não apenas se abster de ambições de conversão (uma abstenção que pode muito bem resultar em uma quebra de comunicação, na declaração de indiferença e na prática da separação), mas haver um reconhecimento prático da *relevância* e da *validade* da diferença do outro, que se expressa em um engajamento voluntário no diálogo.

A tolerância requer a aceitação da subjetividade (ou seja, capacidade de produção de conhecimento e natureza motivada da ação) do outro que deve ser "tolerado"; mas tal aceitação é apenas uma condição necessária, não suficiente, da tolerância. Por si só, nada faz para salvar os "tolerados" da humilhação. E se ela assumir a seguinte forma: "você está errado e eu estou certo; concordo que nem todo mundo pode ser como eu, pelo menos não por enquanto, não de uma vez; o fato de eu suportar sua alteridade não exime seu erro, apenas prova minha generosidade"? Tal tolerância seria apenas mais uma das muitas posturas de superioridade; na melhor das hipóteses, chegaria perigosamente perto de esnobar; dadas as circunstâncias propícias, também pode ser uma abertura para uma cruzada. A tolerância atinge todo o seu potencial apenas quando oferece mais do que aceitação da diversidade e da coexistência: quando ela reclama a admissão enfática da *equivalência* dos discursos produtores de conhecimento; quando

---

[14] Richard Rorty (*Contingency, Irony and Solidarity*. Cambridge: Cambridge University Press, 1989. p.198 [ed. bras.: *Contingência, ironia e solidariedade*. São Paulo: Martins Fontes, 2007]) dá a seguinte definição descritiva das condições (lógicas) da solidariedade: nossa época é a primeira época na história humana em que um grande número de pessoas se tornou capaz de separar a pergunta "Você acredita naquilo em que acreditamos e deseja aquilo que desejamos?" de "Você está sofrendo?". No meu jargão, essa é a capacidade de distinguir a questão de saber se você e eu temos o mesmo vocabulário da questão de saber se você está sofrendo.
Pode-se ter algumas dúvidas sobre quão grande é o "grande número de pessoas" a que Rorty está se referindo, mas há poucas dúvidas quanto à centralidade da distinção de Rorty para o destino da solidariedade pós-moderna.

ela clama por um *diálogo* vigilantemente protegido contra as tentações monologuistas;[15] quando ela reconhece não apenas a *alteridade* do outro, mas a legitimidade de seus interesses e seu direito de ter tais interesses respeitados e, se possível, satisfeitos.

## O paradoxo ético da pós-modernidade

Afirmo que a escolha ética e a responsabilidade moral assumem, sob a condição pós-moderna, um significado totalmente novo e há muito esquecido; uma importância da qual a modernidade tentou arduamente, e com considerável sucesso, despojá-las, caminhando para a substituição do discurso ético pelo da verdade objetiva, translocal e impessoal. A modernidade foi, entre outras coisas, um exercício gigantesco de abolição de toda responsabilidade individual que não fosse aquela medida pelos critérios de racionalidade instrumental e de realização prática. A autoria das regras morais e a responsabilidade por sua promoção foram deslocadas para um nível supraindividual.[16] Com as sociedades (institucionalizadas como Estados-nação) perdendo o interesse pela promoção da uniformidade cultural e renunciando ao seu papel de porta-vozes da razão universal, os agentes enfrentam confusão ética e falta de clareza de

---

[15] Sobre as condições/suposições cognitivas que justificam a diferença estratégica entre os discursos "monológico" e "dialógico", Mikhail Bakhtin tinha o seguinte a dizer: "em um discurso monológico, há apenas uma consciência, um sujeito; em um discurso dialógico, duas consciências, dois sujeitos" (cf. Bakhtin, Mikhail. *Estetika slovesnovo trorchestra* [Aesthetics of Verbal Creativity]. Moscou: Iskusstvo, 1986, p.306 [ed. bras.: *Estética da criação verbal*. São Paulo: Martins Fontes, 2011]). No quadro monológico, "o intelecto contempla um objeto e faz afirmações sobre ele. Nesse caso, há apenas um sujeito, tanto cognitivo (contemplativo) quanto falante (locucionário). Ele confronta um objeto entorpecido" (ibid., p.383).

[16] Desenvolvi esse tema de maneira mais completa em Bauman, Zygmunt. Effacing the Face: On the Social Management of Moral Proximity, *Theory, Culture and Society*, v.7, n.1, p.5-38, 1990.

escolhas morais como uma condição permanente, mais do que um obstáculo temporário (e em princípio retificável). Eles também os encaram como seus próprios problemas e sua própria responsabilidade. Por último, mas não menos importante, eles os encaram como desafios angustiantes que nunca podem ser resolvidos para uma satisfação plena e límpida, como tarefas sem soluções "verdadeiras" e "adequadas" garantidas que dificilmente se livram da incerteza e da ambivalência.

O paradoxo ético da condição pós-moderna é que ela restaura a plenitude da escolha moral e da responsabilidade dos agentes, ao mesmo tempo que os priva do conforto da orientação universal que a autoconfiança moderna outrora prometeu. As tarefas éticas dos indivíduos crescem enquanto os recursos socialmente produzidos para cumpri-las diminuem. A responsabilidade moral vem junto com a solidão da escolha moral.

Em uma cacofonia de vozes morais, nenhuma das quais provavelmente silencie as outras, os indivíduos são lançados de volta a sua própria subjetividade como a única autoridade ética definitiva. Ao mesmo tempo, no entanto, são informados repetidamente sobre o relativismo irreparável de qualquer código moral. Nenhum código reivindica fundamentos mais fortes do que a convicção de seus seguidores e sua determinação em cumprir suas regras. Uma vez adotadas, as regras dizem o que se deve fazer; mas nada diz ao sujeito, pelo menos não de forma convincente, por que essas regras (ou quaisquer outras regras nesse sentido) devem ser adotadas. A deposição da razão universal não restabeleceu um Deus universal. Em vez disso, a moralidade foi *privatizada*; como tudo aquilo que compartilhou esse destino, a ética se tornou uma questão de discrição individual, tomada de riscos, incerteza crônica e escrúpulos nunca aplacados.

Sob essas circunstâncias, não há agências sociais óbvias que possam guiar a escolha entre a indiferença e a solidariedade – as duas versões fortemente opostas da tolerância pós-moderna. A escolha acabará por ser prática e por prescindir do apoio de garantias filosóficas. Ela terá de ser construída de baixo para cima, a partir das convicções éticas e da conduta moral da multidão de agentes individuais. A forma que a tolerância pós-moderna assumirá não é garantida de antemão. Cada uma das duas formas tem seus próprios reforços poderosos, e não há como saber qual delas pode finalmente prevalecer.

Isso porque, por trás do paradoxo ético pós-moderno, esconde-se um dilema prático genuíno: agir de acordo com as próprias convicções morais está naturalmente repleto de um desejo de conquistar, para tais convicções, uma aceitação cada vez mais universal; entretanto, toda tentativa de fazer exatamente isso parece a já desacreditada tentativa de dominação. Uma rejeição verdadeiramente consistente da heteronomia implicada na postura monológica levaria, paradoxalmente, a uma indiferença arrogante e sarcástica. O indivíduo precisaria, afinal, abster-se de levar o outro a agir de acordo com as regras que o próprio indivíduo aceita como moralmente sólidas e abster-se de impedir que o outro siga regras que o próprio indivíduo considera odiosas ou abomináveis. Essa autorrestrição, entretanto, não pode ser facilmente separada de seu corolário: a visão desdenhosa do outro como um ser essencialmente inferior, que não precisa ou não pode se elevar ou ser elevado ao nível de vida considerado propriamente humano. Pode-se dizer que a prevenção zelosa da postura monológica leva a consequências surpreendentemente semelhantes àquelas que se deseja evitar. Se considero os castigos corporais degradantes e as mutilações corporais desumanas, deixar que os outros as pratiquem em nome do seu direito de escolha (ou porque não posso mais acreditar na universalidade das regras morais) equivale a reafirmar minha própria superioridade: "eles podem chafurdar em barbaridades que eu jamais toleraria [...]; isso serve bem a eles, esses selvagens". A renúncia à postura monológica não parece, portanto, uma bênção pura. Quanto mais radical for, mais se assemelha ao relativismo moral em sua encarnação comportamental de indiferença insensível.

Parece não haver saída fácil para o dilema. A humanidade pagou um preço muito alto pelo vício monológico da modernidade para não estremecer com a perspectiva de outro ataque de ordenação por projeto e de mais uma sessão de engenharia social. Não será fácil encontrar o meio-termo entre as tentações colonizadoras e o egoísmo do autofechamento tribal; nenhuma das alternativas parece ser uma proposta atraente – mas nenhuma de suas misturas promete ser infalível e, acima de tudo, nenhuma delas tem chance de perseverar. Se a fórmula civilizadora da modernidade demandava a renúncia de pelo menos parte da liberdade do agente em troca da promessa de segurança extraída da (suposta) certeza moral e (possível) certeza social, a pós-modernidade proclama como ilegais todas as restrições à liberdade, ao mesmo tempo que elimina a certeza social e legaliza a incerteza ética. A insegurança existencial – a contingência ontológica do ser – é o resultado.

## Sobre este livro

Não é fácil narrar a pós-modernidade. Se o propósito ou o efeito da narrativa é trazer ordem a um espaço semanticamente carregado porém confuso e evocar a consistência lógica onde caso contrário o caos reinaria, qualquer narrativa que pretenda servir bem à sua *raison d'être* corre o risco de insinuar mais coerência do que a condição pós-moderna poderia sustentar. Dado que lembramos que a incoerência é o mais distintivo entre os atributos da pós-modernidade (possivelmente sua característica definidora), precisamos nos reconciliar com a perspectiva de que todas as narrativas serão, em graus variados, falhas. Quanto mais elas se aproximam de retratar a condição pós-moderna como um sistema equilibrado, mais suas falhas correm o risco de serem graves. É pelo medo de tal erro (muito fácil de cometer) que os ensaios reunidos neste volume só têm a ambição de relatar uma série de visões, ou vislumbres, da cena pós-moderna – cada um consciente de ser parcial e percebido apenas a partir de um dos muitos pontos de observação possíveis. A maioria deles foi concebida e escrita em vários estágios do debate pós-moderno; cada um resultou de um registro separado no mundo pós-moderno, em um ponto um tanto diferente de seu próprio desenvolvimento e do desenvolvimento de sua percepção, e com o benefício da observação em retrospecto de um conhecimento diferente. Juntos, eles oferecem uma imagem produzida pela rotação de um "círculo hermenêutico": a reciclagem sucessiva de uma série de *insights* básicos.

O primeiro grupo de ensaios está unido por uma intenção comum: situar o trabalho da sociologia em um mundo novo, notavelmente diferente daquele em que seus objetivos e estratégias ortodoxas foram gestados. Pode a sociologia entrar nesse novo mundo? Em caso afirmativo, à custa de qual acomodação? Pode o *status* tradicional da sociologia como um discurso *privilegiado*, como um fornecedor de modelos racionais da realidade social e conhecimento gerencialmente útil de seus processos, ser resgatado e mantido? Em particular, como os objetivos ortodoxos da sociologia provavelmente se saem sob condições de pluralismo endêmico de autoridade? Em resumo, os ensaios desse grupo perguntam o que o advento da pós-modernidade mudou (se é que mudou alguma coisa) na relação da sociologia com o Estado e nas perspectivas de liberdade e de justiça.

O segundo grupo de ensaios consiste em uma espécie de estudo de caso. Eles se concentram em uma tentativa clinicamente aguda (porque levada a um extremo radical não aliviado por nenhuma "circunstância atenuante") de agir de acordo com as ambições da mente moderna, nascida do Iluminismo, e de colocar seus preceitos em prática. Eles se concentram, portanto, na derrota menos ambígua e mais contundente do projeto moderno (e, da mesma forma, no triunfo mais espetacular dos valores pós-modernos que vieram substituí-lo); em outras palavras, eles lidam com o empreendimento proibitivamente caro de construir o comunismo – mas tentam estabelecer que lições gerais sobre o potencial interno e os perigos internos das condições modernas e pós-modernas podem ser aprendidas a partir de seu fracasso.

O colapso do comunismo foi o último prego no caixão das ambições modernas que traçaram o horizonte da história europeia (ou influenciada pela Europa) dos últimos dois séculos. Esse colapso nos levou a um mundo ainda inexplorado: um mundo sem uma utopia coletiva, sem uma alternativa consciente a si mesmo. A sua sobrevivência e autopropagação precisam ser compreendidas a partir de dentro – uma tarefa descomunal, que provavelmente será realizada repetidamente e que provavelmente não será cumprida de maneira permanentemente satisfatória. O último ensaio do volume é uma tentativa ousada de enfrentar essa tarefa; como muitas outras tentativas que já surgiram e sem dúvida continuarão aparecendo, esta é o que deve ser nesta fase da exploração: experimental e inconclusiva, mais um registro da luta de uma mente com o desconhecido do que um modelo teórico abrangente de uma realidade-em-processo-de--se-tornar, uma realidade que até agora teimosamente desafia todos os esforços do ordenamento racional.[17]

---

[17] Alguns ensaios reunidos neste livro foram publicados nas versões atuais ou anteriores em *Political Quarterly*; *Praxis International*; *Sociological Review*; *Theory, Culture and Society*; *Thesis Eleven* e *Times Literary Supplement*.

# 1
# Legisladores e intérpretes: a cultura como a ideologia dos intelectuais

Antonio Gramsci (1957) destinou o adjetivo "orgânico" para aqueles intelectuais que articulavam a visão de mundo, os interesses, as intenções e o potencial historicamente determinado de uma classe particular, para quem elaborava os valores que precisavam ser promovidos para que tal potencial fosse plenamente desenvolvido e para quem legitimava o papel histórico de determinada classe e sua pretensão ao poder e à gestão do processo social em termos desses valores.

As ideologias eram o produto dessa articulação, elaboração e legitimação. Sua produção, sua defesa discursiva e sua divulgação eram obra de intelectuais orgânicos, atividade que definia simultaneamente a práxis especificamente intelectual e a função desempenhada pelos intelectuais na reprodução do sistema social.

Como "orgânicos", os intelectuais permaneceram invisíveis como os autores de narrativas ideológicas. As imagens da sociedade ou da história que eles pintavam raramente continham sua própria representação. Como regra, os intelectuais orgânicos se escondiam atrás dos ombros largos de seus pretensos heróis. Nas ideologias de classe, o papel de atores históricos era normalmente atribuído a classes definidas por atividades diferentes daquelas que distinguiam seus autores intelectuais.

Um exame mais minucioso, no entanto, penetraria a camuflagem. Ele revelaria a estranha semelhança que os atores de cenários ideológicos tinham com os roteiristas intelectuais. Independentemente de quem fosse designado como modelo em uma determinada sessão de pintura de retratos, o produto era invariavelmente uma imagem mal disfarçada do pintor. Nas ideologias orgânicas, os intelectuais pintavam seus autorretratos, embora raramente admitissem isso.

Como outros autores de narrativas, os intelectuais orgânicos dificilmente poderiam erradicar ou dissolver sua presença nos frutos de seu trabalho; isso foi prontamente admitido no que diz respeito a praticamente todos os tipos de autoria, embora, paradoxalmente, as pretensões de objetividade no campo das narrativas ideológicas tendam a ser defendidas com mais zelo do que em qualquer outro lugar. No entanto, nas ideologias orgânicas, a autoria intelectual deixa uma marca particularmente forte – sobretudo em dois aspectos.

Primeiro, o próprio modo de práxis dos intelectuais serve como linha de base natural em relação à qual são traçadas as características do pretenso modelo do retrato. As próprias características do modelo tendem a ser aparadas, subestimadas ou domesticadas, enquanto a experiência do pintor é projetada na obra acabada. Assim, os retratos representam invariavelmente os heróis credenciados com um interesse agudo no conhecimento, uma busca desinteressada da verdade, um proselitismo moral e outros traços inextricavelmente associados à autointerpretação do modo de vida intelectual.

Em segundo lugar, atribui-se aos pretensos heróis das ideologias orgânicas o papel de "agentes históricos", na medida em que se acredita que eles promovem um tipo de sociedade na qual a continuação do modo de vida intelectual é seguramente irrestrita e atribui-se a ela uma importância considerável, se não central, no funcionamento do sistema social. Em outras palavras, a "boa sociedade" da qual os heróis são considerados agentes é uma projeção do modo intelectual sobre a sociedade como um todo; por outro lado, trata-se de um modelo confiável para fornecer condições ideais para a proliferação desse modo intelectual.

Entretanto, há uma ideologia na qual os autores intelectuais da narrativa aparecem praticamente sem disfarces e da qual constituem parte da trama, por assim dizer. Para usar novamente os termos de Gramsci, nela os intelectuais aparecem como os "intelectuais orgânicos de si mesmos". Essa ideologia singular é uma ideologia de cultura: aquela narrativa representando o mundo como feito pelo homem, guiada por valores e normas feitos pelo homem e reproduzida por meio do processo contínuo de aprendizado e ensino.

A notória diversidade de definições de cultura que circulam na literatura sociológica, antropológica e não acadêmica – mesmo de contextos discursivos nos quais o conceito de cultura é situado e significado – não deve ocultar a base comum de onde derivam todas essas definições e abordagens. Qualquer que seja a definição do fenômeno da cultura, a possibilidade da definição, da própria articulação da cultura como fenômeno do mundo, está enraizada em uma visão particular do mundo que articula o potencial, elabora os valores e legitima o papel dos intelectuais.

A visão em questão é guiada por três premissas aceitas de forma tácita, embora de maneira axiomática.

Primeiro, os seres humanos são essencialmente incompletos e não autossuficientes. A sua humanização é um processo que ocorre após o nascimento, na companhia de outros seres humanos. A distinção entre a insuficiência herdada e a completude adquirida é conceituada como a oposição entre os aspectos "biológicos" e "sociais" do "homo duplex", ou entre a "natureza" e o "cultivo".

Em segundo lugar, a humanização é essencialmente um processo de aprendizado, dividido entre a aquisição de conhecimento e a domesticação, ou repressão, de predisposições animais (e quase invariavelmente antissociais). A distinção entre o conhecimento a ser colocado no lugar das predisposições naturais e as predisposições que ele deve substituir é muitas vezes concebida como a oposição entre a "razão" e as "paixões", ou entre as "normas sociais" e os "instintos" ou "impulsos".

Em terceiro lugar, o aprendizado é apenas um lado da relação na qual o outro lado está ensinando. A concretização do processo de humanização, portanto, requer professores e um sistema de educação – formal ou informal. Os educadores têm a chave para a reprodução contínua da coabitação como sociedade humana.

Graças aos abundantes estudos históricos (originados por Lucien Febvre – Febvre et al., 1930), podemos localizar com bastante precisão o nascimento dessa visão totalmente moderna do mundo. Ele ocorreu no final do século XVII e na primeira metade do século XVIII e coincidiu com o nascimento e a institucionalização dos intelectuais modernos.

A ideologia da cultura representa o mundo como composto de seres humanos que são o que lhes é ensinado. Destaca-se, portanto, a diversidade induzida dos modos de vida humanos; isso possibilita a articulação de uma pluralidade de "modos de ser humano". Essa característica da ideologia da cultura dá plausibilidade à suposição de que o nascimento da "visão cultural" do mundo esteve ligado principalmente à recém-adquirida sensibilidade moderna às diferenças culturais. A história frequentemente encontrada nos textos sociológicos e antropológicos é a da Europa repentinamente abrindo os olhos para a diversidade de modos de vida culturais antes despercebidos ou considerados desinteressantes. Essa história, no entanto, perde o ponto crucial para o nascimento da ideologia cultural: a percepção da diversidade *como* algo culturalmente induzido, das diferenças *como* diferenças culturais, da variedade *como* algo produzido pelo homem e pelo processo de ensino/aprendizagem. O ato constitutivo da ideologia da cultura foi uma *articulação* particular da diversidade, e não uma sensibilidade para as diferenças que despertou recentemente.

Os europeus eram viajantes ávidos; peregrinos para a Terra Santa, os navegadores da Baixa Idade Média não podiam deixar de notar estranhos modos de vida ao lado de desconhecidas formas de moradia ou os físicos incomuns de pessoas que encontravam pelo caminho. Eles registravam de maneira semelhante, "lateralmente", o que viam; todas as diferenças observadas apareciam como se estivessem no mesmo plano, a variedade de cores de pele fazendo parte da ordem das coisas da mesma forma que a variedade de costumes e ídolos reverenciados. A literatura de diários de viagem em voga se deleitava em relatar as descobertas genuínas e fantásticas como as tantas curiosidades, da mesma forma que a *Kunstkamera* do início da era moderna as colecionava – misturando bezerros de duas cabeças com estranhos instrumentos feitos pelo homem cuja destinação era desconhecida. O fundador da taxonomia moderna, Lineu, considerava as diferenças entre os cabelos lisos e os crespos tão sintomáticas para a diferenciação da espécie humana quanto a variedade de formas de governo.

O espírito contemplativo com que os viajantes europeus viam a riqueza das formas humanas que encontravam em terras estrangeiras era uma atitude treinada em casa. A sociedade pré-moderna estava dividida em categorias fechadas em si mesmas; cada uma carregava uma vida considerada exclusivamente adequada a ela e a mais ninguém e era aconselhada a "ficar no próprio grupo" ou era advertida por espiar além dos limites de sua própria posição. As categorias faziam parte da "grande cadeia do ser", um testemunho da ordem predeterminada das coisas; viviam juntas, igualmente antigas e imutáveis, protegidas contra a contaminação umas das outras; a emulação além das fronteiras era desaprovada e considerada moralmente mórbida – uma manipulação da ordem divina. Não que a ideia de autoaperfeiçoamento fosse totalmente desconhecida; os membros individuais das categorias foram de fato encorajados a lutar pela perfeição. Mas os ideais de perfeição eram tão numerosos quanto as próprias categorias e tão impenetráveis, separados e – em teoria – imunes a mudanças quanto elas. A "autoperfeição" significava se tornar mais parecido com o modelo atribuído à categoria e evitar confusão com outros modelos.

Tal coexistência de formas de vida, sem que nenhuma se considerasse um modelo universal para imitação e se empenhasse em submergir ou erradicar as outras, não dava espaço para a distinção "natureza-cultura" ou "natureza-cultivo". Somente quando rompida é que a "visão da cultura" pôde emergir como uma ideologia intelectual moderna peculiar.

A ideologia cultural se tornou possível quando a coexistência pretensamente pacífica entre formas de vida se tornou insustentável, seja pelo mau funcionamento de seu mecanismo reprodutivo, seja por sua inadequação à nova forma de dominação social, seja por ambas as razões. A realidade que a ideologia cultural refletiu em seu nascimento foi uma das relações que mudou abruptamente entre formas de vida que foram classificadas, tendo algumas delas se tornado *problemas* para outras, os quais exigiam uma ação. As formas de vida (ou seus aspectos selecionados) passaram a ser vistas como "culturalmente produzidas" depois de terem se tornado objetos de *prática*; tornaram-se coisas sobre as quais "tinha-se que fazer algo" para contê-las, modificá-las ou substituí-las. Foram a intenção de acabar com a sua existência e a prática subjacente de uniformização forçada que lançaram a diversidade das formas de vida como um fenômeno artificial, contingente, "meramente feito pelo homem". Uma "origem histórica" das formas de vida foi postulada uma vez que seu "fim histórico" foi vislumbrado como uma possibilidade prática e desejável.

Foi a extensão das ambições de interferir nas formas de vida e dos recursos disponíveis para apoiar tais ambições que determinou a recém-descoberta fronteira entre a "natureza" e a "cultura" e suas mudanças subsequentes. No mundo previamente predeterminado de maneira uniforme, recortou-se um enclave que atraía projetos humanos (e foi teorizado, portanto, como humanamente projetado). Seu crescimento, à custa do encolhimento da "natureza", acompanhou de perto a expansão das ambições proselitistas, as necessidades sistêmicas que tornaram tais ambições necessárias e a mobilização do poder social que as tornou realistas.

O aparecimento de práticas e ambições proselitistas na Europa do início da era moderna estava ligado a uma série de deslocamentos estruturais de longo alcance, entre os quais devem ter um lugar de destaque o colapso dos mecanismos tradicionais de controle social e de reprodução social e a gestação do Estado moderno.

O poder disciplinar baseado na vigilância foi a principal ferramenta de controle social ao longo da história da Europa pré-moderna (um fato encoberto na análise seminal de Foucault em 1980). Essa ferramenta específica não foi, no entanto, empregada pelo Estado, que estava confinado ao poder "soberano" do príncipe, focado quase exclusivamente em garantir a participação principesca e aristocrática no excedente econômico. Em vez disso, esse poder disciplinar foi implantado em comunidades e corporações pequenas o suficiente para tornar a vigilância recíproca, onipresente e abrangente. A ordem social no nível da vida cotidiana se reproduzia por meio da perniciosa e opressiva vigilância exercida de modo prático, graças à permanente proximidade física dos seus (simultaneamente) sujeitos e objetos.

Foi o colapso das comunidades autocontidas e o consequente aparecimento dos "homens sem mestre" – os vagabundos, os mendigos, a população itinerante que em nenhum lugar estava em casa, não pertencente a nenhuma comunidade ou corporação específica, em nenhuma localidade sujeita a vigilância contínua e abrangente – que tornou problemática a questão do controle social e da reprodução da ordem social. O fluxo "natural" das coisas, até então invisível, ficou abruptamente evidente como um "mecanismo" – algo a ser projetado, administrado e monitorado, algo que não funciona (ou não funciona adequadamente) a menos que seja acompanhado e operado com habilidade. O atemporal (mas nunca antes problematizado) controle por meio da vigilância, da reprodução da ordem por meio do treinamento corporal disciplinador, tornou-se um objeto de investigação sistemática, de habilidades especializadas e uma função de especialistas. A atividade difusa da comunidade havia se transformado em uma relação assimétrica entre os sujeitos e os objetos da supervisão. Como tal, ela apelou para o apoio de uma autoridade supracomunal; ela precisava de recursos que nenhuma comunidade poderia fornecer. Ela exigia que o Estado a implantasse; ela tornou o Estado um pré-requisito sistêmico da reprodução da ordem social, o esteio da perpetuidade da dominação social. Da mesma forma, a crise dos veículos tradicionais de controle social marcou o início do Estado moderno.

Isso significou, antes de mais nada, a centralização de poderes sociais antes localizados. Entretanto, não se tratava simplesmente de transferir poder de um cenário para outro; o próprio caráter do poder mudou consideravelmente no processo. A destruição dos *pouvoirs intermédiaires*, no cerne do enraizamento do Estado absolutista moderno, equivalia à aniquilação do único ambiente institucional em que o controle poderia ser exercido de maneira "tradicional" (isto é, irrefletidamente), sem que o propósito do exercício tivesse sido claramente articulado e sem que o próprio exercício fosse transformado em uma função especializada. O advento do Estado absolutista foi, portanto, equivalente à transformação do controle em uma atividade intencional e conscientemente administrada, conduzida por especialistas especialmente treinados. O Estado tinha agora de criar condições nas quais a vigilância e o treinamento corporal pudessem ser efetivamente postos em prática.

Se o controle social baseado na comunidade resultou na perpetuação e no reforço das diferenciações locais das formas de vida, o controle baseado no Estado só poderia promover a uniformidade supracomunal. A universalidade como um ideal e uma medida de melhoria social nasceu dessa necessidade do Estado moderno; e de sua capacidade prática de agir em tal necessidade.

Preocupada com a uniformidade, a prática sem precedentes do Estado moderno inicial estava fadada a colidir com os mecanismos reprodutivos ainda bem arraigados que constituíam a essência da autonomia comunal. A concentração de poder nunca poderia ser completa sem que essa autonomia fosse estilhaçada, enfraquecida ou, de preferência, erradicada. Uma parte indispensável da aposta do Estado absolutista no poder abrangente foi, portanto, a notória cruzada cultural que decolou no século XVII e continuou até o século XIX. Ela redefiniu as relações entre as formas diversas de vida, sendo a mera superioridade transformada em hegemonia.

As classificações (bem como seus modos de vida) eram "inferiores" ou "superiores" bem antes do advento da modernidade. No entanto, elas eram vistas como entidades separadas, a serem evitadas em vez de encorajadas a entrar em contato direto umas com as outras – cada uma sendo viável por direito próprio e dependente de si mesma para sua própria reprodução. A "superioridade" de um nível em relação a outro (assim como ocorria com os modos de vida correspondentes) era, portanto, uma categoria de comparação, e não um conceito que representava uma tarefa específica que o nível "superior" desempenhava em relação a outros modos de vida. Tal tarefa, por outro lado, é a essência da ideia totalmente moderna de "hegemonia": o papel do modo de vida "superior" e de seus disseminadores como mentor moral, missionário e padrão a ser seguido por todos os outros.

As ambições universalistas do Estado moderno levaram inevitavelmente a um maior enfraquecimento dos mecanismos localizados de reprodução de formas de vida anteriormente autônomas; para o poder central, tais mecanismos pareciam ser obstáculos no caminho para o tipo de sociedade projetada por ele, dada sua tendência de uniformizar os princípios administrativos. As diferenças entre os modos de vida foram correspondentemente redefinidas como relações de engajamento mútuo ativo. Os modos de vida populares administrados localmente eram agora constituídos, a partir da perspectiva de ambições universalistas, como retrógrados e atrasados, resíduos de uma ordem social diferente a ser deixada para trás; como estágios imperfeitos e imaturos em uma linha geral de desenvolvimento em direção a um modo de vida "verdadeiro" e universal, exemplificado pela elite hegemônica; como fundamentados em superstições ou erros, dominados pela paixão, infestados de impulsos animais e que normalmente resistem à enobrecedora influência da ordem verdadeiramente humana – que em breve será chamada de "esclarecida". Tal redefinição colocou a elite, pela primeira vez, na posição de um *professor* coletivo acima de seu papel tradicional de *governante* coletivo. A diversidade de modos de vida se tornou agora um fenômeno temporário, uma fase transitória a ser superada no esforço em direção a uma humanidade universal.

O novo caráter das relações entre as formas de vida dentro da sociedade, agora reivindicado pelo Estado absolutista, serviu de padrão para a consideração das relações entre os modos de vida em geral. A mesma postura ativa e proselitista – uma vez estendida para além dos limites de sua própria sociedade – constituiu as estranhas formas de vida como relíquias ossificadas do passado ou estágios do desenvolvimento humano artificialmente interrompidos. Tais aspectos da vida humana, que o poder absoluto emergente estava empenhado em remodelar (ou era obrigado a fazê-lo), foram selecionados como portadores de um *status* especial: os homens estavam prestes a reformá-los; portanto, eles deveriam ser concebidos como criações do homem em primeiro lugar. Esses aspectos eram agora vistos como diferenciados por sua plasticidade, pela provisoriedade, pela transitoriedade – e, sobretudo, pela receptividade à regulamentação intencional. A relativa inferioridade das estranhas formas de vida foi interpretada, portanto, como resultado de uma regulamentação errada, e os locais equivalentes dos poderes de julgamento foram responsabilizados pelo mal. Em geral, a inferioridade de outras formas de vida e o alcance de seus aspectos aos quais o julgamento de inferioridade foi aplicado eram uma função das ambições do poder de julgar – seu escopo e suas habilidades administrativas para apoiá-los.

Os aspectos da vida humana agora captados para regulação consciente passaram a ser conhecidos como "cultura". Os historiadores concordam que por quase um século, até o último quarto do século XVIII, a "cultura" (sua forma francesa *"civilisation"*, a forma alemã *"Bildung"*, a forma inglesa *"refinament"*) foi usada no discurso público como o nome de uma atividade, de algo que algumas pessoas estavam fazendo a outras, ou exortando-as a fazer – assim como um fazendeiro cultivava suas plantas para enobrecer as sementes e enriquecer a colheita. O interesse imediato que levou à cunhagem da ideia de "cultura" como os aspectos da vida humana que podem ser conscientemente regulados e que podem receber uma forma deliberadamente selecionada (ao contrário de outros aspectos que os poderes humanos ainda não conseguiram ou não quiseram alcançar) foi apenas um elemento da mudança dos modos de vida vistos como um sintoma (e como fonte) da resiliência mórbida da autonomia local contraposta às ambições universalistas do Estado moderno. Cultura, civilização e refinamento foram alguns dos vários nomes dados à cruzada proclamada contra os hábitos e costumes "vulgares", "bestiais", "supersticiosos" e contra as forças que supostamente regiam sua perpetuação.

Os nomeadores foram os primeiros intelectuais modernos – membros de *la république des lettres*, de *les sociétés de pensée*, homens livres de todas as dependências e lealdades institucionais, unidos unicamente por sua participação voluntária em uma discussão sobre assuntos que, graças à natureza pública da discussão, passou a ser definida como "pública". Foi a ação desse novo tipo de elite educada [brilhantemente analisada por François Furet (1978), em referência às ricas ideias contidas no legado literário de Alexis de Tocqueville e aos até então pouco conhecidos estudos de Augustin Cochin (1978)] que proporcionou uma experiência a partir da qual se extrapolou a nova visão do mundo social como constituído pela atividade de ensino/aprendizado. Descrevi o processo detalhadamente em Bauman (1987).

Em resposta à demanda potencialmente presente na expansão das ambições do Estado absolutista, *la république des lettres* ofereceu um projeto ideal de sistema político pelo qual os legisladores deveriam se esforçar, o método de obtê-lo (o processo de esclarecimento por meio da difusão de ideias corretas) e as suas próprias habilidades como garantia de que o método seria aplicado de forma eficaz. O efeito geral da oferta tríplice foi a constituição do conhecimento como poder e o estabelecimento de um acesso privilegiado e infalível ao conhecimento correto como legitimação do direito de dizer aos outros, privados de tal acesso, o que fazer, como se comportar, quais fins perseguir e por quais meios.

A perspectiva cognitiva fundamentada na prática de *la république des lettres* reorganizou a visão da diversidade das formas de vida, agora vista sobretudo como uma diversidade *cultural*. Outras formas de vida eram agora encaradas como produto de um tipo equivocado de ensino, de malícia ou de erro – ou, na melhor das hipóteses, de ignorância. Por trás do ensino, pensou-se nos professores a partir da imagem dos educadores conscientes da época. *Les philosophes* nomearam o clero, as velhas esposas e os provérbios populares como os professores responsáveis pelo estado lamentável dos hábitos populares. Na nova visão do mundo social, a natureza não tolerava o vazio – para cada modo de vida deveria haver um mestre responsável por sua forma. A escolha não era mais entre uma educação dirigida e arregimentada e a autoconstituição autônoma de formas de vida, mas entre uma boa e uma má educação. O conhecimento era poder, mas também todo poder era conhecimento. Todo poder eficiente deveria se valer do bom conhecimento para sua eficiência.

A síndrome do poder/conhecimento foi, desde o início, um fenômeno de duas faces e, portanto, propenso a contradições internas. De um lado, continha o que mais tarde veio a ser chamado de "governo racional" – uma administração global da sociedade como um todo destinada a criar e a manter condições que provocassem o "bom" comportamento e eliminassem ou impedissem o "mau".

De outro lado, envolveu uma manipulação direta de valores, motivos e mapas cognitivos dos membros individuais da sociedade, a fim de provocar o que mais tarde veio a ser chamado de "comportamento racional". Na ideologia cultural do Iluminismo, presumia-se que a sociedade racional e os indivíduos racionais se reforçavam mutuamente de forma harmônica, embora sua articulação como fenômenos separados, sujeitos a conjuntos relativamente autônomos de determinantes, levou algum tempo (e certa carga de frustração) para se estabelecer.

A ideia de governo racional constituiu uma verdadeira novidade. Ela se preocupava não apenas com a substituição de uma política inferior por uma melhor, de leis ruins por leis boas. Ela implicava um conceito totalmente novo de governo, seu escopo e suas responsabilidades. O governo agora era visto como a força que – intencionalmente ou por omissão – molda a estrutura externa da vida humana; a ideia de que a sociedade é "feita pelo homem" representava a ambição sem precedentes do Estado moderno de realmente *fazer* a sociedade e uma mobilização de recursos inédita que tornava essa proposta viável. O conceito de leis de Estado também era novo; a ideia de sua "racionalidade" postulada representava uma nova intenção de usar a legislação para moldar a realidade social de acordo com os preceitos da razão. Em suma, o governo racional significava a recém-percebida maleabilidade da vida social, sua necessidade de ser moldada, sua capacidade de ser refeita de acordo com desígnios incorporados na ação de agências externas – sendo o poder equivalente à eficácia de tal ação.

A ideia do indivíduo racional também era nova de uma forma revolucionária. A essência da ideia não era uma mera substituição de uma coisa por outra, do erro ou superstição por pensamento sensato e confiável, mas sim um conceito totalmente novo do ser humano cuja conduta é moldada por seu conhecimento e cujo conhecimento é moldado por doadores de conhecimento, aqueles que são, real ou supostamente, "informados". Novamente, a verdadeira novidade consiste em ver o indivíduo, seus pensamentos e seu comportamento como entidades flexíveis e maleáveis, como objetos de prática, de redirecionamento proposital. A visão do indivíduo que determina a sua conduta escrevendo os motivos que seleciona em seu mapa cognitivo do mundo era algo que só poderia ter sido alcançado a partir da perspectiva da nova postura ativa em relação ao aspecto do mundo definido como "cultura", isto é, como feito pelo homem (dado que os homens estavam empenhados em refazê-lo). O último poderia perseguir sua intenção ao fornecer aos indivíduos os determinantes de sua conduta, determinando indiretamente essa conduta para eles.

Metaforicamente, o tipo de autoridade em que tal visão do mundo estabelecia homens de conhecimento poderia ser descrito como "legislativo". A autoridade envolvia o direito de comandar as regras que o mundo social deveria obedecer e foi legitimada em termos de um melhor julgamento, um conhecimento superior garantido pelo método adequado de sua produção. Sendo tanto a sociedade quanto os seus membros considerados carentes (ou seja, moldáveis, embora até então tivessem sido moldados da maneira errada), a nova autoridade legislativa dos homens de conhecimento estabeleceu sua própria necessidade e seus direitos.

É fácil demais interpretar erroneamente, depois dos anos, a "culturalização" do mundo como um fenômeno que envolvia necessariamente esse "relativismo cultural" ao qual a ideia de cultura parece hoje inextricavelmente ligada. A ideologia intelectual da cultura foi lançada como uma plataforma militante, intransigente e autoconfiante de princípios universalmente obrigatórios de organização social e conduta individual. Ela expressava não apenas o exuberante vigor administrativo da época, mas também uma certeza retumbante quanto à direção da mudança social esperada. De fato, as formas de vida concebidas como obstáculos à mudança e, portanto, condenadas à destruição foram relativizadas; a forma de vida chamada para substituí-las era vista, porém, como universal, inscrita na essência e no destino da espécie humana como um todo.

A versão original, legislativa, da ideologia cultural prosperou em condições de certeza. Ela foi apresentada como a solução para uma prolongada "crise pirrônica" da filosofia ocidental, como uma rejeição decisiva de compromissos céticos protopragmáticos, como os sugeridos por Mersenne ou Gassendi (cf. Popkin, 1979), e como uma recusa em aceitar a modéstia (e, em geral, admitir a natureza temporária e espacialmente "local" da forma de vida europeia), mais bem exemplificada pelas reflexões céticas de Montaigne. Os legisladores intelectuais não tiveram dúvidas quanto a representar a história e a razão; e a autoridade tanto da história quanto da razão provinha do fato de que, ao contrário dos erros paroquiais que elas certamente deixariam para trás, elas se baseavam em traços universais da espécie humana e, portanto, não tinham concorrentes.

É tentador ligar esse notável surto de certeza, na esteira da crise de autoconfiança do início da era moderna, aos formidáveis avanços do Estado absoluto na neutralização e subordinação das bases "tradicionais" do poder, à penetração espetacular de administradores que atuaram de forma resoluta nas áreas da vida social e individual anteriormente livres para seguir seu próprio fluxo "natural", aos passos poderosos do poder do Estado, afastando-se da prática de "guarda-caça" em direção à prática de "jardinagem" da autoridade e, por último, mas não menos importante, ao rápido crescimento da superioridade econômica e militar da Europa ocidental em relação ao resto do mundo. Os limites para os poderes novos e modernos eram proeminentes apenas por sua capacidade de serem ultrapassados; a capacidade desses poderes de impor um padrão escolhido a tudo e a todos parecia uma questão de tempo, de vontade e de técnica. Enquanto se acreditasse que a capacidade prática da ascendência ecumênica era ilimitada, não havia razão clara para questionar o caráter absoluto do conhecimento que sustentava tal prática.

Certamente, essa reflexão intelectual da aparente infinitude do poder tornar-se-ia a principal característica desse peculiar clima mental da Europa ocidental conhecido como "modernidade". Tomo aqui o conceito de "modernidade" para representar uma percepção do mundo, e não o próprio mundo (como foi erroneamente sugerido); uma percepção fundamentada localmente de forma que implicava sua universalidade e ocultava seu particularismo. A característica decisiva da modernidade compreendida de tal maneira fora a relativização de seus adversários (passados e contemporâneos) e a consequente constituição da própria relatividade como um adversário, como um raio na roda do progresso, um demônio a ser exorcizado, uma doença a ser curada.

O espírito da modernidade inspirou tentativas sempre renovadas, embora nunca conclusivas, de apontar as resoluções universalmente obrigatórias e incontestavelmente corretas para as questões da verdade, do julgamento e do gosto. Em retrospecto, é muito fácil declarar o fracasso, ou mesmo a má orientação, de tais julgamentos. O que, no entanto, constituiu os traços formativos da ideologia cultural em sua fase "legislativa", moderna, otimista e audaciosa não foi tanto o sucesso do empreendimento, mas sim a possibilidade de sua continuação e da absorção de sucessivos retrocessos sem danos irreparáveis ao discurso corrente. A notável resiliência de propósito tão típica da mentalidade moderna foi fundamentada na crença inabalável de que os esforços têm a história e a razão invencível a seu lado e de que o sucesso final não era apenas atingível em princípio, mas um resultado garantido. A convicção, por sua vez, teve todo o respaldo das realidades sociais, econômicas e políticas. Paradoxalmente, embora a modernidade militasse contra o compromisso pragmatista, foi, no final das contas, o argumento *pragmático* da superioridade cada vez mais evidente do modo de vida e do pensamento ocidentais que continuou dando credibilidade às esperanças de encontrar a prova decisiva para a validade (aplicável a todas as espécies) da ciência, da moralidade e da estética ocidentais ou para a forma como foram conceitualmente sublimadas.

O outro lado da certeza filosófica era a autoconfiança cultural, que deu ao ardor missionário da Europa a determinação irrefletida e inflexível pela qual o episódio colonial da modernidade era tão conhecido. A história completa da supressão implacável de formas de vida relacionadas a localidade e classe ainda precisa ser escrita, embora muitas narrativas alternativas há muito esquecidas tenham sido desenterradas nos últimos anos. A extirpação da autonomia local e de classe foi realizada obstinada e inabalavelmente sob a bandeira de valores culturais objetivamente superiores, em guerra com as formas de vida e de pensamento não totalmente humanos, errôneos, atrasados ou supersticiosos. Mais uma vez, foram a aparente irreversibilidade das lutas pelo poder no início da era moderna e a pretensa finalidade da estrutura estabelecida de dominação social e mundial que ofereceram uma sanção verdadeiramente supracultural e quase natural à dedicação inabalável dos guerreiros culturais. Não havia espaço para dúvidas, hesitações, escrúpulos.

A convicção de que a ordem social formada no noroeste da península europeia era objetivamente superior não era partidária em termos de política europeia. Ela uniu os intelectuais independentemente de sua lealdade política ou de sua lealdade de classe declarada. A ideologia cultural era compartilhada, assim como a premissa subjacente de que o mundo humano sempre foi feito pelo homem, de que havia chegado a hora de fazê-lo de maneira consciente e sensata e de que a forma como a sociedade contemporânea foi organizada abre caminho para isso. Dito de forma clara, a autoidentificação dos intelectuais com o que articulavam como "valores ocidentais" poderia permanecer (e de fato permaneceu) firme contanto que a expectativa de que o sistema sociopolítico ocidental fosse receptivo a projetos sociopolíticos baseados no conhecimento (ou seja, racionais) pudesse ser considerada plausível. Essa expectativa sofreu muitos golpes e finalmente cedeu à pressão acumulada das evidências contrárias; sua morte lenta e dolorosa foi apenas parcialmente ocultada por ressurreições ocasionais, sempre de curta duração.

A causa mais profunda da dissolução gradual da autoconfiança moderna pode ser indiscutivelmente rastreada até a separação lenta, porém constante, entre os intelectuais (como guardiões coletivos dos valores sociais) e o Estado moderno. Da mesma forma que Marx interpretou a última tentativa desesperada dos produtores livres do passado de deter o rolo compressor industrial como sintoma indicativo da futura militância anticapitalista do proletariado industrial, *les philosophes* da era otimista e expectante do Iluminismo interpretaram o anseio do jovem Estado moderno por orientação e legitimação como promessa de um reino iminente da razão. Ambos os erros provaram estar cheios de frustração. Os socialistas pós-marxistas e os intelectuais pós-iluministas ainda estão cambaleando diante do mundo relutantes em se conformar ao modelo segundo o qual originalmente definiram seu papel e função. Em vez de admitir o erro, eles explicaram a lacuna apontando para o mundo que traiu sua promessa, tomou o rumo errado ou não conseguiu viver de acordo com seu potencial.

A abertura do Estado do início da era moderna à orientação intelectual foi bastante genuína. O território que o Estado iria invadir era, para todos os efeitos e propósitos práticos, uma terra virgem, inexplorada e não mapeada. Em uma situação de aguda incerteza, era preciso contar com a lealdade do grupo. Afastá-lo de suas antigas lealdades e realinhá-lo em torno das novas exigia mobilização (a disseminação de ideias que ao mesmo tempo desacreditassem o antigo credo e mostrassem o valor do novo) e um novo tipo de conhecimento especializado, exigido pela gigantesca tarefa de conversão em massa. Com os intelectuais prontos para satisfazer ambas as necessidades, o Estado parecia depender deles para sua sobrevivência. Por causa dessa dependência, ele também parecia um objeto influenciável e grato da legislação intelectual.

A dependência provou, no entanto, ter vida curta. A tecnologia política desenvolvida pelo Estado moderno logo tornaria os serviços legitimadores dos intelectuais cada vez mais redundantes ou os reduziria a um papel subordinado, revelando, assim, a inversão da dependência original.

As técnicas análogas do poder panóptico e da sedução (com o equilíbrio entre eles se deslocando gradualmente na direção da última) ficaram cada vez mais encarregadas da reprodução da ordem social. Com o crescimento da eficiência e eficácia deles, o papel da legitimação encolheu. Em um Estado moderno totalmente desenvolvido, a eficácia do poder estatal e, de fato, seu desempenho na reprodução sistêmica puderam ser mantidos e aperfeiçoados independentemente do escopo e da intensidade do compromisso social com os "valores dominantes" – ou com quaisquer valores. A "racionalidade legal", que Weber (1948) incluiu entre as formas históricas de legitimação, foi de fato o toque de finados para a era da legitimação; como se para enfatizar o fato ao selecionar a "racionalidade valorativa" como sua oposição, ela proclamasse a liberdade moderna do Estado em relação à ideologia, isto é, aos escritores da ideologia. Os últimos tentariam se consolar apresentando o rebaixamento da legitimação como a "crise de legitimação", com a infundada esperança de que o Estado pudesse continuar sem a legitimação, apenas por sua conta e risco.

No entanto, para descrever as consequências da nova tecnologia política como a desapropriação das necessidades dos intelectuais, duas qualificações importantes devem ser feitas.

Primeiro, o enfraquecimento do papel "legislativo" não tem sido relacionado com as privações materiais. Na verdade, o que ocorre é o contrário. Os "intelectuais gerais" de outrora geraram numerosas profissões instruídas, que ainda estão se ramificando e crescendo em tamanho, que auferem altas remunerações e – segundo todos os padrões – posições sociais privilegiadas. O fracasso da disputa pelo poder foi compensado, por assim dizer, em uma moeda diferente – a do ganho material. Por mais indiferente (e, às vezes, hostil) às ambições "legislativas" dos intelectuais, o Estado moderno presidia um crescimento sem precedentes de "especialistas" – esse fenômeno completamente moderno, que transformou em escala maciça o conhecimento esotérico e minoritário em poder burocrático. Os especialistas se tornaram uma parte indispensável do mecanismo reprodutivo do sistema, embora seu papel diferisse fortemente daquele esboçado e trabalhado por *les philosophes*. As tecnologias de controle panóptico e de sedução se mostraram um terreno particularmente fértil para os sempre novos e cada vez mais numerosos níveis hierárquicos de especialistas e campos de especialização. Entre as técnicas que exigem um alto grau de perícia, identificam-se imediatamente aquelas centrais ao controle panóptico, como vigilância, "correção", supervisão assistencial, "medicalização" ou "psiquiatrização", bem como o atendimento ao sistema legal/penal geral, ou as muitas profissões acionadas devido à crescente importância da criação de necessidades e do entretenimento como uma rede primordial de controle social. No entanto, muitas outras áreas particularmente receptivas para os especialistas podem ser vistas como relacionadas, em última análise, às técnicas modernas de poder, embora de uma forma um tanto menos óbvia. Para citar apenas um exemplo: as armas modernas, pretensamente destinadas a um inimigo externo em algum futuro não muito bem definido, embora no presente sirvam como a alavanca mais poderosa que tira o Estado do alcance do controle político efetivo (e, assim, reforça sua independência em relação ao discurso legitimador).

Em segundo lugar, ao mesmo tempo que torna irrelevante a função "legislativa" dos intelectuais, o Estado moderno descarta qualquer razão pela qual o discurso intelectual deva estar sujeito ao controle político, limitado ou regulado externamente. Tendo atingido o ponto mais baixo de sua relevância política, os intelectuais modernos desfrutam de uma liberdade de pensamento e de expressão com a qual não poderiam sonhar na época em que as palavras importavam politicamente. Essa é uma autonomia sem consequência prática fora do mundo fechado do discurso intelectual, e ainda assim é uma autonomia, um consolo muito precioso e querido para o despejo da casa do poder. A Casa de Salomão está agora localizada em um subúrbio próspero, longe de prédios ministeriais e quartéis militares, onde pode desfrutar em paz, sem perturbações, da vida elegante da mente completa com considerável conforto material. A liberdade intelectual não deve ser tratada levianamente. Ela oferece uma chance única de transformar a busca por questões de interesse intelectual em uma forma de vida total, independente e autossuficiente e oferece aos praticantes de tal forma de vida a sensação gratificante de estar no controle total e exclusivo do processo vital e de seus produtos: a verdade, o julgamento, o gosto. Dada a memória do vínculo íntimo entre o engajamento político e a não liberdade intelectual, a autonomia do discurso intelectual se transforma em um valor altamente atraente por si só, uma conquista da qual se orgulhar, usada ao máximo, firmemente defendida – defendida contra os governos que de tempos em tempos fazem tentativas tímidas de cortar o que consideram gastos inúteis e contra os rebeldes de seu próprio nível hierárquico que põem em risco os confortos da liberdade, tirando do velho armário da família o esqueleto empoeirado do compromisso político.

A desapropriação política dos intelectuais não foi, portanto, um desastre puro e simples. Trouxe consigo vantagens inesperadas, algumas delas sem dúvida atraentes, e todas dotadas da qualidade de se tornarem desejáveis e indispensáveis pelo uso prolongado e pelo hábito. Por essa razão, ela não gera, necessariamente, descontentamento. Por outro lado, porém, certamente não dá vida às velhas ambições legislativas. Para permanecerem elegíveis aos benefícios, os intelectuais contemporâneos devem se ater inabalavelmente à injunção weberiana de manter a poesia dos valores longe da prosa da perícia burocraticamente útil.

Entre as áreas da vida social que perderam o significado para a reprodução da ordem social e foram, portanto, libertadas da supervisão direta do Estado, estava uma que os intelectuais consideravam o seu domínio de direito; eles esperavam ser os únicos e beneficiários diretos da retirada do controle político e do novo desinteresse do Estado. Essa área especial era, claro, a da cultura – agora reduzida a coisas que não interessam aos poderes políticos. Aqui, como em outros lugares, as ambições globais exageradas acarretadas por conceitos originais foram realisticamente reduzidas para que nunca ultrapassassem os limites reservados à interferência administrativa do Estado. Em seus novos e mais modestos limites, no entanto, a cultura parecia um domínio natural da regra intelectual, direta e não compartilhada. Foi nesse domínio, portanto, que as ambições legislativas dos intelectuais sofreram o golpe final e decisivo.

À medida que o interesse do Estado pela cultura diminuía (isto é, a relevância da cultura para a reprodução do poder político diminuía), a cultura entrava na órbita de outro poder a que os intelectuais não podiam se igualar – o mercado. A literatura, as artes visuais, a música – na verdade, toda a esfera das humanidades – foram gradualmente libertadas do fardo de transmitir a mensagem ideológica e cada vez mais solidamente inseridas no consumo como entretenimento, liderado pelo mercado. Cada vez mais a cultura da sociedade de consumo foi subordinada à função de produzir e reproduzir consumidores habilidosos e ávidos, em vez de súditos do Estado obedientes e disponíveis; em seu novo papel, ela teve que se adequar às necessidades e regras definidas, na prática, se não na teoria, pelo mercado consumidor.

As editoras, as galerias de arte, as gravadoras, os gestores dos meios de comunicação de massa arrancaram a tão esperada dominação cultural de filósofos, teóricos literários, musicólogos, estetas. Ofendidos e indignados, esses últimos responderam com acusações típicas da linguagem usada ao longo dos tempos pelos legítimos guarda-caças contra os caçadores ilegais (isto é, guarda-caças impostores). Os novos governantes do domínio cultural foram acusados de rebaixar a qualidade dos "objetos culturais" por serem impetuosos, sem discernimento, rudes e, em geral, não estarem à altura da tarefa que exigia um grau de sofisticação que eles não possuíam e um grau de cuidado de que não eram capazes. O mais interessante é que os novos gestores foram acusados da mesma ação que os acusadores consideravam a principal missão cultural deles na época que pareciam estar cumprindo a atribuição política da liderança cultural: extirpar as bases autônomas da cultura, os processos culturais "naturais", "espontâneos", e a própria diversidade de cultura que tais processos naturais podem sustentar. Os novos gestores foram acusados de impor um padrão homogeneizado, "intermediário", sobre a riqueza original de tradições culturais diversificadas, de substituir a cultura "folclórica" sustentada pela comunidade pela cultura "popular" produzida em fábrica. A uniformidade cultural perdeu sua atratividade quando ficou claro que outra entidade – forças além do controle dos intelectuais – deveria estabelecer seus padrões e presidir sua implementação.

É discutível se a dominação da cultura pelo mercado realmente promove a uniformidade cultural, da cultura intermediária, popular ou de qualquer outro nível. Há muitas evidências de que na verdade ocorre o oposto. O mercado parece prosperar na diversidade cultural; dificilmente existe uma idiossincrasia cultural que o mercado não possa assumir e transformar em outro afluente de seu poder. Tampouco é evidente que a uniformidade cultural seja "do interesse" das forças de mercado; novamente, parece ocorrer o oposto. É plausível que, na nova dominação das forças de mercado, a cultura tenha recuperado um mecanismo de reprodução da diversidade outrora localizado em comunidades autônomas e depois aparentemente perdido por um tempo na era das cruzadas culturais politicamente patrocinadas e do proselitismo esclarecido.

Seja qual for o caso, e independentemente das razões para uma reviravolta tão notável, os intelectuais de nosso tempo tendem a implantar a "visão cultural" do mundo de uma forma quase totalmente oposta ao contexto em que essa visão foi inicialmente moldada. A tendência dominante hoje é ver a cultura como base da diversidade perpétua e irredutível (e, na maioria dos casos, desejável e digna de preservação consciente) da espécie humana. Assim como ocorria antes, a cultura é entendida como o processo de "humanização", mas agora se enfatiza que há uma variedade infinita de maneiras pelas quais os humanos podem ser e são humanizados, e se nega fortemente que um caminho seja intrinsecamente melhor que o outro, ou que um possa provar sua superioridade em relação ao outro, ou que um deva ser substituído pelo outro. A variedade e a coexistência se tornaram "valores culturais" – aqueles que os intelectuais estão mais zelosamente comprometidos em defender.

Há diversos sintomas dessa tendência, que exerce uma influência verdadeiramente formidável nos rumos da teoria social contemporânea. O mais significativo desses sintomas é sem dúvida a passagem do conceito "negativo" para o "positivo" de ideologia, rejeitando enfaticamente a reivindicação anterior do papel "legislativo" dos filósofos e dos intelectuais supracomunais e extraterritoriais em geral, em questões de verdade, de julgamento e de gosto. Se o papel "legislativo" é mantido pela nova visão, ele se limita ao território intracomunal, à legislação "de dentro" de uma tradição, sempre agudamente consciente dos limites de sua aplicação e do relativismo de suas pretensões de validade. No espaço intercomunal, não há espaço para a ambição "legislativa". Ou se nega a própria possibilidade de fundamentos extraterritoriais da razão ou se reconhece a impotência da razão diante das tradições sustentadas pelo poder; em ambos os casos, o esforço para invalidar tradições, formas de vida, ideologias positivas e culturas alternativas como errôneas, tendenciosas ou inferiores foi praticamente abandonado.

A mesma tendência da percepção intelectual do mundo e do modo como a posição dos intelectuais é definida dentro do mundo assim percebido pode resultar (e de fato o faz) em uma variedade de estratégias. Essa variedade muitas vezes impede que os observadores da cena intelectual contemporânea identifiquem a visão comum da qual todas as estratégias, por mais diversas que sejam, derivam e de onde tiram seu significado.

Deixando de lado a filosofia acadêmica como uma disciplina técnica, que concebivelmente pode continuar reproduzindo indefinidamente seu próprio discurso institucionalizado, em geral não afetado pelo mundo em mudança na ausência de qualquer interligação com a práxis social, pode-se tentar sintetizar alguns tipos básicos aos quais todas as estratégias podem ser reduzidas no final das contas.

Uma estratégia talvez seja mais bem sintetizada pela admissão melancólica de Wittgenstein: a filosofia deixa tudo como está. A impotência prática dos discursos de valor, de verdade ou de julgamento não é apenas negligenciada nem simplesmente aceita tacitamente ou pensada como uma possibilidade desagradável, como uma eventualidade que se preferiria evitar ou pelo menos não encarar (não haveria nada particularmente novo em tal atitude), mas é colocada no centro da reflexão; mais do que isso, transformada em uma nova fonte de coragem e determinação filosófica. De Adorno (ou talvez Nietzsche?) a Rorty, os filósofos exigem a continuação da função legislativa em nome da importância intrinsecamente carregada pela preocupação com a razão, as normas éticas, os padrões estéticos; essa importância não diminui, dizem eles – pelo contrário, atinge proporções particularmente grandes pelo fato de que não há para quem legislar e de que o debate legislativo está provavelmente destinado a permanecer um assunto privado e autossuficiente dos legisladores. Essa estratégia abandona a intenção de proselitismo e acaba com a esperança alimentada pelos iluministas de que a verdade, se descoberta, revelará e vencerá a ignorância e o erro. De modo algum, porém, a renúncia diminui a resolução de continuar a tarefa concretizada pelos séculos de tradição intelectual ocidental.

Há, é claro, uma diferenciação interna entre os seguidores dessa estratégia, assim como há uma diferença significativa entre Adorno e Rorty. Em um extremo, há um sentimento genuíno de derrota, desespero e desesperança; o fato de que as esperanças de *les philosophes* foram frustradas é lamentado e lastimado, e os culpados são procurados; o domínio capitalista, o filistinismo burguês ou as implacáveis forças do mercado são alternativamente selecionados e condenados como vilões da triste peça. Passo a passo, a própria realidade social passa a ser vista como denunciada e devidamente condenada. Como se seguisse o mandamento de August Bebel ("cuidado com o elogio de seus inimigos"), o sucesso prático da crítica filosófica é depreciado de antemão como um sinal de erro ou de falta de coragem, que deve ser evitado a todo custo. Mesmo em sua rendição (particularmente em sua rendição?) os filósofos permanecem incessante e dolorosamente conscientes da conexão prática do ideal cultural. Sua impotência é um fator constituinte de seu discurso tanto quanto a suposta potência conquistadora constituiu o discurso de seus ancestrais iluministas. A própria impotência se torna agora potência; o ideal cultural permanece puro e verdadeiramente digno enquanto não for contaminado pela realidade intrinsecamente impura, e ele permanece dessa forma porque evita o sucesso prático. No entanto, em uma curiosa reviravolta da mente, acredita-se que esse ideal cultural puro e etéreo seja a melhor oportunidade da realidade.

No outro extremo (mais bem exemplificado por numerosas declarações "protrépticas" de Rorty, cf. Bernstein, 1985), os tormentos e a agonia ao estilo de Adorno são substituídos por um simples "e daí?". De fato, a esperança de converter o mundo para melhores padrões de verdade, de julgamento ou de gosto era, na melhor das hipóteses, ingênua; na verdade, seria ingênuo ao extremo mantê-la ainda hoje. No entanto, a pior ingenuidade foi supor que a validade do empreendimento "civilizador" do discurso cultural dependia, independentemente de quando, do realismo ou irrealismo dessa esperança, da viabilidade do sucesso do proselitismo. Agora que sabemos que a conversão massiva do mundo aos nossos padrões não está acontecendo, podemos nos concentrar melhor na tarefa em questão. E a tarefa em questão é manter vivos os valores próprios da civilização ocidental – mesmo que apenas como o conteúdo e a pragmática do discurso filosófico –, continuar uma tradição cultural por convicção de seu valor intrínseco, ainda mais zelosamente pela percepção de que é de fato uma tradição "local" e provavelmente, na melhor das hipóteses, permaneceria assim. Como somos "de dentro", não precisamos nos tornar humildes ou cínicos ao admitirmos a "localidade" da tradição que guardamos: não é apenas uma tradição local, é a *nossa* tradição local, e continuaríamos louvando suas virtudes mesmo que o resto do mundo se recusasse a participar do elogio.

Mais uma vez, como no caso discutido anteriormente, a cultura como uma ação basicamente de conversão e proselitismo permanece como um fundamento subliminar da estratégia. Diante da improbabilidade da conversão prática, a ênfase muda, entretanto, para o próprio evangelho; ainda assim, a própria insistência em sua superioridade em relação a outras tradições evangélicas extrai seu sentido e sua importância apenas do contexto missionário original do discurso cultural.

O que faz os dois pontos extremos serem colocados no mesmo *continuum* de atitudes é a sua recusa em abandonar o modo legislativo do discurso intelectual. A legislação agora carece de um veículo de execução; os veículos antigos foram sucateados ou capturados por poderes que não são influenciados pelo conselho intelectual, se não pura e simplesmente hostis a ele; a essa circunstância, no entanto, é negada a força de um argumento favorável à renúncia da missão legislativa. Pode-se dizer que o modo legislativo da nova estratégia difere de sua versão anterior, antes de mais nada, pela forma como é fundamentado e legitimado (ou melhor, pela forma como o preceito da legitimação é declarado redundante).

Outra estratégia é, em certo sentido, mais radical: implica uma formidável redefinição do papel intelectual e da posição social, a ponto de a metáfora do "legislador" deixar de ser uma descrição adequada desses últimos. Em vez disso, outra metáfora é necessária – a do "intérprete".

A relatividade empiricamente evidente do conhecimento, a dependência do julgamento da verdade e o gosto por suposições explícitas ou tácitas embutidas em tradições baseadas na comunidade eram um problema incômodo para o discurso cultural de orientação legislativa, uma dificuldade a ser resolvida na teoria *e* removida na prática. Para a estratégia "interpretativa", a relatividade não é apenas um estado transitório, mas uma condição existencial de conhecimento dada de forma inquestionável, algo que não deve ser desaprovado e contestado, mas sim a partir do qual se devem tirar conclusões e ao qual se deve se ajustar. A estratégia "interpretativa" gesta uma ontologia que a legitima em termos do modo intelectual, uma ontologia dentro da qual apenas a linguagem é credenciada com o atributo de realidade. O mundo interno a essa ontologia é um mundo intersubjetivo de comunicação, em que o "trabalho", como em Schütz (Schütz; Luckmann, 1974), consiste em fazer mudanças irreversíveis nos respectivos mapas cognitivos, estoques de conhecimento ou distribuições de importância dos interlocutores. Dentro de tal mundo, o conhecimento não tem padrões extralinguísticos de correção e pode ser apreendido apenas dentro do estoque de conhecimento compartilhado e apoiado comunicativamente por seus membros. O pluralismo é uma característica imutável de tal mundo. O problema prático mais notável em tal mundo – um problema com o qual a competência comum de membros normalmente versados não pode lidar sem assistência – é a comunicação entre sistemas de conhecimento contidos em seus respectivos estoques de conhecimento e sistemas comunais de relevância. Aqui, a interpretação, em outras situações executada pelos membros de forma natural e, em geral, adequada, requer habilidades especiais que normalmente não estão disponíveis na vida cotidiana.

A interpretação entre sistemas de conhecimento é reconhecida, portanto, como uma tarefa de especialistas munidos de conhecimentos especializados, mas também dotados, por uma razão ou outra, de uma capacidade única de se elevar acima das redes de comunicação nas quais os respectivos sistemas estão localizados, sem perder o contato com aquele "interior" de sistemas onde o conhecimento é obtido sem problemas e goza de um sentido "evidente". A interpretação deve tornar o conhecimento interpretado perceptível àqueles que não estão no "interior"; entretanto, não tendo referências extraterritoriais a que recorrer, tem de recorrer ao próprio "interior" como seu único recurso.

As abordagens sociocientíficas e filosóficas da cultura convergiram para uma estratégia paradoxal de tirar o fôlego ao longo de várias décadas e de diferentes lados. Podem-se apontar muitos afluentes da corrente. O conceito de Simmel do intelectual essencialmente como um estranho; a associação de Mannheim (cf. Bauman, 1978) entre o conhecimento verdadeiro e o desalojamento – o estado de ser *freischwebend* –; as ideias de "*éthos*", "estilo" e "padrão" de Kroeber, Kluckhohn, Sapir ou Benedict (cf. id., 1973), que constituem a singularidade de cada cultura e oferecem os únicos critérios aceitáveis para sua compreensão, estabelecendo simultaneamente sua igualdade ontológica; a exploração pessoal de Frank Cushing da possibilidade de tornar os Zuni compreensíveis para os não Zuni apenas se tornando mais Zuni que os Zunis; o preceito de Clifford Geertz de "descrição densa" – uma imersão intelectual em camadas cada vez mais profundas de significados localizados, rotineiros demais para serem articulados pelos locais. Os temas da "exterioridade" ponderados e promovidos principalmente pela antropologia cultural convergiram na atual gama de estratégias hermenêuticas que têm nas fontes essencialmente filosóficas (Heidegger, os trabalhos mais recentes de Wittgenstein, Gadamer) seu lar discursivo.

A redefinição do estudo da cultura como um empreendimento essencialmente hermenêutico não apenas reconhece a relatividade de todo conhecimento e a perpetuidade do pluralismo cultural. No percurso, ela também revisa a ideia de cultura. A mais impressionante de todas as revisões é a nova "impessoalidade" da cultura, a eliminação do modelo de cultura do "autor" – seja ele o legislador ou o educador. A visão da cultura como essencialmente uma atividade realizada por uma parte da população e dirigida a outra parte é substituída por uma visão de um processo espontâneo desprovido de centros administrativos ou gerenciais, livre de um desenho global e perpetuado por poderes difusamente implantados. A linguagem se destaca como o epítome mais seminal dessa espontaneidade e impessoalidade da cultura. Ao lado da linguagem, das "tradições", os "universos de significado", o significado ou as "formas de vida" substituem os educadores e os educados como categorias principais do discurso cultural.

Pode-se argumentar que o desaparecimento total das questões de política e da dominação da visão implícita na estratégia "interpretativa" tem uma conexão mais do que acidental com os deslocamentos atualmente experimentados na função social dos intelectuais e particularmente em sua relação com os poderes efetivos constituídos; na perspectiva dos intelectuais de hoje, a cultura não aparece como algo a ser "feito" ou "refeito" como objeto de prática; ela é, de fato, uma realidade em si mesma e além do controle, um objeto de estudo, algo a ser dominado apenas cognitivamente, como um significado, e não na prática, como uma tarefa.

Quando relacionadas processualmente, em vez de justapostas lado a lado, as estratégias "legislativas" e "interpretativas" podem ser reformuladas como, respectivamente, "modernas" e "pós-modernas". De fato, a oposição (que recentemente entrou na moda) entre "pós-modernidade" e "modernidade" faz mais sentido como uma tentativa de compreender a tendência histórica dos últimos séculos e as descontinuidades mais cruciais da história recente, a partir da perspectiva da mudança da posição social e da função dos intelectuais (é por causa desse ponto de vista específico a partir do qual essa oposição foi elaborada que ela não consiste em simplesmente reafirmar as proposições implicadas em outras oposições pretensamente semelhantes). A oposição pós-modernidade/modernidade se centra no desaparecimento da certeza e da objetividade alicerçadas na inquestionável hierarquia de valores e, em última análise, na inquestionável estrutura de dominação; e na passagem para uma situação caracterizada por uma coexistência ou armistício entre valores e uma falta de estrutura global de dominação, o que torna as questões de padrões objetivos impraticáveis e, portanto, teoricamente fúteis. Nessa oposição, a "modernidade" é vista de uma nova maneira, redefinida retrospectivamente pela nova experiência encapsulada na ideia de "pós-modernidade". A modernidade é reconstruída *ex post facto* como uma era que possui as mesmas características que o tempo presente sente mais pungentemente ausentes, ou seja, os critérios universais de verdade, de julgamento e de gosto aparentemente controlados e operados pelos intelectuais. Como todas as reconstruções, essa revela mais sobre os reconstrutores do que sobre a época reconstruída e, nesse sentido, é muito esclarecedora.

A preponderância da estratégia interpretativa, por vezes problematizada como o advento da pós-modernidade, significa a ruptura mais radical no discurso cultural desde a introdução do conceito de cultura e o estabelecimento da visão cultural da sociedade. De fato, a radicalidade da mudança induziu alguns analistas, notavelmente George Steiner, a falar de uma "pós-cultura", partindo do pressuposto de que a situação cultural está inextricavelmente associada a uma clara noção de superioridade e inferioridade no reino dos valores e de que a situação atual do Ocidente, quando tal noção é questionada ou ridicularizada, não pode ser descrita como "cultural", levando-nos a territórios até então desconhecidos.

A sugestão central deste capítulo é que a reorientação contemporânea do discurso cultural pode ser mais bem compreendida como uma reflexão sobre a experiência mutável dos intelectuais, à medida que eles procuram restabelecer sua função social em um novo terreno, em um mundo inadequado para seu papel tradicional.

## Referências

BAUMAN, Zygmunt. *Culture as Praxis*. Londres: Routledge & Kegan Paul, 1973.

BAUMAN, Zygmunt. *Hermeneutics and Social Science, Approaches to Understanding*. Londres: Hutchinson, 1978. [Ed. bras.: *Hermenêutica e ciência social*: abordagens da compreensão. Trad. Fernando Santos. São Paulo: Editora Unesp, 2022.]

______. *Legislators and Interpreters*: On Modernity, Post-Modernity, and the Intellectuals. Oxford: Polity Press, 1987. [Ed. bras.: *Legisladores e intérpretes*: sobre modernidade, pós-modernidade e intelectuais. Rio de Janeiro: Zahar, 2010.]

BERNSTEIN, Richard. *Philosophical Profiles; Essays in Pragmatic Mode*. Oxford: Polity Press, 1985.

COCHIN, Augustin. *Les Sociétés de pensée et la démocratie moderne*. Paris: Gallimard, 1978.

FEBVRE, Lucien et al. *Civilisation, le mot et l'idée*. Paris : La Renaissance de Livre, 1930.

FOUCAULT, Michel. *Power/Knowledge*. Brighton: Harvester Press, 1980.

FURET, François. *Penser la Révolution Française*. Paris: Gallimard, 1978. [Ed. bras.: *Pensando a Revolução Francesa*. Rio de Janeiro: Paz e Terra, 2012.]

GRAMSCI, Antonio. *The Modern Prince and Other Writings*. Londres: Lawrence & Wishart, 1957.

HABERMAS, Jürgen. *Theory and Practice*. Londres: Heinemann, 1974. [Ed. bras.: *Teoria e práxis*. São Paulo: Editora Unesp, 2013.]

POPKIN, Richard H. *The History of Scepticism from Erasmus to Spinoza*. Berkeley: University of California Press, 1979. [Ed. bras.: *A história do ceticismo*: de Erasmo a Spinoza. Rio de Janeiro: Francisco Alves, 2000.]

SCHÜTZ, Alfred; LUCKMANN, Thomas. *The Structures of the Life World*. Londres: Heinemann, 1974. [Ed. bras.: *Estruturas do mundo da vida*. Porto Alegre: EdPUCRS, 2023.]

SIMMEL, Georg. *The Conflict in Modern Culture and Other Essays*. Nova York: Teachers College Press, 1968. [Ed. bras.: *O conflito da cultura moderna e outros escritos*. São Paulo: Senac-SP, 2013.]

WEBER, Max. *From Max Weber*. Org. H. H. Gerth e C. Wright Mills. Londres: Routledge & Kegan Paul, 1948.

# 2
# As respostas sociológicas à pós-modernidade

A maioria dos conceitos atuais de pós-modernidade se referem apenas a fenômenos intelectuais. Em alguns casos, eles se concentram estritamente nas artes. Em outros, espalham-se para incluir um espectro mais amplo de formas e preceitos culturais. Em poucos casos, aprofundam-se nas preconcepções fundamentais da consciência contemporânea. Raramente, se é que o fazem, ultrapassam a fronteira do espiritual para a variável configuração social que os desenvolvimentos artísticos, culturais e cognitivos, classificados como pós-modernos, podem refletir.

Essa autolimitação do discurso da pós-modernidade e sua legitimidade são de importância crucial para o futuro da sociologia. De fato, se a pós-modernidade significa o que os conceitos correntes implicam (uma reforma da cultura, da percepção do mundo, da postura intelectual), então a sociologia enfrenta a tarefa de um ajuste essencialmente estratégico. Ela deve refletir a nova cultura pós-moderna e romper os vínculos com as premissas ontológicas e epistemológicas da modernidade. Ela deve se transformar em uma *sociologia pós-moderna*. Em particular, deve seguir os outros elementos da cultura pós-moderna, aceitando (tanto na teoria quanto na prática) a autocontenção e a autofundação da produção e da reprodução de significados. Deve abandonar a identidade tradicional de um discurso caracterizado pela tentativa de decodificar tais significados como os produtos, as reflexões, os aspectos ou as racionalizações das configurações sociais e suas dinâmicas. Se, por outro lado, a autocontenção da cultura contemporânea e a consequente implosão da visão sinalizam processos que vão além do domínio da cultura propriamente dita (se elas acompanham transformações em, digamos, princípios de organização sistemática ou arranjos de poder), não é a estratégia tradicional da sociologia que precisa ser revista; é necessário, na verdade, um novo foco de investigação e um novo conjunto de categorias voltadas para a mudança da realidade social. Nesse caso – sem renunciar a suas questões formativas –, a sociologia deve evoluir para uma *sociologia da pós-modernidade*. Em particular, deve aceitar o caráter distintivo da configuração pós-moderna, em vez de tratá-la como uma forma doentia ou degradada da sociedade moderna.

## A arte contemporânea como paradigma da pós-modernidade

A característica mais notável da arte contemporânea é desafiar a ordem. Para retratar essa qualidade, Deleuze e Guattari empregaram a metáfora do rizoma, aquele porta-enxerto peculiar que resiste à pressão reguladora dos tropismos e, portanto, parece não possuir nenhum senso de direção privilegiada, expandindo-se igualmente para os lados, para cima e para trás sem uma regularidade detectável que permitiria uma predição do próximo movimento. Novos caules surgem em pontos impossíveis de localizar com antecedência.

A arte contemporânea, como se diz, não conhece nenhuma ordem sincrônica. Em forte oposição ao período moderno da história da arte (ou, de fato, a qualquer outro período), não há hoje escolas ou estilos dominantes claramente reconhecíveis que tendam a subordinar todo o campo da atividade artística e forçar qualquer ato artístico não ortodoxo a se justificar em referência a ele. Além disso, na ausência de um cânone obrigatório, o próprio significado de "heresia" (tanto quanto a própria "ortodoxia") se torna evasivo e praticamente escapa a uma definição técnica. O campo da arte é povoado por criadores dos mais diversos e por estilos esteticamente incompatíveis. A arte contemporânea também não conhece a ordem diacrônica. Tampouco se pode conceber a história da arte como uma sucessão de escolas e estilos dominantes. Além disso, a imagética da evolução perdeu o controle sobre a realidade da estase da arte (isto é, o movimento sem mudança, a mudança sem direção). Períodos posteriores de atividade artística têm pouca relação com os estágios anteriores; eles não parecem "resultar" destes (no sentido de desenvolver ainda mais as suas realizações, resolver os problemas não resolvidos ou oferecer respostas alternativas às perguntas que fizeram ou que inadvertidamente trouxeram à tona). Novos fenômenos na arte aparecem na superfície ao acaso e aparentemente não têm relação com tudo o que aconteceu antes. Parece que as mudanças não constituem mais o desenvolvimento.

No entanto, certas predileções parecem ser comuns à arte contemporânea.[1] Uma delas é a forma artística do pastiche – a invocação consciente ou inconsciente, a alusão, a emulação de climas, de estilos, de técnicas e de artifícios passados ou distantes. Conceitos como a apropriação, o ecletismo e mesmo o plágio perderam seu significado outrora nitidamente depreciativo. Para ser mais preciso, eles perderam todo significado: a arte contemporânea transformou a história e a etnografia da arte em um reservatório de recursos extemporâneos e extraterritoriais, permanentemente utilizáveis, que podem ser colhidos à vontade e ao acaso. O uso da colagem é outra dessas predileções – uma forma artística que faz com a obra de

---

[1] Jameson, Fredric. Postmodern and Consumer Society. In: Foster, Hal (Ed.). *The Anti-Aesthetic, Essays in Postmodern Culture*. Port Townsend: Bay Press, 1983.

arte o mesmo que o pastiche fez com a história da arte. A colagem nega o princípio tradicional da unidade estilística (e muitas vezes composicional) e, em vez disso, pratica a equivalência e não contradição entre gêneros, estilos ou técnicas artísticas. Essa pluralidade que o pastiche substitui pela ordem temporal dos estilos artísticos é incorporada, pela colagem, ao próprio estilo, invalidando, assim, a noção de estilo (pelo menos em seu sentido comumente aceito). Outra peculiaridade da arte contemporânea é sua autorreferencialidade – a rejeição ostensiva do projeto da mimese. No caso da arte contemporânea, desafiar a intenção e a prática da "representação da realidade" vai muito mais longe do que na era da "alta modernidade". De fato, à luz da prática atual, aquele período parece totalmente "representacionista". O que a arte modernista desafiou foi a percepção ingênua e superficial que não conseguia mais distinguir entre a experiência primitiva e as imagens figurativas convencionais. O modernismo lutou para penetrar na realidade "mais profunda", para representar o que se tornou invisível para o olhar limitado pelas convenções. Para alcançar essa representação "melhor", correta e verdadeira, buscou-se a orientação da ciência, aquela autoridade reconhecida sobre o que a realidade realmente é. Assim, os impressionistas se inspiraram (e legitimaram suas práticas) na ótica; os cubistas, na teoria da relatividade; os surrealistas, na psicanálise.[2] Os artistas contemporâneos, por sua vez, abandonariam abertamente toda pretensão e desaprovariam toda intenção de representação. Eles aspirariam representar apenas sua própria prática: a tela, sua planicidade, os meios e suas qualidades inerentes. A própria noção de representação será difícil de definir em termos significativos dentro da arte contemporânea (isto é, se for considerada em relação à realidade não artística), já que não está mais claro o que a realidade é "objetivamente", se ela se baseia na existência objetiva e pode,

[2] Lewin, Kim. Farewell to Modernism. In: Hertz, Richard (Ed.). *Theories of Contemporary Art*. Englewood Cliffs: Prentice Hall, 1985. p.2-7.

assim, fornecer fundamento ontológico para a medição da precisão representacional.

O ato insolente de Marcel Duchamp de inserir um urinol em um salão de arte foi visto na época como o início genuíno de uma era radicalmente nova na arte, libertando-se da camisa de força imposta pela teoria estética. Em retrospecto, o empreendimento iconoclasta de Duchamp parece mais um triunfo final do modernismo, aquele jogo artístico cujas regras exigiam os atos mais descarados de impudência para serem legitimados por uma teoria – uma teoria lógica e internamente consistente, porém rebelde e irreverente para seus predecessores. Duchamp deu a seu mictório uma definição chocante, mas congruente, de arte (algo escolhido pelo artista), uma teoria da obra de arte (retirando um objeto de seu contexto mundano), um método de criação artística (infundindo o objeto com um novo significado).[3] A maioria dos artistas atuais não se importaria com nada disso. Olhando para trás, podemos ver que o gesto desafiador de Duchamp era dirigido a críticos de arte e teóricos acadêmicos. Tratava-se de uma tentativa de arrancar o poder de definição, de distinção e de avaliação da arte das mãos daqueles que extraíam sua autoridade da destreza em discursos estéticos e não em práticas artísticas (e o fazem em uma luta travada segundo as regras que eles próprios supostamente promoveram). Para os artistas de hoje, essas pessoas constituem apenas uma ameaça secundária. As forças e os fatores que discriminam entre a arte (ou seja, algo adequado para exibição e venda em galerias de arte) e a não arte, entre a arte boa (ou seja, bem-sucedida nos termos acima) e a arte ruim, são afetados apenas parcialmente por suas atividades. É por isso que a arte contemporânea exibe sua impressionante imunidade à teorização, à programação, ao argumento, à validação de princípios. Mas, na ausência de teoria (ou melhor, com a irrelevância crescente e a

[3] Francis Picabia apud Lippard, Lucy R. (Ed.). *Dadas on Art*. Englewood Cliffs: Prentice Hall, 1971. p.168.

autoridade cada vez menor da teoria), "tanto a retórica da destruição quanto a da novidade perderam qualquer traço de apelo heroico".[4] "A possibilidade de uma determinada escola se apresentar com a pretensão de validade universal"[5] foi, assim, efetivamente frustrada.

O efeito combinado de todos esses afastamentos dos axiomas e cânones da arte moderna é a impressão geral de desorientação e caos. Essa impressão é o principal elemento transmitido pela caracterização da arte contemporânea como pós-moderna (uma vez que a "pós-modernidade" é uma noção semanticamente negativa, definida inteiramente por ausências – pelo desaparecimento de algo que estava lá antes –, a evanescência da ordem sincrônica e diacrônica, bem como da direcionalidade da mudança, está entre suas características definidoras mais decisivas).

No entanto, pode-se dar sentido a esse caos aparente – com a condição de aceitar a irredutibilidade e a permanência da pluralidade dos mundos humanos, algo que a filosofia moderna se recusou a admitir e a que a arte modernista recusou se conformar. Há dez anos, Dick Higgins escreveu sobre a passagem das questões cognitivas feitas pelos artistas do século XX (até cerca de 1958) – Como posso interpretar este mundo do qual sou parte? E o que sou nele? – para as questões pós-cognitivas – Que mundo é este? O que deve ser feito nele? Qual dos meus "eus" deve fazer isso?[6] As "questões pós-cognitivas" capturam bem as preocupações ontológicas, mais do que as questões epistemológicas, dos artistas pós-modernos (de acordo com Brian McHale, a ontologia constitui o dominante da escrita pós-moderna). Para a arte denominada pós-moderna, a questão central é como localizar, identificar, separar um mundo particular, sabendo bem que esse mundo é apenas um dos tantos

---

[4] Călinescu, Matei. *Faces of Modernity: Avant-Garde, Decadence, Kitsch*. Bloomington: Indiana University Press, 1977. p.147.

[5] Bürger, Peter. *Theory of the Avant-Garde*. Trad. Michael Shaw. Manchester: Manchester University Press, 1984. p.87. [Ed. bras.: *Teoria da vanguarda*. São Paulo: Ubu, 2017.]

[6] Citado em McHale, Brian. *Postmodernist Fiction*. Londres: Methuen, 1987. p.3.

possíveis e coexistentes e que a exploração dele, por mais profunda que seja, muito provavelmente não irá nos aproximar da verdade universalmente obrigatória ou de descobertas capazes de reivindicar legitimamente uma validade geral ou exclusiva.

Se for esse o caso, então a notória falta de interesse pela precisão da representação, até mesmo a rejeição enfática da própria ideia do *status* derivado e reflexivo da arte em relação à realidade, pode ser vista como uma versão atualizada da mimesis, refletindo a percepção pós-moderna do mundo como incuravelmente pluralista. Longe de abandonar o papel do *speculum mundi*, a arte pós-moderna "mantém o espelho diante da realidade, a qual, mais do que nunca, é plural".[7] A insistência do artista pós-moderno no fato de que o "projeto da verdade" é ontologicamente falho e, portanto, impossível de se alcançar e indigno de se perseguir transmite a verdade sobre a realidade contemporânea. Por meio da sua própria pluralidade e da revogação das hierarquias, a arte pós-moderna *representa* a modalidade existencial do mundo extra-artístico.

Proponho que possamos ir além de McHale e observar que a função mimética da arte pós-moderna não se esgota em sua pluralidade interna e em seu crescimento semelhante ao de um rizoma. A arte pós-moderna imita a realidade também em sua exposição do caráter essencialmente subdeterminado da ação, bem como na fraca fundamentação da realidade como algo que resulta de uma ação contínua e motivada, do exercício da liberdade e da escolha. Mais do que nunca, a obra de arte agora é aberta e enfaticamente *interpretada*. Ela não tem autoridade para apelar para legitimar e validar a si mesma, salvo decisão de seu autor. Ela não tem nenhum código ecumenicamente dominante ou ambicioso ao qual se referir a fim de revelar seu significado; em vez disso, precisa construir e desenvolver seu próprio potencial explicativo. Na ausência de todas as estruturas referenciais mais amplas, uma obra de arte pós-moderna está,

[7] Ibid., p.39.

além disso, aberta a uma multiplicidade de interpretações que estão fadadas a parar antes de atingir o *status* "autoritário" e, portanto, a permanecer inconclusivas. A mesmíssima polivalência que, nos tempos da modernidade, era percebida como um obstáculo, como uma evidência da imperfeição da teoria existente e um desafio, torna-se agora o traço definidor e permanente da arte. Nesse aspecto, como em seus traços anteriormente discutidos, a arte pós-moderna aponta para algo diferente de si mesma e veicula informações sobre uma realidade não artística. Mesmo sua ostensiva e exuberante autonomia contém informações sobre o mundo do qual faz parte.

## A cultura pós-moderna

O mundo do qual a arte pós-moderna faz parte mais diretamente é, claro, aquele da cultura. A cultura, que tem como um de seus componentes a arte pós-moderna, compartilha com ela os atributos do pluralismo, da ausência de autoridade universalmente obrigatória, do nivelamento de hierarquias, da polivalência interpretativa. Como argumentou Baudrillard,[8] ela é uma cultura de excesso, caracterizada pela superabundância de significados, juntamente com (ou evidenciada ainda mais por) a escassez de autoridades adjudicatórias. Assim como a arte pós-moderna, ela está em constante mudança, mas desprovida de uma linha distintiva de desenvolvimento. Seus elementos parecem subdeterminados e inconsequentes. Ela é, pode-se dizer, uma cultura de superprodução e desperdício. Com isso, aquela tragédia da cultura que Georg Simmel (que só agora começa a ser entendido e reconhecido como o único pensador "pós-moderno" entre os pais fundadores da sociologia) previu há quase um século chegou ao seu fim; o corpo de produtos culturais objetivamente disponíveis excede em muito a capacidade

[8] Baudrillard, Jean. *Les Stratégies fatales*. Paris: Bernard Gasset, 1983. [Ed. bras.: *As estratégias fatais*. Rio de Janeiro: Rocco, 1996.]

de assimilação de qualquer membro da sociedade. Para o indivíduo, a cultura aparece como um conjunto de fragmentos desconexos e em constante movimento. A velha expressão "cena cultural" implicava um cenário, uma trama, um desenlace, um entrelaçamento de papéis, um diretor. Nada disso pode estar sensatamente implícito nas condições da cultura pós-moderna (que, por essa razão, Baudrillard chamou de *obscena*).

A maioria dos estudiosos da cultura contemporânea concorda com o papel único da mídia como o principal veículo de produção e distribuição de cultura. Partiu-se do pressuposto (desde que a frase memorável de Marshall McLuhan, "o meio é a mensagem", foi proferida pela primeira vez) de que, independentemente da mensagem explícita da mídia (ou seja, aquele aspecto da mensagem que pode ser verbalizado como uma série de afirmações falsificáveis sobre o suposto tópico do discurso), a influência mais poderosa na configuração da cultura contemporânea é exercida pelo modo e pela forma como a mensagem é veiculada. Assim, o impacto mais consequente da centralidade da mídia na reprodução cultural parece consistir na tendência geral de construir o mundo como um conjunto de imagens que não são nem causalmente determinadas nem deixam um rastro duradouro (uma vez que desaparecem), de acontecimentos, de coisas mutuamente desconectadas e de episódios fechados em si mesmos, de eventos fundamentados apenas na motivação elusiva e variada dos atores; e a invalidação massiva da memória (exceto a forma peculiar, programaticamente caótica e aleatória da memorização empregada em jogos de perguntas e respostas) – a mesma faculdade sobre a qual deve repousar a construção da realidade mutável como desenvolvimento.

Ao enfocar a televisão como indiscutivelmente a mídia cultural contemporânea mais representativa e influente, Martin Esslin observou: "seja o que for que ela possa apresentar a seus telespectadores, a televisão como tal exibe as características básicas do modo dramático de comunicação – e de pensamento, pois o drama é também um método de pensar, de experimentar o mundo e raciocinar sobre ele". O "modo dramático de comunicação" que Esslin tinha em mente se distingue por uma série de características, todas surpreendentemente reminiscentes daquelas que notamos antes na arte contemporânea. Para começar, "eventos reais acontecem apenas uma vez e são irreversíveis e irrepetíveis; o drama parece um evento real, mas ele pode ser repetido à vontade".[9] Assim, a notícia é imprensada entre duas peças de histórias dramatizadas (e abertamente ficcionais) com as quais compartilha a apresentação de eventos como eminentemente repetíveis, como acontecimentos que podem ser vistos (reencenados?) repetidas vezes, em câmera lenta e rápida, deste ou daquele ângulo. Existindo apenas como imagens mostradas e vistas, ou, melhor ainda, gravadas em vídeo e depois reencenadas no momento e nas circunstâncias de sua escolha, os eventos são não inevitáveis, inconclusivos, revogáveis até novo aviso (pode-se dizer que o pedido de Judas, "podemos começar de novo, por favor?", na peça *Jesus Cristo Superstar* só poderia ser feito na Era da Televisão). O mundo dividido em uma infinidade de minidramas não tem uma coesão ou direção definida. Esse mundo em si é suave – um mundo no qual o tempo pode ser facilmente revertido, de modo que os episódios que o preenchem podem ser rearranjados em qualquer ordem de sucessão (e não estão sujeitos a nenhuma ordem, exceto a da sucessão aleatória). Como todas as consequências que tais episódios podem ter são eminentemente temporárias e resgatáveis, tal mundo deve e pode prescindir de padrões, incluindo padrões morais. A moralidade, por assim dizer, é um pré-requisito funcional de um mundo com uma finalidade inerente e uma irreversibilidade de escolhas. A cultura pós-moderna não conhece esse mundo.

Alguns estudos recentes sugerem que a mídia contemporânea faz mais do que apresentar o "mundo real" como drama. Ela

[9] Esslin, Martin. *The Age of Television*. São Francisco: W. H. Freeman, 1982. p.8, 22.

transforma o mundo em drama, uma vez que molda seu curso real segundo o padrão de eventos dramáticos. Sugeriu-se que, com a cooperação da televisão, o "mundo real" já se tornou, em grande parte, um espetáculo encenado. Na maioria dos locais estratégicos do "mundo real", os eventos acontecem por causa de sua adequação potencial para serem televisionados (os políticos e os terroristas atuam para a televisão, esperando transformar ações privadas em eventos públicos, biografia em história). Nas palavras de Benjamin Barber, "é difícil imaginar a geração Kennedy, os anos 1960, Watergate, a geração Woodstock, ou mesmo a Maioria Moral sem a televisão nacional".[10] Daniel Dayan e Elihu Katz sugerem que a provisão de eventos originais e próprios da televisão toma lentamente precedência sobre a mera reprodução de eventos ou a mera oferta de acesso a eventos que teriam ocorrido de qualquer maneira na ausência do telespectador. Tais eventos de mídia "não descrevem o estado de coisas, mas são simbolicamente instrumentais para ocasionar esse estado de coisas".[11] O efeito geral é a crescente falta de clareza quanto ao significado e aos limites da "história real". Baudrillard afirma[12] que não é mais o caso de a televisão suplantar a realidade com imagens, distorcê-la ou mentir sobre ela nem sequer de a televisão se colocar entre o telespectador e sua vida, moldando a forma como é vivida ou interpretando seu sentido (ou melhor, substituindo sua repetição por hermenêutica). Para Baudrillard, a própria sociedade agora é feita seguindo a medida da televisão: a história não passa de espetáculo. A história é uma devassidão de signos, um jogo interminável de simulação, de drama e de grotesco minueto político, uma promiscuidade imoral de todas as formas.

[10] Citado em Banks, Louis. The Rise of Newsocracy. In: Hiebert, Ray Eldon; Reuss, Carol (Eds.). *Impact of Mass Media, Current Issues*. Londres: Longman, 1985. p.31.

[11] Dayan, Daniel; Katz, Elihu. Performing Media Events. In: Curran, James; Smith, Anthony; Wingate, Pauline (Eds.). *Impacts and Influences, Essays on Media Power in the Twentieth Century*. Londres: Methuen, 1987. p.175, 183.

[12] Baudrillard, *Les Strategies fatales*, op. cit.

Não se pode mais falar em distorção da realidade: não há mais nada com o que comparar a imagem. Essa é a realidade flexível, desconjuntada, insubstancial da qual o Roquentin, de Sartre, disse que "tudo nasce sem razão, prolonga-se por fraqueza e morre por acaso".

Nos dias tranquilos da autoconfiança e do otimismo modernos, Matthew Arnold escreveu: "A cultura tenta, incansavelmente, não tornar aquilo de que cada pessoa inapta possa gostar a regra pela qual se molda, mas se aproximar cada vez mais de um senso do que é realmente belo, gracioso e apropriado, e fazer que a pessoa inapta goste disso".[13] Arnold sabia – e sabia sem sombra de dúvida – o que é "realmente" belo e atrativo; da mesma forma, sabia qual pessoa é "inapta" e por quê. Em seu mundo, a cultura era uma imagem de ordem e perfeição situada à frente e acima do mundo da prática, reduzindo-o, assim, à "mera realidade". A cultura era, acima de tudo, um esforço confiante para elevar a realidade ao nível de tal imagem.

Em contrapartida, pode-se ler o ensaio de George Steiner intitulado "In a Post-Culture"[14] como uma visão do mundo do qual a confiança de Arnold praticamente desapareceu. Não saber o que sabemos hoje, diz Steiner, era um privilégio de Arnold ou de Voltaire: era a ignorância deles que lhes dava confiança. Sabemos o que eles não sabiam: que as humanidades não humanizam. Do alto do que legitimamente foi aceito na época como o auge da civilização, parecia óbvio que havia uma "congruência pré-ordenada entre o cultivo da mente individual e uma melhoria das qualidades dominantes da vida". Isso não nos parece nada óbvio. Pior ainda, acharíamos muito difícil defender algo como uma "melhoria", já que não acreditamos no axioma do progresso, perdemos a técnica do sonho futuro, deixamos de ser animados pela utopia ontológica e – com tudo isso – per-

[13] Arnold, Matthew. *Culture and Anarchy*. Cambridge: Cambridge University Press, [1869] 1963. p.50. [Ed. port.: *Cultura e anarquia. Lisboa*: Pergaminho, 1994.]

[14] Steiner, George. *Extraterritorial l: Papers on Literature and the Language Revolution*. Londres: Atheneum, 1976. [Ed. bras.: *Extraterritorial: a literatura e a revolução da linguagem*. São Paulo: Companhia das Letras, 1990.]

demos a capacidade de distinguir o melhor do pior. Nosso tempo é marcado pelo fim da estrutura hierárquica de valores e pela rejeição de todos os "cortes binários que representavam a dominação do código cultural sobre o natural", como os cortes entre o Ocidente e o resto, os ensinados e os não ensinados, os estratos superiores e os inferiores. A superioridade da cultura ocidental (culturas?) não parece evidente nem garantida como perspectiva. Perdemos o centro confiante, sem o qual, na visão de Steiner, não há cultura. Esta, insiste Steiner, deve ser conscientemente elitista e ter a coragem de avaliar. Com essas duas faculdades em disputa ou sob ataque, o futuro de nossa civilização é "quase imprevisível". Pode-se dizer que Steiner concorda com Arnold que a escolha é entre a cultura ou a anarquia; diferentemente de Arnold, no entanto, ele acredita que a escolha já foi feita – e não da maneira que Arnold esperava e Steiner consideraria indispensável para a sobrevivência do modo cultural como tal.

Pode-se interpretar a visão de Steiner da seguinte maneira: o conceito de cultura pós-moderna é uma contradição em termos, um oximoro. Cultura envolve hierarquia, discernimento e avaliação; a pós-modernidade, por sua vez, diz respeito ao nivelamento das hierarquias, à ausência de discrição e à equivalência. A pós-modernidade, em outras palavras, é uma condição pós-cultural. Não é preciso necessariamente concordar com Steiner em sua vinculação do fenômeno da cultura a seu significado iluminista radical para aceitar que o cenário pós-moderno invalida muitos constituintes essenciais do discurso cultural. Os preceitos centrais desse discurso, como a cultura dominante ou a hegemonia cultural, parecem ter perdido muito de seu significado ou (no que diz respeito à postura missionária e fanática) ter se esgotado. O mundo contemporâneo é um lugar onde as culturas (essa forma plural é em si mesma um sintoma pós-moderno!) coexistem, resistindo à ordenação segundo eixos axiológicos ou temporais. Em vez de se mostrar como uma etapa transitória no processo civilizatório ainda inacabado, sua coexistência parece ser uma característica permanente do mundo, sem nenhuma autoridade à vista que aspire a um papel ecumênico e universal. Assim como a arte pós-moderna, a cultura pós-moderna parece condenada a permanecer desordenada, ou seja, plural, crescendo de forma semelhante a um rizoma, sem direção.

## A visão de mundo pós-moderna

É essa nova experiência cultural, brevemente esboçada na seção anterior, que foi destilada na visão pós-moderna do mundo como um processo autoconstituído e autopropulsor, determinado apenas por seu próprio impulso, sujeito a nenhum plano geral – do tipo "movimento em direção à Segunda Vinda", da "universalização da condição humana", da "racionalização da ação humana" ou da "civilização da interação humana". A pós-modernidade é marcada por uma visão do mundo humano como irredutível e irrevogavelmente pluralista, dividido em uma vasta gama de unidades soberanas e locais de autoridade, sem ordem horizontal ou vertical, seja na prática ou em potencial.

Dito de outro modo, a visão pós-moderna de mundo acarreta a dissipação da objetividade. O elemento mais visivelmente ausente é uma referência aos fundamentos supracomunais e "extraterritoriais" da verdade e do significado. Em vez disso, a perspectiva pós-moderna revela um mundo composto de um número indefinido de agências geradoras de significado, todas relativamente autossustentáveis e autônomas, todas sujeitas a suas respectivas lógicas e armadas com seus próprios recursos de validação da verdade. Sua superioridade relativa pode ser defendida apenas, se for o caso, de modo pragmático e abertamente autorreferencial, sem nenhuma reivindicação feita à autoridade supracomunal. Uma vez que a perspectiva pós-moderna, assim como sua predecessora, foi desenvolvida no mundo ocidental, a aceitação da pluralidade de soberanias significa, antes de mais nada, a rendição da posição (diacrônica e sincronicamente) dominante do Ocidente. O que se supõe ser a formação mais realizada, mais avançada e definidora de padrões do desenvolvimento social global (na verdade, a única formação de significado universal) ao longo da era moderna foi agora reduzida ao *status* de apenas uma entre muitas. Sua historicidade foi estendida da admissão de um começo fixo à antecipação de um fim iminente. E suas reivindicações outrora universalistas foram suplantadas pela aceitação de um significado paroquial e de uma validade puramente local (tanto espacial quanto temporalmente).

A supracitada "dissipação de objetividade" não termina aqui, no entanto. A dissolução da autoridade universal na escala global e ecumênica é acompanhada por uma tendência semelhante no espaço intrassocietal. Se a moderna visão de mundo teorizou (tanto refletiu quanto legitimou) as tendências unificadoras e as ambições uniformizantes das sociedades estatais, a visão pós-moderna muda o foco para a agência (reconhecidamente subdefinida) da comunidade. Mais precisamente, o foco muda para as comunidades; a distinção mais seminal do novo quadro de percepção e análise é precisamente sua pluralidade. Se o conceito de sociedade era um dispositivo para "apagar" o "exterior" e reduzi-lo, na melhor das hipóteses, ao *status* de ambiente (ou seja, o território de "realização de objetivo" e objeto, mas não sujeito, da ação), o conceito de comunidade tal como aparece no discurso pós-moderno deriva seu significado essencial da copresença de outras comunidades, todas vistas como agências. O espaço no qual os processos de geração de significado e validação de verdade são agora definidos não é apenas confinado em comparação com o cenário característico da visão de mundo moderna (que, por assim dizer, preencheu todo o espaço analítico até o horizonte), mas também difere em qualidade. O antigo cenário derivava sua solidez da presença de agências de integração coordenadas e sobrepostas que se reforçavam mutuamente. Mesmo quando não referido explicitamente, o impacto totalizante da sistematicidade econômica, do corpo político, da lei unificada, do grupo de valores dominante ou da ideologia foi tacitamente presumido (na verdade, serviu como a própria pré-condição da possibilidade do discurso) e assim permaneceu durante toda a garantia oculta, embora onipotente, da autoridade da verdade e do significado. Os novos espaços comunitários (que focalizam, em vez disso, a parcialidade, na ausência de autarquia e na desunião) são fundamentados apenas em suas atividades e, portanto, expõem a ausência de sincronização entre a ação orientada para a verdade e para o significado e outras dimensões da existência social. Daí as dificuldades endêmicas que os ambientes comunais enfrentam no curso de sua autoconstituição. De fato, o desenho de fronteiras agora parece ser a tarefa teórica primordial, enquanto a manutenção dos limites espaciais e das divisões de autoridade se projeta como a mais formidável entre as questões práticas.

François Lyotard (mais do que ninguém, a pessoa responsável por dar nome à nova visão de mundo, embora também por obscurecer, em vez de esclarecer, seu sentido sociológico) apresentou a comunalização da verdade e do significado como um subproduto da lenta erosão da dominação outrora exercida pela ciência sobre todo o campo do conhecimento (legítimo), sendo essa erosão, por sua vez, um efeito da desintegração gradual da ciência em um número cada vez maior de discursos separados, apenas formalmente interligados, e, portanto, do colapso gradual da função prescritiva original. O domínio vazio, agora uma terra de ninguém, foi preenchido por uma multidão de discursos que podem comandar apenas a autoridade que eles próprios são capazes de gerar. O que ocorreu, nas palavras de Lyotard, foi a "'atomização' do social em redes flexíveis de jogos de linguagem".[15] Dissimulando as mudanças na estrutura de poder e sua tendência imputada, Lyotard prefere relacionar a atomização observada à transformação tecnológica, aos novos avanços no processa-

[15] Lyotard, Jean-François. *The Postmodern Condition: A Report on Knowledge*. Trad. Geoff Bennington e Brian Marsuni. Manchester: Manchester University Press, 1984. p.17. [Ed. bras.: *A condição pós-moderna*. São Paulo; Rio de Janeiro: José Olympio, 2021.]

mento da informação, que ele responsabiliza diretamente pelo fato de que o "componente de comunicação está se tornando mais proeminente a cada dia, tanto como uma realidade quanto como uma questão".[16] É supostamente essa importância que leva à constituição de unidades sociais fundamentadas apenas na linguagem. O problema com uma morfologia do social baseada na comunicação é que ela tende a ser tão fluida e processual quanto a comunicação em si. Ela não tem o conforto de limites claramente traçados, mutuamente acordados e efetivamente defendidos. A rede é inerentemente flexível. Os jogos de linguagem têm a tarefa nada invejável de constituir a presença a ser legitimada, em vez de se preocuparem apenas com a legitimação de uma presença já assegurada por outros meios. "Os limites são o resultado provisório e a disputa das estratégias de linguagem."[17]

Da mesma forma, o fenômeno sociopolítico da erosão da autoridade com potencial e pretensão ecumênicos foi reduzido em Lyotard à sua dimensão linguístico-filosófica: "A grande narrativa perdeu sua credibilidade".[18] Tendo perdido sua unidade discursiva, a ciência deixou de ser uma grande narrativa. Ela foi destronada e rebaixada a uma coleção de jogos de linguagem, nenhum dos quais desfruta de um *status* privilegiado ou exerce o poder de julgar outros jogos. Baseando-se na metáfora de Wittgenstein da linguagem como um labirinto de pequenas ruas cercadas por ilhas solitárias de subúrbios organizados e planejados, Lyotard questiona a centralidade da conurbação emergente. Mas ele também aponta para a autarquia dos subcentros suburbanos – eles não precisam se comunicar com os outros subúrbios, ou mesmo com a "cidade velha" no centro, para manter uma vida razoavelmente completa. As visitas entre subúrbios são raras, e nenhum morador da cidade visitou todos:

[16] Ibid., p.16.
[17] Ibid., p.17.
[18] Ibid., p.37.

> Ninguém fala todas essas línguas, elas não têm metalinguagem universal, o projeto do sistema-sujeito é um fracasso, o objetivo da emancipação nada tem a ver com a ciência, estamos todos presos ao positivismo desta ou daquela disciplina de aprendizagem, os estudiosos eruditos se transformaram em cientistas, as reduzidas tarefas da pesquisa se tornaram compartimentalizadas e ninguém pode dominar todas elas [...]. É disso que se trata o mundo pós-moderno. A maioria das pessoas perdeu a nostalgia da narrativa perdida. Mas de forma alguma isso significa que elas sejam reduzidas à barbárie. O que as salva disso é o conhecimento de que a legitimação só pode surgir de sua própria prática linguística e interação comunicacional.[19]

Na interpretação de Lyotard, portanto, o advento da pós-modernidade está relacionado à dissipação de apenas uma hierarquia: a dos jogos de linguagem. O que permanece inexplorada é a possibilidade de que o colapso dessa hierarquia particular possa ter sido uma manifestação (ou um corolário) de uma crise mais ampla, que envolve muitas hierarquias que (em conjunto) apoiaram a autoridade adjudicante suprema com a autoconfiança de que ela poderia inspirar (o que de fato o fez) uma possibilidade, em outras palavras, que a nova liberdade e a independência dos jogos de linguagem são em si um resultado da dissociação da esfera comunicativa da estrutura de dominação política e econômica e que tal "descasamento" é, por sua vez, resultado da decomposição da hierarquia das funções sistêmicas – em particular, da erosão da dominação da economia sobre a política e sobre o domínio das ideias. É possível que, devido a essa erosão, a cultura tenha se tornado sistemicamente irrelevante, deslocando-se, em vez disso, para o domínio da integração social (e não sistêmica). A emancipação da cultura da função sistêmica que desempenhava anteriormente tornou acessível sua desconstrução em um agregado de jogos de linguagem. Emancipada da corresponsabilidade pela reprodução da dominação sistêmica, a cultura pode abandonar com alegria aquele ardor missionário e proselitista que marcou os tempos das utopias e das cruzadas culturais. A cultura

[19] Ibid., p.41.

sistematicamente irrelevante pode ficar sem um equivalente pós-moderno, digamos, do tipo ideal de comportamento racional de Weber ou do projeto de emancipação universal de Marx – aos quais, na era anterior, era atribuído o direito de avaliar todas as variedades de ação social e classificá-las como desvios da norma que emerge incontrolavelmente.

## A sociologia pós-moderna

No limiar da pós-modernidade, a sociologia chegou sob a forma apropriadamente chamada por Anthony Giddens de consenso ortodoxo. Essa forma foi constituída pela estratégia amplamente compartilhada da análise racional da sociedade, entendida como um Estado-nação; tal sociedade, concordava-se, estava sujeita aos processos de racionalização contínua, não necessariamente livres de contradições e perturbações (ou, de fato, recuos temporários), mas suficientemente dominantes para oferecer um quadro seguro no qual as informações sobre a realidade social poderiam ser expostas. Constantemente oculta atrás da visão ortodoxa da realidade social estava a poderosa imagem do sistema social – sinônimo de um espaço de interação ordenado e estruturado no qual as ações prováveis foram, por assim dizer, pré-selecionadas pelos mecanismos de dominação ou compartilhamento de valores. Era um espaço "principalmente coordenado" (na interpretação de Talcott Parsons do imaginário de Weber); um espaço dentro do qual os níveis cultural, político e econômico da organização supraindividual eram todos funcionalmente complementares e refletiam uns aos outros. Na frase memorável de Parsons, a sociologia era mais bem compreendida como um esforço contínuo para resolver o "problema hobbesiano": o mistério da não aleatoriedade, a regularidade do comportamento de sujeitos essencialmente livres e voluntários. O consenso ortodoxo se concentrou, portanto, em mecanismos que reduziam ou eliminavam a aleatoriedade e a multidirecionalidade da ação humana e, assim, impunham a coordenação sobre forças centrífugas, a ordem sobre o caos.

A primeira vítima do avanço da pós-modernidade foi o espectro do sistema, invisivelmente presente e tacitamente presumido, fonte e garantia de sentido do projeto sociológico e, em particular, do consenso ortodoxo. O resultado imediato foi um sentimento generalizado de mal-estar e de erosão da confiança. Muito antes de a natureza exata da mudança pós-moderna ser articulada, surgiram sinais de crescente desafeição com a forma como a sociologia foi conduzida na era do consenso ortodoxo. Os emblemas daquela época (sobretudo o funcionalismo estruturalista de Parsons) foram cada vez mais atacados, frequentemente por razões pouco conectadas com o caráter da mudança percebida. O que realmente estava em jogo era a deslegitimação geral do consenso ortodoxo, em vez do suposto tópico do ataque; a substituição de pressupostos teóricos específicos ou princípios estratégicos. Como T. H. Marshall escreveu em outro momento, os sociólogos sabiam do que estavam fugindo; eles ainda não sabiam para onde.

Na época em que a insubordinação começou, havia pouca consciência da ligação entre o novo espírito de inquietação teórica e estratégica e a realidade social em transformação. O chamado para revisar a prática da sociologia foi expresso em termos universalistas. Não se supunha que o consenso ortodoxo tivesse perdido sua utilidade e, portanto, estivesse maduro para a reforma; ao contrário, o consenso foi proclamado errado desde o início; um triste caso de erro, de autoengano ou de rendição ideológica. Paradoxalmente (embora não inesperadamente), o esforço para desacreditar a visão moderna do mundo social precisava da compreensão totalmente moderna da verdade para autovalidação. Sem necessariamente dizer isso com tantas palavras, os rebeldes almejavam a substituição do velho pelo novo consenso (eles falavam muitas vezes da busca de um "novo paradigma"). Na realidade, seus esforços levaram à constituição do que se poderia chamar de uma sociologia pós-moderna (diferente da sociologia da pós-modernidade).

A sociologia pós-moderna recebeu seu impulso original das técnicas de Garfinkel, concebidas para expor a fragilidade endêmica da realidade social, suas bases "meramente" conversacionais e convencionais, sua negociabilidade, o uso perpétuo e a subdeterminação irreparável. Ela logo adotou Alfred Schütz como ancestral espiritual, com sua reflexão sobre a maravilha da ação social e sua capacidade autopropulsora, com sua desmistificação das explicações do tipo "por causa de" como motivos ocultos do tipo "a fim de", com sua dissolução da ordem sistêmica em uma pletora de múltiplas realidades e de universos de significado. Pouco depois, ela recorreu a Wittgenstein e a Gadamer em busca de inspiração filosófica e do certificado de respeitabilidade acadêmica. De Wittgenstein, a ideia de jogos de linguagem foi emprestada e habilmente adaptada para justificar a eliminação de todos os constituintes "mais difíceis" e extraconversacionais da realidade social. De Gadamer, veio a visão do mundo da vida como um conjunto de significados produzidos comunitariamente e tradicionalmente validados e a coragem de abandonar a busca pela verdade universal, supralocal, "objetiva" (ou seja, que não se refere às experiências delimitadas comunitariamente).

Foi um mundo pós-moderno que deu ânimo e ímpeto à sociologia pós-moderna; o último reflete o primeiro da mesma forma que a colagem da arte pós-moderna "representa realisticamente" (no "sentido conceitual de realismo")[20] a experiência da vida pós-moderna montada aleatoriamente. No entanto, a sociologia pós-moderna se distingue por evitar o confronto com a pós-modernidade como certa forma de realidade social, como um novo ponto de partida separado por novos atributos. A sociologia pós-moderna nega seu parentesco com um estágio específico da história da vida social. Curiosamente,

[20] Krauss, Rosalind E. *The Originality of Avant-garde and other Modernist Myths*. Cambridge, Massachusetts: MIT Press, 1985. p.52-4. O conceito foi sugerido por G. M. Luquet.

essa sociologia que ganhou impulso com a insatisfação referente às visões nascidas da aspiração universalista da forma de vida capitalista ocidental é concebida em termos universalistas, atemporais e extraespaciais. Ela prefere ver sua realização como uma retificação de erro, a descoberta da verdade e da direção certa, em vez de uma autoadaptação ao objeto de estudo transformado. A sociologia pós-moderna promoveu os atributos da realidade social, destacados pelas esperanças decadentes da cultura missionária e realçados pela visão de mundo pós-moderna, ao *status* de essências perpétuas (embora até então negligenciadas) da vida social em geral.

Pode-se dizer que a sociologia pós-moderna não tem o conceito de pós-modernidade. Suspeita-se que seria difícil gerar e legitimar tal conceito sem o transformar radicalmente. É precisamente por estar tão bem adaptada ao cenário cultural pós-moderno que a sociologia pós-moderna (apesar de sua tendência de defender a não universalidade da verdade em termos universalistas) não pode conceber a si mesma como um evento na história. De fato, ela é singularmente imprópria para conceituar os fenômenos análogos da lógica da sucessão histórica e do enraizamento social das ideias.

A sociologia pós-moderna respondeu à condição pós-moderna por meio da mimese; ela informa sobre essa condição de forma oblíqua, codificada, por meio do isomorfismo de sua própria estrutura, pela comutação (Hjelmslev) entre sua estrutura e a estrutura dessa realidade extrassociológica da qual faz parte. Pode-se dizer que a sociologia pós-moderna é um significante, tendo a condição pós-moderna como seu significado. Pode-se obter uma compreensão válida da condição pós-moderna por meio da análise das práticas da sociologia pós-moderna. Para o conhecimento discursivo da pós-modernidade como um tipo de realidade social com lugar na história e no espaço social, é preciso, no entanto, recorrer a outras respostas sociológicas.

Proponho que a sociologia pós-moderna pode ser mais bem compreendida como uma representação mimética da condição pós-

-moderna. Entretanto, ela também pode ser vista como uma resposta pragmática a essa condição. A descrição do mundo social está nela inextricavelmente entrelaçada com escolhas praxiológicas. De fato, a aceitação da soberania comunitária sobre a produção de significado e a validação da verdade lança o sociólogo, sem necessidade de maiores argumentos, ao papel do intérprete,[21] de intermediário semiótico com a função de facilitar a comunicação entre as comunidades e as tradições. Um sociólogo pós-moderno é aquele que, firmemente inserido em sua própria tradição "nativa", penetra profundamente em camadas sucessivas de significados sustentados pela tradição relativamente estranha a ser investigada. O processo de penetração é simultaneamente o de tradução. Na pessoa do sociólogo, duas ou mais tradições são colocadas em contato comunicativo – e assim revelam uma para a outra seus respectivos conteúdos, os quais, do contrário, permaneceriam nebulosos. O sociólogo pós-moderno visa "dar voz" a culturas que, sem a sua ajuda, permaneceriam adormecidas ou inaudíveis para o interlocutor . O sociólogo pós-moderno opera na interligação entre os "jogos de linguagem" ou as "formas de vida". Espera-se que sua atividade mediadora enriqueça os dois lados da ligação. A popularidade da injunção estratégica de Clifford Geertz da "descrição densa" (aquela que resume as práticas antropológicas que se distinguem por constituir seus objetos como culturalmente estranhos, os quais, portanto, precisam de decodificação e tradução) entre os sociólogos contemporâneos se deve, em grande parte, ao fato de revelar a visão de mundo pós-moderna e a estratégia correspondente da sociologia pós-moderna. Uma explicação típica dessa estratégia, como a de Susan Hekman,[22] promove uma sociologia do conhecimento no estilo de Karl Mannheim para o paradigma da

---

[21] Bauman, Zygmunt. *Legislators and Interpreters: On Modernity, Postmodernity and Intellectuals*. Cambridge: Polity Press, 1987. p.1-7, 143-5, 196-7.

[22] Hekman, Susan. *Hermeneutics and the Sociology of Knowledge*. Cambridge: Polity Press, 1986. [Ed. port.: *Hermenêutica e sociologia do conhecimento*. Lisboa: Edições 70, 1986.]

sociologia total (com, é claro, a substituição do conceito negativo de ideologia de Mannheim – como uma força distorcida e um inimigo da verdade – pelo conceito positivo de ideologia, ou, melhor ainda, pelo conceito de tradição comunitária ou de comunidade linguística, como a única estrutura, o único propagador e a única condição da verdade).

## A sociologia contra a pós-modernidade

Nem todas as respostas à condição pós-moderna exigem uma revisão igualmente radical do modelo ortodoxo de investigação sociológica. Algumas das mais sérias obras teóricas de nosso tempo *negam a novidade da situação atual*; elas negam, no mínimo, que a novidade seja radical o suficiente para justificar (quem dirá precisar) abandonar o modelo de sociedade moderna (capitalista, industrial) como o paradigma essencial da análise social.

Tais obras são *tradicionais* de duas maneiras: primeiro, elas negam a autonomia existencial da pós-modernidade como um tipo separado de sociedade, preferindo tratá-la como uma variedade, um momento ou uma aberração temporária de uma modernidade basicamente *contínua*; em segundo lugar, também negam a necessidade e a legitimidade da busca de uma sociologia *pós-moderna*, bem como de se repensar o papel e a estratégia da teoria e da pesquisa sociológica.

O que outros sociólogos tendem a totalizar como "pós-modernidade" a teoria social tradicional de nosso tempo articula como uma manifestação da "sociedade em crise". A ideia de crise sugere que, embora a sociedade necessite de certos recursos para sua autorreprodução desimpedida (e para manter sua identidade ao longo do tempo), ela não é, por uma razão ou outra, capaz de produzir tais recursos ou de produzi-los em quantidade suficiente. Uma forma mais grave de crise implicaria, inclusive, que a sociedade em questão tende a produzir certo tipo de *antirrecurso*: fenômenos que contrariam ativamente sua reprodução e ameaçam sua identidade. Dizer que uma sociedade está em crise implica, portanto, que ela mantém sua identidade e luta para perpetuá-la. Da mesma forma, o aparecimento de fenômenos que resistem à acomodação dentro de uma regularidade conhecida só pode ser percebido como um caso de "mau funcionamento" de uma sociedade doente e em perigo.

Essas teorias *duplamente tradicionais* buscam as raízes da crise da modernidade; em suas versões mais profundas e sofisticadas, elas tentam localizar fontes *endêmicas* de crise, ou seja, as características estruturais da sociedade moderna que a impedem de se comportar da maneira necessária para sua sobrevivência. Em geral, elas seguem as linhas consagradas pelo tempo e teorizam as consequências perturbadoras dos efeitos colaterais da reprodução societal em termos das *contradições internas do capitalismo*, dos *limites à racionalização* ou da *civilização e seus descontentamentos*.

Uma categoria das teorias da crise vincula a mudança atual ao desaparecimento e eventual extinção da *personalidade puritana* (e do ambiente educacional que conduz à criação dessa personalidade, autocontrolada e voltada para a realização, treinada para adiar a satisfação em nome de metas distantes), considerada uma condição indispensável, bem como o principal fator operacional, da sociedade *moderna*. Esse tema apareceu relativamente cedo no período de afluência e incertezas particulares do pós-guerra trazidas pela experiência da Guerra Fria e foi abordado simultaneamente de vários lados. David McClelland sugeriu a ascensão e extinção cíclicas da *necessidade de realização*[23] (em si uma versão operacionalizada de uma ideia mais antiga de Pitirim Sorokin, das culturas *sensoriais* e *ideacionais* alternadas). A discussão de Riesman sobre tema semelhante se deu em termos da ascensão de uma personalidade alterdirigida, em substituição à personalidade anteriormente dominante, introdirigida – armada com um "giroscópio" embutido que a ajudou a

[23] Cf. a teoria das necessidades de realizações, de McClelland. (N. T.)

resistir à turbulência e a mantê-la em curso. Então veio o experiente homem-organização de William H. Whyte Jr., que desencadeou uma moda intensa, embora curta, de exploração do impacto antipuritano de um cenário corporativo em rápida expansão.

O tema da "extinção da personalidade puritana" sem dúvida encontrou sua expressão mais completa na obra de Richard Sennett, John Carroll e Christopher Lasch.[24] Independentemente das diferenças entre as três análises, elas convergem em uma imagética da civilização se "suavizando", onde uma espécie de *princípio de conforto* (se ainda é permitido falar sobre princípios) veio substituir o *princípio de realidade*, uma vez promovido pelo contexto educacional de inspiração puritana. Sennett culpa a própria ética puritana pela virada desastrosamente errada: ela continha, segundo ele, as sementes de sua própria destruição, pois deixou seus adeptos dolorosa e interminavelmente preocupados com aparências comportamentais insignificantes como a única pista para o destino e o valor individuais, afastando, assim, a própria possibilidade de satisfazer o desejo de certeza. Em Carroll, a passagem da personalidade puritana para a atual mistura de personalidades "submissas" e paranoicas é abrupta e descontínua, mas o resultado é semelhante: a vida reduzida a uma busca incessante de prazeres sempre fugidios e nunca alcançáveis com segurança. Outras pessoas se tornam trampolins para a escalada sem fim rumo à autenticidade, à felicidade ou a qualquer outro nome dado ao sonho inatingível da autoconfiança tranquila. Os três autores enfatizam o impacto causado pela mudança de personalidade na natureza dos laços humanos. A interação deixou de sedimentar relações *duradouras*; as redes inter-humanas e as instituições que antes serviam para solidificá-las em estruturas

---

[24] Sennett, Richard. *The Fall of the Public Man*. Nova York: Vintage Books, 1978 [ed. bras.: *O declínio do homem público: as tiranias da intimidade*. Rio de Janeiro: Record, 2014]; Carroll, John. *Puritan, Paranoid, Remissive: A Sociology of Modern Culture*. Routledge, 1977; Lasch, Christopher. *Culture of Narcissism*. Random Books, 1977. [Ed. bras.: *A cultura do narcisismo*. São Paulo: Fósforo, 2023.]

se tornam quebradiças, frágeis, carentes de qualquer fundamento exceto a intenção dos atores de continuar. Os laços humanos são provisórios, inconstantes e duram apenas "até segunda ordem".

As teorias discutidas até agora apresentam quadros de uma *sociedade doente*, em que "o centro não se sustenta", que perdeu sua determinação e senso de direção, uma sociedade se "suavizando" que falha cada vez mais em fortalecer seus membros e imbuí-los de um senso de propósito. Ao contrário do caso da sociologia pós-moderna, a imagem de uma sociedade em um estado de constante movimento browniano, uma sociedade construída sempre de novo a partir do material flexível da interação pessoal, uma sociedade sem uma estrutura rígida ou uma tendência firme de desenvolvimento está aqui assentada firmemente em tempos históricos. A condição existencial vista pela sociologia pós-moderna como a verdade atemporal e universal da realidade social é aqui percebida como um testemunho eloquente da crise da sociedade. Se questionados, esses autores provavelmente diriam que a própria sociologia pós-moderna é um sintoma da mesma doença; ou pelo menos o fato de parecer a muitos bem adaptada à sociedade atual é um desses sintomas.

Os teóricos discutidos até agora concebem a pós-modernidade (que, vamos repetir, eles teorizam como o estado de crise da modernidade "como a conhecemos", em vez de um tipo social em si) como essencialmente um evento na cultura e eles a teorizam usando a estratégia da outrora poderosa escola de cultura e personalidade. Eles situam sua teoria no mesmo nível em que diagnosticaram os fenômenos a serem analisados. O que está ausente nessas teorias é uma tentativa de considerar as manifestações culturais da pós-modernidade como aspectos de uma transformação mais ampla e sistêmica, seja a emergência de um novo tipo de sistema social, seja uma "crise" do antigo sistema. Esta última possibilidade foi explorada por outra categoria ampla e influente de teóricos da crise, entre os quais Jürgen Habermas, Claus Offe, James O'Connor e André Gorz podem ser nomeados como os representantes mais sofisticados.[25] O que une as teorias deles (que fora isso diferem em muitos aspectos importantes) é a suposição de que a distinção da sociedade contemporânea, em outros lugares (mas não nessas teorias) diagnosticada como o advento da pós-modernidade, pode ser mais bem compreendida como um desvio do modelo ortodoxo da sociedade moderna, um desvio causado pela atual incapacidade do sistema social de *garantir sua própria reprodução* em sua forma antiga e "clássica".

Por exemplo, na visão de Habermas, a sociedade capitalista em seu estágio atual acha cada vez mais difícil se legitimar substancialmente (ou seja, como um sistema que *assegura* a racionalização da atividade econômica e *sustenta* a melhor alocação de recursos e geração de crescimento econômico constante). Isso continua ocorrendo, uma vez que a função de suporte do sistema do Estado (manter a relação capital-trabalho viva e dominante) requer tais transferências de recursos que são obrigadas a alterar radicalmente a configuração dos processos vitais individuais e, portanto, a enfraquecer a *reprodução de motivações* indispensáveis ao bom funcionamento da economia capitalista. Entre as motivações mais dolorosamente afetadas estão o lucro, a ética do trabalho, o privatismo familiar. De uma forma verdadeiramente dialética, as tentativas de sustentar a viabilidade do sistema capitalista não podem deixar de corroer as próprias condições de sua sobrevivência. Daí a *crise de legitimação*; o apoio político-moral para o sistema não está disponível no volume necessário, e a dominação ideológica outrora monolítica dá lugar à heterogeneidade da cultura. O livro *Legitimation Crisis*, de Habermas, foi escrito praticamente na véspera da mudança radical na filosofia de gestão do sistema capitalista, uma mudança que revelou o método ortodoxo

---

[25] Habermas, Jürgen. *Legitimation Crisis*. Londres: Heinemann, 1976 [ed. bras.: *Crises de legitimação do capitalismo tardio*. Rio de Janeiro: Tempo Brasileiro, 1984]; Offe, Claus. *Disorganised Capitalism: Contemporary Transformations of Work and Politics*. Ed. John Kean. Cambridge: Polity Press, 1985 [ed. bras.: *Capitalismo desorganizado: transformações contemporâneas do trabalho e da política*. São Paulo: Brasiliense, 1989]; O'Connor, James. *Accumulation Crisis*. Oxford: Blackwell, 1984; Gorz, André. *Path to Paradise: On the Liberation from Work*. Londres: Pluto Press, 1985.

de servir a economia capitalista como um esforço indiscutivelmente tardio para responder às novas realidades econômicas com preocupações geradas por um estágio anterior na história capitalista. Foi talvez por causa desse momento infeliz que Habermas não considerou a possibilidade de o evidente enfraquecimento da legitimação sistêmica ser um sintoma da *queda de importância da legitimação* na integração do sistema, em vez de uma manifestação de crise. Pode ser por essa mesma razão que Habermas teorizou o declínio da ética do trabalho como uma crise motivacional, e não como resultado de uma relativa marginalização da relação capital-trabalho dentro do sistema capitalista em seu estágio atual.

Tal marginalização passou a ser o foco da teoria da crise de Offe. Lá, o *descentramento* do conflito capital-trabalho e, na verdade, do próprio trabalho contratado é o principal objeto de atenção; a crise da sociedade capitalista atual é, em última análise, rastreada até o desalojamento consistente e contínuo da mão de obra potencial do processo produtivo. A taxa de aumento da produtividade do trabalho, observa Offe, excede a da produção, o que significa que novos avanços tecnológicos (e mais investimentos de capital) resultam em crescente redundância da força de trabalho.

A expulsão das atividades produtivas para um segmento cada vez menor da sociedade repercute na estrutura do mundo da vida. A *orientação para o trabalho* perde rapidamente sua capacidade de racionalização da conduta, na medida em que a tradicional configuração de vida sociocultural "proletária" praticamente se dissipou, a perspectiva da "vocação de vida" perdeu a plausibilidade e, em geral, a divisão do tempo de trabalho em relação ao todo do processo da vida caiu drasticamente.

Tendo de fato diagnosticado a importância decrescente exatamente daqueles fatos sociais que formavam o "núcleo central" do sistema capitalista clássico e, portanto, da teoria sociológica clássica, Offe avança mais do que qualquer teórico da crise em direção à conclusão inevitável: o modelo sociológico existente da sociedade moderna precisa urgentemente ser repensado e possivelmente substituído.

> Se considerarmos as respostas dadas entre o final do século XVIII e o fim da Primeira Guerra Mundial às questões relativas aos princípios organizadores da dinâmica das estruturas sociais, podemos concluir com segurança que o trabalho ocupa uma posição-chave na teorização sociológica [...]. Podemos ainda perseguir essa preocupação materialista dos clássicos da sociologia? [...]
>
> É precisamente esse poder determinante abrangente do fato social do trabalho (assalariado) e suas contradições que hoje se tornou sociologicamente questionável. [...]
>
> [O] trabalho e a posição dos trabalhadores no processo de produção não são tratados como o principal princípio organizador das estruturas sociais; a dinâmica do desenvolvimento social não é concebida como decorrente de conflitos sobre quem controla a empresa industrial; e [...] a otimização das relações de meios e fins técnico-organizacionais ou econômicos por meio da racionalidade capitalista industrial não é compreendida sob a forma de uma racionalidade que anuncia um maior desenvolvimento social.[26]

Ainda assim, para Offe, como para o restante dos teóricos da crise, a identidade da sociedade atual é completamente negativa, uma identidade que pode ser descrita em termos de ausências, falhas, declínios, erosões – tendo a sociedade capitalista clássica, esse arquétipo da modernidade, como referência e ponto de partida para toda a teorização. Nossa sociedade e nosso capitalismo são desorganizados. Em outras palavras, trata-se de uma crise do capitalismo, ou da forma capitalista da modernidade. Estar em crise significa que a sociedade não tem aquilo de que precisa; as instituições e os processos que atendiam às suas necessidades não funcionam mais ou não conseguem manter o nível de produção exigido. Entretanto, estar em crise também significa que as próprias necessidades permaneceram praticamente inalteradas; é essa circunstância, acima de tudo, que torna a falha dos mecanismos de manutenção tão crítica. O que faz o descentramento do trabalho assalariado parecer tão perigoso e ameaçador para a administração da sociedade é a perspectiva tacitamente mantida do sistema organizado sobretudo em torno de sua função *produtiva* e, portanto, envolvendo os membros

[26] Offe, *Disorganised Capitalism*, op. cit., p.129-32.

da sociedade em seu papel de *produtores*. Como esse papel está se tornando escasso e marginal, o sistema se torna – quase por definição – *desorganizado*. Ele perdeu seu princípio integrador, que outrora protegia a coordenação entre reprodução sistêmica, integração social e organização do mundo da vida.

Como Offe não acredita na possibilidade de curar as novas feridas com remédios velhos (e já ultrapassados), ele se sente obrigado a sugerir uma cura pouco ortodoxa e verdadeiramente revolucionária, uma "lógica de utilização e manutenção da força de trabalho" totalmente diferente, abandonando a "vinculação fiscal da seguridade social à renda do emprego" e substituindo-a por "um esquema igualitário de seguro básico".[27] Offe admite que as forças sociais prováveis de promover o novo princípio de distribuição não estão no horizonte e, portanto, reconhece o fundamento teórico e analítico, em vez do empírico e processual, da cura sugerida. Indiretamente, recorrer a uma solução *utópica* reconfirma e restabelece o pressuposto inicial da teoria de Offe: as necessidades da sociedade atual ainda são as necessidades de uma sociedade organizada em torno da função *produtiva*. É essa suposição que impede as pessoas de focarem novos princípios integrativos já presentes (que não podem ser reconhecidos como tal dentro da perspectiva "produtiva"). E é essa suposição que as leva a ver vários fenômenos chamados coletivamente de "pós-modernidade" como sintomas de doença, em vez de manifestações de uma nova normalidade.

## A sociologia da pós-modernidade

Ambos os tipos básicos de teorias de crise foram considerados insatisfatórios. A teoria da crise do tipo "cultura e personalidade" leva as manifestações da pós-modernidade ao colapso com dinâ-

[27] Ibid., p.63, 96-7.

micas culturais supostamente autônomas (ou seja, sujeitas a sua própria lógica, sem relação com a do sistema como um todo); ela deixa a questão central da validade do modelo sociológico ortodoxo, historicamente voltado para a modernidade "clássica", fora da discussão. A teoria do tipo "sistema em crise" evita tal limitação e enfrenta a questão central da teoria sociológica de forma categórica. No entanto, tendo dado prioridade à redenção teórica do modelo ortodoxo, vê-se obrigada a reduzir o significado das manifestações da pós-modernidade ao de sintomas clínicos e da própria "pós-modernidade" ao de uma aberração patológica.

Nesta seção, proponho considerar a possibilidade de que os chamados fenômenos pós-modernos se combinem em um agregado coeso de aspectos de um novo tipo de sociedade, que difere do modelo ortodoxo o suficiente para exigir um modelo próprio. Em outras palavras, proponho considerar se a pós-modernidade é um tipo de sistema social plenamente desenvolvido, abrangente e viável e se, por conseguinte, o tratamento dos fenômenos pós-modernos como disfuncionais, degenerativos ou ameaçadores à sobrevivência da sociedade é justificado por algo além da pressão da memória histórica ou uma relutância em abandonar um modelo teórico que serviu tão bem a seu propósito no passado.

A sugestão que proponho considerar é a seguinte: na sociedade atual, a conduta do consumidor (a liberdade do consumidor voltada para o mercado de consumo) caminha cada vez mais para a posição, simultaneamente, do foco cognitivo e moral da vida, do vínculo integrador da sociedade e do foco da gestão sistêmica. Em outras palavras, ele se move para a mesma posição que, no passado – durante a fase "moderna" da sociedade capitalista –, era ocupada pelo trabalho na forma de trabalho assalariado. Isso significa que, em nosso tempo, os indivíduos são engajados (moralmente pela sociedade, funcionalmente pelo sistema social) acima de tudo como consumidores, e não como produtores.

Ao longo da primeira parte (moderna) de sua história, o capitalismo se caracterizou pela posição central ocupada pelo *trabalho* simultaneamente nos níveis *individual, social* e *sistêmico*. De fato, o trabalho serviu como o elo que unia a motivação individual, a integração social e a reprodução sistêmica, como a principal instituição responsável por sua congruência e coordenação mútuas. É desse lugar central que o trabalho está sendo gradualmente, embora cada vez mais rapidamente, desalojado – como Claus Offe demonstrou com propriedade. Entretanto, o lugar de onde o trabalho está sendo despejado não ficou vazio. A liberdade do consumidor se mudou para esse lugar – primeiro talvez como uma invasora, mas cada vez mais como uma residente legítima. Ela agora assume o papel crucial do elo que une os mundos da vida dos agentes individuais e a racionalidade intencional do sistema. O fato de a liberdade do consumidor pressupor tal papel parece ser o resultado final do longo processo de deslocamento do conflito do início do capitalismo (centrado na questão do controle, do direito à gestão e à autogestão) da esfera produtiva para a distributiva; esse deslocamento gerou aquelas "expectativas cada vez maiores" que se tornaram a base tanto para a viabilidade quanto para a inevitabilidade do mesmíssimo consumismo que passou a estar intimamente relacionado com a economia capitalista.[28] Esse era o processo que estava na base da descentralização do trabalho dentro do mundo da vida do indivíduo. A substituição do trabalho pela liberdade de consumo como o eixo em torno do qual gira o mundo da vida pode muito bem mudar a relação até então antagônica entre os princípios do prazer e da realidade (presumida por Freud como atemporal). De fato, a própria oposição entre os dois não pode ser neutralizada.

Em sua atual fase de consumo, o sistema capitalista utiliza o *princípio do prazer* para sua própria perpetuação. *Produtores* movidos

[28] Esse processo foi discutido em detalhes em Bauman, Zygmunt. *Memories of Class: Essays in Pre-History and After-Life of Class*. Londres: Routledge, 1982. cap.3-4.

pelo princípio do prazer significariam um desastre para uma economia voltada ao lucro. Igualmente, se não mais, desastrosos seriam *consumidores* que não são movidos pelo mesmo princípio.

Tendo vencido a luta pelo controle sobre a produção e tendo garantido sua supremacia nessa esfera, o capitalismo pode agora permitir o livre reinado do princípio do prazer no reino do consumo – e ele precisa disso mais do que de qualquer outra coisa. Na verdade, a conquista da produção permanece a salvo precisamente porque uma saída segura (e benéfica) foi encontrada para o impulso potencialmente problemático do prazer.

Para o consumidor, a realidade não é inimiga do prazer. O momento trágico foi removido do impulso insaciável de prazer. A realidade como o consumidor a experimenta é uma busca por prazer. A liberdade diz respeito à escolha entre satisfações maiores e menores, e a racionalidade diz respeito à escolha das primeiras em detrimento das segundas. Para o *sistema de consumo*, um consumidor feliz em gastar é uma necessidade; para o *consumidor individual*, gastar é um dever – talvez o mais importante de todos. Há uma pressão para gastar: no *nível social*, a pressão da rivalidade simbólica, para as necessidades de autoconstrução por meio da aquisição (principalmente na forma de mercadoria) de distinção e diferença,[29] da busca por aprovação social por meio do estilo de vida e do pertencimento simbólico; no *nível sistêmico*, a pressão das empresas, grandes e pequenas, que vendem mercadorias, as quais monopolizam entre si a definição de boa vida, das necessidades cuja satisfação a boa vida exige e das formas de satisfazê-las. Essas pressões, no entanto – ao contrário das pressões sociais e sistêmicas geradas pelo sistema voltado para a produção –, não estão entrando na experiência de vida como opressão. A renúncia que elas exigem promete principalmente

[29] Cf. Bourdieu, Pierre. *Distinction, A Social Critique of the Judgement of Taste*. Londres: Routledge, 1984. [Ed. bras.: *A distinção: crítica social do julgamento*. Porto Alegre: Zouk, 2011.]

alegria; não apenas a alegria de se entregar a "algo maior do que eu" (a qualidade que Émile Durkheim, um tanto prematuramente, imputou à conformidade social em sua própria sociedade, ainda em grande parte pré-consumista, e postulou como um atributo universal de toda conformidade, em qualquer tipo de sociedade), mas uma clara felicidade sensorial de comer saborosamente, de sentir com prazer, de beber de forma tranquila ou excitante, de dirigir de forma relaxante ou da felicidade de estar cercado por objetos inteligentes, brilhantes e atraentes para os olhos. Com tais deveres, dificilmente se precisa de direitos. A sedução, como sugeriu Pierre Bourdieu, pode agora ocupar o lugar da repressão como o principal veículo de controle sistêmico e de integração social.

O capitalismo emerge fortalecido desse rearranjo. A tensão excessiva gerada pela disputa de poder foi canalizada longe da estrutura de poder central, em um terreno mais seguro, onde as tensões podem ser descarregadas sem afetar adversamente a administração dos recursos de poder; no mínimo, as tensões contribuem agora para sua maior eficácia. O emprego da energia liberada por indivíduos livres engajados em rivalidade simbólica eleva a demanda pelos produtos da indústria capitalista a níveis cada vez mais altos e efetivamente emancipa o consumo de todos os limites naturais estabelecidos pela capacidade confinada de necessidades materiais ou básicas – aquelas que requerem bens apenas como valores de utilidade.

Por último, mas não menos importante, com o consumo firmemente estabelecido como o foco e o parque de diversões para a liberdade individual, *o futuro do capitalismo parece mais seguro do que nunca*. O controle social fica mais fácil e consideravelmente menos oneroso. Os métodos de controle *panópticos* caros, repletos de dissidência, podem ser descartados ou substituídos por métodos de sedução menos ambivalentes e mais eficientes (ou melhor, a implantação de métodos panópticos pode ser limitada a uma minoria da população, para aquelas categorias que, por algum motivo, *não podem ser integradas por meio do mercado de consumo*). A tarefa crucial de incitar comportamentos funcionalmente indispensáveis ao sistema econômico capitalista, e ao mesmo tempo inócuos ao sistema político capitalista, pode agora ser confiada ao *mercado de consumo* e a seus inquestionáveis atrativos. A reprodução do sistema capitalista é, portanto, alcançada por meio da liberdade individual (na forma de liberdade do consumidor, para ser preciso), e *não* pela sua supressão. Em vez de ser contabilizado junto aos custos indiretos sistêmicos, toda a operação de "controle social" pode agora ser contabilizada do lado dos ativos sistêmicos.[30]

A consequência, que foi mais importante para o surgimento da condição pós-moderna, foi o restabelecimento dos mecanismos essenciais de reprodução sistêmica e de integração social sobre bases inteiramente novas. Simultaneamente, os velhos mecanismos foram abandonados ou desvalorizados. Para garantir sua reprodução, o sistema capitalista em sua fase de consumo não precisa (ou precisa apenas marginalmente) de mecanismos tradicionais como a *legitimação política voltada para o consenso*, a *dominação ideológica* e a *uniformidade de normas promovida pela hegemonia cultural*. A cultura em geral perdeu sua relevância para a sobrevivência e perpetuação do sistema. Ou melhor, ela contribui agora para tal sobrevivência por meio de sua *heterogeneidade* e de sua *fissiparidade*, e não pelo impacto nivelador das cruzadas civilizadoras. Uma vez que a escolha do consumidor foi consolidada como o ponto em que a reprodução sistêmica, a integração social e o mundo da vida individual se coordenam e harmonizam, a variedade cultural, a heterogeneidade de estilos e a diferenciação dos sistemas de crenças se tornaram condições de seu sucesso.

Ao contrário dos pressentimentos angustiados dos críticos da "cultura de massa" dos anos 1950, o mercado provou ser o arqui-inimigo da uniformidade. Ele prospera na variedade; o mesmo

[30] Mais sobre o emprego da liberdade de mercado a serviço do controle social em Bauman, Zygmunt. *Freedom*. Milton Keynes: Open University Press, 1988. cap.3-4. [Ed. bras.: *Liberdade*. Trad. Silvana Perrella Brito. Santo André-SP: Academia Cristã, 2014.]

acontece com a liberdade do consumidor e, por conseguinte, com a segurança do sistema. O mercado nada tem a ganhar com aquilo que o sistema social rígido e repressivo do capitalismo "clássico" promoveu: *regras* estritas e universais, critérios inequívocos de *verdade, moralidade e beleza, autoridade de julgamento* indivisível. Mas se o mercado não precisa dessas coisas, o sistema também não. Os poderes constituídos perderam, por assim dizer, todo o interesse em padrões universalmente obrigatórios; consequentemente, os padrões perderam a mesmíssima base de poder que lhes dava credibilidade e sustentava sua busca sem fim como um empreendimento valioso e atraente. Para a autoridade de julgamento rejeitada pelos poderes políticos, as forças do mercado oferecem o único suporte alternativo. As autoridades culturais se transformam em forças de mercado, tornam-se mercadorias, competem com outras mercadorias, legitimam seu valor pela capacidade de venda que alcançam. Seus apelos habituais a padrões extraterritoriais de julgamento soam cada vez mais superficiais e perdem sua coerência e atração.

Sugiro, em outras palavras, que os fenômenos descritos coletivamente como "pós-modernidade" não são sintomas de deficiência ou de doença sistêmica nem são uma aberração temporária com uma validade limitada pelo tempo necessário para reconstruir as estruturas da autoridade cultural. Em vez disso, sugiro que a pós-modernidade (ou qualquer outro nome que venha a ser escolhido para dar conta dos fenômenos que ela denota) é um aspecto de um sistema social plenamente desenvolvido e viável que veio para substituir a sociedade capitalista moderna "clássica" e que, portanto, precisa ser teorizada de acordo com sua própria lógica.

Como todas as tentativas de revelar a lógica interna da realidade já concretizada, a análise acima enfatiza a *sistematicidade* da sociedade pós-moderna, a *precisão* com que o mundo da vida individual, a coesão social e a capacidade sistêmica de reprodução se encaixam e se auxiliam. O consumo emergiu da análise como a "última fronteira" de nossa sociedade, sua parte dinâmica e em constante mudança; de fato, como o próprio aspecto do sistema que gera seus próprios critérios de *movimento adiante* e, portanto, pode ser visto como algo *em andamento*. Ele também parecia desempenhar o papel de para-raios eficaz, absorvendo facilmente o excedente de energia que poderia queimar as conexões mais delicadas do sistema, e de uma válvula de segurança conveniente que redireciona as desafeições, as tensões e os conflitos continuamente produzidos pelos subsistemas político e social, em uma esfera onde eles podem ser simbolicamente postos em prática – e neutralizados. Em suma, o sistema parecia estar em boa saúde, e não em crise. De qualquer forma, ele parecia ser capaz de resolver seus problemas e se reproduzir tanto quanto outros sistemas conhecidos, e, teoricamente, espera-se que os sistemas em geral o façam.

Cabe acrescentar que o modo particular de solução de problemas, de resolução de conflitos e de integração social característico do sistema pós-moderno tende a ser ainda mais fortalecido pela falta de atratividade daquela que parece ser, a partir da perspectiva determinada pelo próprio sistema, sua única alternativa. O sistema espremeu com sucesso todas as alternativas para si, exceto uma: a repressão, beirando a privação de direitos, emergiu como a *única possibilidade realista* além da liberdade do consumidor. A única escolha não desacreditada pelo sistema como *utópica* ou impraticável é aquela entre a liberdade e a não liberdade do consumidor, entre a liberdade do consumidor e a ditadura sobre as necessidades (a frase memorável de Fehér, Heller e Márkus) – esta última praticada em escala limitada voltada para os *consumidores imperfeitos* remanescentes dentro de uma sociedade organizada em torno do mercado de mercadorias, ou em escala global, por uma sociedade relutante em ou incapaz de fornecer as atrações do consumismo plenamente desenvolvido.

## A sociologia na era da pós-modernidade

Construir um novo modelo de sociedade contemporânea, necessário por conta de profundas mudanças em sua organização e funcionamento, é apenas uma das tarefas com as quais a sociologia se deparou com o advento da pós-modernidade. Outra tarefa, não menos complexa, é a de repensar as principais categorias sociológicas moldadas, por assim dizer, em condições que agora recuam rapidamente em direção ao passado.

Desde o seu nascimento, a sociologia foi um complemento da modernidade. Ela tomou como verdade absoluta a consumação da modernidade (a construção do indivíduo livre por meio de sua libertação dos vínculos visíveis, tangíveis e "identificáveis") e, portanto, definiu sua tarefa como o estudo e a serviço da não liberdade – todos esses processos *de socialização, hegemonia cultural, controle, poder, cultura, civilização* que poderiam explicar o mistério da "desaleatorização" das ações voluntárias dos agentes livres. Ela traduziu o "surto de racionalização", as práticas disciplinares, as ambições uniformizadoras da modernidade de um projeto normativo para a estrutura analítica com o intuito de dar sentido à realidade e, assim, transformou em "estrutura" aquelas forças pré-individuais que ordenam os impulsos caóticos e potencialmente danosos dos agentes livres – o pivô de seu discurso. Ela traçou seus horizontes cognitivos com a haste do compasso firmemente colocada no próprio ponto de onde emanavam as tendências niveladoras, uniformizadoras e proselitistas dos tempos modernos e, assim, equiparou a "sociedade", a maior totalidade analítica destinada a incorporar e acomodar toda análise, com o Estado-nação.

A sociologia não se desenvolveu apenas como uma teoria e uma disciplina a serviço da modernidade. Sua visão de mundo subjacente, seu aparato conceitual e sua estratégia foram preparados para as práticas e ambições declaradas desta última. Parece improvável, portanto, que com essas práticas e ambições passando por mudanças profundas, a atividade da sociologia possa continuar "como de costume". Parece haver pouco no conhecimento ortodoxo da sociologia que possa, *a priori*, isentar-se de ser repensada.

A primeira a ter sido examinada foi a própria imagética do mundo social como *uma totalidade coesa com um grau de rigidez e resiliência contra mudanças e com uma hierarquia de poder e valor ordenadamente organizada antes da interação entre os agentes individuais e grupais*. Tal imagética foi sintetizada de maneira mais evidente no conceito de estrutura, caracterizada antes de mais nada pelos atributos de relativa inflexibilidade e autonomia em relação ao nível de interação. Não é de se estranhar que o conceito de estrutura tem sido aquele tratado com mais desconfiança pelos teóricos que buscam um "novo paradigma" para a sociologia – um paradigma mais bem ajustado ao tempo da indiferença sistêmica à pluralidade cultural e, de fato, à obstinação das agências constitutivas. A ênfase anterior em restrições estruturalmente determinadas à interação dá lugar a uma nova preocupação com o processo no qual realidades pretensamente "sólidas" são construídas e reconstruídas no decorrer da interação; simultaneamente, a potência atribuída à agência se expande consideravelmente, sendo os limites de sua liberdade e de seu potencial de gerar realidade empurrados muito além do que o imaginário ortodoxo jamais permitiria. O resultado geral dessas revisões é uma visão de um ambiente social fluido e mutável, mantido em movimento pela interação da pluralidade de agentes autônomos e descoordenados.

E assim Alain Touraine promoveu por mais de uma década a substituição da ideia de classe social pela de movimento social como unidade básica de análise societal. O último conceito está mais intimamente relacionado à imagética estrutura e de restrições e determinações estruturais. O primeiro, na interpretação de Touraine, implica uma visão de realidade maleável, indeterminada e inacabada, passível de remodelação ideacional e prática por atores sociais motivados. Em uma expressão recente dessa visão, Touraine rejeita a ideia de "classe em si"; a ação dos trabalhadores, ele insiste,

> não é uma reação a uma situação econômica e social; ela própria é um projeto que determina o estado das relações sociais [...]. Segue-se disso que a classe

trabalhadora não pode ser definida "objetivamente" e, portanto, o conceito que rege a análise não é mais o de posição de classe, mas o de movimento social.[31]

A qualidade mais crucial atribuída a um movimento social é sua capacidade *autoconstitutiva*: o movimento social não é uma emanação, um epifenômeno, um reflexo de qualquer outra coisa; ele é completamente sua própria criação; ele gera seu próprio sujeito; ele se constitui em agente social.

Anthony Giddens dirige sua atenção para as revisões que o ensinamento dos "pais fundadores" da sociologia, bem como os conceitos e visões que elas legaram, requerem para serem úteis na análise da sociedade contemporânea (embora não esteja totalmente claro nos escritos de Giddens se aquela "contemporaneidade" que torna necessárias as revisões é a da *teoria social* ou do *mundo social* que ela teoriza). Nas sucessivas reescritas de sua nova síntese teórica, Giddens redefine a estrutura como um processo que incorpora agentes motivados e sua interação simultaneamente como seu material de construção e sua força operacional. De fato, Giddens substitui o conceito de estruturação pelo de estrutura, presumindo corretamente que, nessa nova forma "voltada para a ação" e "expressiva da ação", o conceito central da análise social é mais adequado para a tarefa de teorizar uma realidade social não predeterminada e flexível, que não se apropria de nenhuma de suas opções, que está aberta à influência de uma pluralidade de centros de poder apenas levemente coordenados e que emerge de uma interação entre os significados apenas parcialmente traduzíveis e comunitariamente fundados.

Um ponto muito importante foi defendido por algum tempo por S. M. Eisenstadt em seu estudo seminal comparativo de civilizações. Eisenstadt insiste que a própria ideia de *sistema social* precisa ser radicalmente reconsiderada. Ele sugere que nenhuma população

---

[31] Touraine, Alain; Wieviorka, Michel; Dubet, François. *The Workers' Movement*. Trad. Ian Patterson. Cambridge: Cambridge University Press, 1987. p.20-1.

humana está confinada dentro de um único sistema, "mas sim em uma multiplicidade de organizações, coletividades e sistemas apenas parcialmente aglutinados".

> Diferentemente da visão encontrada em muitos estudos sociológicos e antropológicos – ou seja, que os sistemas sociais são naturais ou são dados e que eles mudam por meio de processos internos de diferenciação –, enfatizamos que esses sistemas são construídos por meio de processos contínuos e que essa construção está sempre presente e, ao mesmo tempo, é sempre muito frágil [...]. Esses sistemas nunca se desenvolvem como sistemas totalmente fechados em si mesmos [...]. Diferentes estruturas evidenciam distinções na organização, na continuidade e na mudança e, junto com seus padrões, podem mudar em diferentes graus ou em diferentes constelações dentro da "mesma" sociedade.[32]

Assim, a teoria sociológica atual (pelo menos em suas versões mais avançadas) toma conhecimento da pluralidade e heterogeneidade cada vez mais aparentes do mundo sociocultural e, em geral, abandona o imaginário ortodoxo de um sistema social coordenado, hierarquizado e que combate o desvio em favor de um ambiente social muito mais fluido e processual, sem distinção clara entre a ordem e a anormalidade, entre o consenso e o conflito. Há, entretanto, outro grande grupo de questões teóricas colocadas pelo advento da pós-modernidade que ainda não atraiu atenção suficiente. Trata-se de questões relacionadas à adequação do conceito de "sociedade" como o horizonte e a categoria mais inclusiva de análise social.

Por razões que podem ser compreendidas e justificadas, o conceito de "sociedade" foi historicamente recortado seguindo a medida do Estado-nação; embora definido, esse conceito carregava invariavelmente ideias intimamente associadas a uma situação que somente um Estado-nação (em sua realidade ou em sua promessa) poderia gerar e sustentar: um grau de unidade normativa (legal e moral),

---

[32] Eisenstadt, S. N. *A Sociological Approach to Comparative Civilisation: The Development and Directions of a Research Program*. Jerusalém: The Hebrew University, 1986. p.29-30.

um sistema abrangente de classificação que envolvia e localizava cada unidade, uma distribuição relativamente inequívoca de poder e influência e um cenário suficientemente uniforme de modo que *ações similares* pudessem trazer *consequências similares* para o todo e, portanto, serem interpretadas de maneira semelhante. Além disso, o protótipo do Estado-nação para o conceito de sociedade deu a ela uma visível *tendência desenvolvimentista,* uma tendência autossustentada e autoimpulsionada, sendo todos seus fatores explicativos relevantes encontrados *dentro* da sociedade em questão – de modo que todos os fatores *externos* pudessem ser teoricamente reduzidos ao papel de ambiente e explicados, se o fossem, pela fórmula *ceteris paribus*.

Os sociólogos sempre estiveram cientes de que o conceito teórico de sociedade como uma totalidade compacta e selada apenas se aproxima da realidade de qualquer Estado-nação, por maior e mais justificado que o seja em suas ambições ecumênicas. Na realidade, os Estados-nação, esses protótipos de "sociedades" teóricas, eram porosos, e porosos em duplo sentido; muito do que acontecia lá dentro não poderia ser totalmente explicado sem uma referência a fatores não controlados pelas autoridades internas – fatores que tinham de ser interpretados em termos de motivos e agências, não apenas em termos de resistência passiva de um ambiente tratado meramente como um *objeto* de ação; e muito do que estava acontecendo dentro dos Estados-nação revelava sua verdadeira importância apenas quando investigados por meio de suas consequências fora dos limites de sua sociedade de origem – consequências que poderiam parecer muito diferentes quando vistas a partir de uma perspectiva tão ampla. De fato, é possível encontrar na literatura sociológica frequentes advertências e réplicas nesse sentido; no entanto, poucas conclusões, se é que alguma, foram tiradas delas na prática sociológica. Parece que a maioria dos sociólogos da era da ortodoxia moderna, entretanto, acreditava que o Estado-nação estava suficientemente próximo de seu próprio postulado de soberania para validar o uso de sua expressão teórica – o conceito de "sociedade" – como um quadro adequado para a análise sociológica.

No mundo pós-moderno, essa crença carrega menos convicção do que nunca. Com a soberania dos Estados-nação exibindo vividamente suas limitações, tanto no sentido de "entrada" quanto no de "saída", o modelo tradicional de sociedade perde sua credibilidade como um quadro de referência confiável, enquanto as consequências de seu uso persistente na análise sociológica ganham importância. Dada a centralidade da noção de sociedade na análise sociológica (na verdade, sua presença tácita em *todas* as análises sociológicas, mesmo que apenas como condição para que o espaço dado seja um objeto apropriado de tratamento sociológico), essa nova situação confronta a teoria sociológica com tarefas cuja dimensão total ainda é muito cedo para determinar. Apenas para ilustrar, mencionemos brevemente duas dessas tarefas.

Uma delas é a questão da *tendência racionalizadora*. Sua confiabilidade como quadro de referência para a análise processual é suspeita, mesmo quando aplicada a processos internos da sociedade. No entanto, a questão é até que ponto se pode manter a ideia de racionalidade em sua forma sociologicamente aceita, em vista da evidente *porosidade* da sociedade baseada no Estado. Pode-se determinar o grau de racionalidade da ação se suas consequências são rastreadas *apenas até os limites de tal sociedade*? Cada vez mais ouvimos a opinião (embora, em geral, não de sociólogos profissionais) de que é precisamente a racionalidade aperfeiçoada da produção de armas e do planejamento estratégico interno às unidades estatais de conflitos internacionais que deve ser responsabilizada pela *irracionalidade* (que cresce constantemente) que governa o *espaço entre Estados*. Assim, a lógica *racional* é empregada para criar uma situação em que a credibilidade de uma ameaça será garantida pela pura irracionalidade de colocá-la em prática. Nas palavras de Philip Green, "na teoria da dissuasão, o 'pressuposto geral de racionalidade' assume a forma concreta do pressuposto de que, se os formuladores de políticas fizerem escolhas corretas (isto é, 'racionais'), uma guerra nuclear total será evitada [...]". No entanto, para tornar esse pressuposto realista, ou seja, crível, deve-se incutir no inimigo em potencial a crença de que os formuladores de políticas não tentarão evitá-la, ou seja, que eles comportar-se-ão irracionalmente: "É [...] simplesmente impossível imaginar circunstâncias nas quais um contra-ataque aniquilador faça algum sentido, por quaisquer padrões de 'racionalidade'".[33] Os teóricos racionais da dissuasão nuclear pensam, portanto, que uma condição indispensável para tornar a força de dissuasão *racional*, ou seja, eficaz para o objetivo, é a implantação de dispositivos de "não recuo", que garantirão que, uma vez que o processo de guerra tenha sido desencadeado, nenhuma racionalidade de última hora por parte dos líderes políticos interviria para detê-la.[34] Dado que uma "equipe de cientistas de pesquisa altamente motivada, tecnicamente competente e adequadamente financiada produzirá inevitavelmente uma série interminável de ideias de armas totalmente novas (ou refinadas)"[35] e que "empresas de armamento estão interessadas em promover um estado de coisas que aumente a demanda por armamento",[36] parece que, no extremo da longa cadeia de ações racionais, existe um mundo que (citando, para variar, Woody Allen) "está em uma encruzilhada. Uma estrada leva à total desesperança e desespero, a outra, à total destruição e extinção. Que Deus nos dê sabedoria para escolher o caminho certo". Já é hora de os sociólogos considerarem até que ponto é legítimo continuar testando a "hipótese de racionalização" de Weber contra processos e tendências confinados ao espaço interno do Estado.

Outra questão diz respeito à tendência geral da modernidade (isto é, a adequação da hipótese da "modernização" e – tendo

---

[33] Green, Philip. *Deadly Logic, The Theory of Nuclear Deterrence*. Nova York: Schocken Books, 1969. p.158-237

[34] Schelling, Thomas C. *Arms and Influence*. New Haven: Yale University Press, 1976. p.239.

[35] Gray, Colin. *The Soviet-American Arms Race*. Lexington: Saxon House, 1976. p.40.

[36] Madariaga, Salvador de. *Disarmament*. Nova York: Coward-McLean, 1929. p.11.

em vista as considerações expostas na seção anterior – da ideia da pós-modernidade como destino da lógica da modernização). Os recentes reveses das tendências modernizantes supostamente universais foram bem notados, embora seu verdadeiro significado (incluindo sua finalidade) ainda não tenha sido determinado. O que é, no entanto, considerado com muito menos frequência é o significado (e a finalidade) dos desenvolvimentos pós-modernos em vista do fato de que eles ocorrem em uma parte bastante confinada do globo, que não pode reivindicar um futuro ecumênico com nada parecido com a certeza e a autoconfiança típicas do estado passado (moderno) de sua história. Se nossa sugestão de uma estreita relação entre o advento da pós-modernidade e o consumismo avançado merece credibilidade, é necessário perguntar até que ponto a pós-modernidade deve ser vista como um evento local, um fenômeno paroquial totalmente dependente de um privilégio temporário, e possivelmente transitório, de um grupo de Estados na distribuição mundial de poder e recursos. A maioria das análises atuais da pós-modernidade não admite a urgência dessa questão. A pós-modernidade é tratada como a tendência da *cultura contemporânea* (sem qualificações); se suas causas são examinadas, em geral se busca por elas *dentro* da sociedade (ou grupo de sociedades) na qual os fenômenos pós-modernos estão situados, sem referência à posição singular de tais sociedades em arranjos globais. Existe, no entanto, uma possibilidade clara de que o advento da pós-modernidade em uma parte do mundo seja precisamente o efeito de tal posição singular, tanto da erosão das ambições universalistas, que parte do mundo alimentava no passado, quanto do privilégio ainda considerável de que essa parte desfruta na distribuição mundial de recursos. Existe, em outras palavras, a possibilidade de que o fenômeno da pós-modernidade possa ser interpretado apenas sociologicamente como um fenômeno "thelêmico" (em *Pantagruel e Gargântua*, de François Rabelais, a imaginária Abadia de Thelema oferece a seus internos todas as comodidades da "boa vida" – surpreendentemente semelhante àquelas oferecidas hoje pela cultura pós-moderna; isso é obtido impedindo a entrada dos destituídos que fornecem o luxo dos internos, mantendo-os do lado de fora dos grossos e altos muros do mosteiro. O interior e o exterior determinam e condicionam a existência um do outro).

O problema, no entanto, é que a sociologia até agora está mal equipada para tratar o espaço social além dos limites do Estado-nação como qualquer outra coisa que não o "ambiente" analiticamente comprimido.

Só agora começamos a entender até que ponto todas as principais categorias da sociologia dependem, para seu significado e utilidade prática, de sua relação com o espaço tipicamente interno da sociedade, que é diferente de todos os outros espaços sociais imagináveis por *ter sua coesão mantida por uma autoridade universalmente* (ou seja, dentro desse espaço) *aglutinadora*. A sociedade sobre a qual a sociologia tem algo a dizer é um espaço social "principalmente coordenado", com um "conjunto de valores" unificado e sustentado pelo poder ou um código de normas morais e comportamentais, com uma cultura "dominante" ou "hegemônica", com um mecanismo de *controle* robusto ou delicado (dependendo da ênfase de determinada teoria) que exerce uma pressão constante para *um* tipo selecionado de relacionamento social, suprimindo, ao mesmo tempo, tipos *alternativos*. A "sociedade" dos sociólogos é, em geral, um espaço unificado e organizado, um espaço "estruturado" (ou seja, um espaço dentro do qual as probabilidades são manipuladas, de modo que algumas escolhas são mais prováveis de ocorrer do que outras). É essa seleção teórica que permite aos sociólogos falar de leis sociais de regularidades, da *regulação normativa* da realidade social, de *tendências* e de sequências de *desenvolvimento*.

O fato de que a realidade social que se estende do outro lado das fronteiras do Estado-nação não é tal espaço e, portanto, não deve ser tratada analiticamente como se fosse raramente foi notado; quando isso ocorreu, foi explicitamente ou, na prática, tratado como um inconveniente secundário. De fato, tratar-se-ia de um inconveniente secundário enquanto os sociólogos falassem de *dentro* de sociedades que se consideravam legitimamente a vanguarda do resto do mundo, a força civilizadora ou modernizadora de importância universal, uma espécie de "república de Yenan", prestes a colonizar a parte restante da humanidade a fim de remodelá-la à sua própria semelhança. Naquela época, os sociólogos falavam em uníssono com as *realidades do poder* no mundo; aquela perspectiva a partir da qual outras parcelas da humanidade pareciam muito com um ambiente, com um território para ação, mas não uma fonte de ação, não foi obra ou invenção dos sociólogos.

Entretanto, esse não é mais o caso. E assim o inconveniente deve parecer tudo menos insignificante. Dificilmente ainda há um poder no mundo que possa alimentar tranquilamente uma ambição ecumênica universalista. Em nosso mundo, não apenas as "Grandes Potências" estabelecem limites rígidos e rápidos para os sonhos uns dos outros; há evidências mais do que suficientes de que o grau em que as sociedades mais avançadas podem impor suas versões de uma *Pax Romana* às unidades menores (e, portanto, "atrasadas") da humanidade é muito menor hoje do que o era (ou se esperava que fosse) quando o "homem branco" ainda carregava sua "missão". As sociedades cuja "agência" deve ser admitida a contragosto exibem, no que parece ser uma pluralidade duradoura, uma variedade tão surpreendente de "coordenações principais", de "grupos de valores" ou culturas "dominantes" que a *universalidade* das categorias nascida da experiência de uma parte "moderna" do mundo, por mais privilegiada que seja, não pode mais ser presumida como verdadeira nem em um nível sincrônico nem diacrônico.

Enfrentamos, portanto, um espaço social povoado por agentes relativamente autônomos que estão enredados em dependências mútuas e, portanto, são incitados a interagir. Esses agentes, no entanto, não estão operando em nada parecido com o espaço "principalmente coordenado", semelhante àquele dentro do qual todas as categorias sociológicas tradicionais já foram alocadas com segurança. Tem se tornado cada vez mais evidente, portanto, que mesmo nos casos em que os sociólogos confinam seus interesses de pesquisa ao espaço fechado com segurança por um Estado-nação bem estruturado, suas descobertas podem reivindicar apenas um *status* parcial e provisório – se o impacto de um "ambiente" outrora confortavelmente inerte, mas agora subitamente ativo, é deixado fora do alcance da visão, na área cinzenta do *ceteris paribus*... Sugiro que a elaboração de categorias adequadas à análise das dependências e interações no espaço social "não societal", um espaço sem "coordenação principal", sem "cultura dominante", sem "autoridade legítima" etc., é agora uma tarefa extremamente urgente enfrentada pela sociologia.

O fato de que essa é uma tarefa, quanto mais de que se trata de uma tarefa urgente, não tem sido amplamente reconhecido. O estudo das *relações internacionais* (é sob esse nome que o interesse no "espaço intersocial" foi academicamente institucionalizado) é uma disciplina próspera que gerou, ao longo dos anos, uma imensa quantidade de descobertas empíricas e um volume bastante grande de teoria. Entretanto, a maior parte do aparato conceitual empregado na teorização é vulnerável à crítica de Wittgenstein à "similaridade" (o famoso "5 da tarde no sol"); com conceitos repetidamente usados e testados em *um* contexto, sua dependência das peculiaridades desse contexto é esquecida, e acredita-se que sua aplicabilidade independa do contexto. Assim, lemos em um estudo respeitável de conflito internacional que "a definição de conflito pode ser estendida de pessoas individuais a grupos (como nações), e mais de duas partes podem estar envolvidas no conflito. Os princípios permanecem os mesmos".[37] Apesar do otimismo cognitivo, não se pode encobrir por muito tempo o fato de que, no

[37] Nicholson, Michael. *The Conflict Analysis*. Oxford: English University Press, 1970. p.2.

espaço intersocietal, os conflitos não emergem nem são resolvidos de maneira "semelhante" ao que ocorre no espaço intrassocial e de que a própria expectativa de tal similaridade é responsável por sua incompreensibilidade. Lemos, então, no mesmo estudo que o "simples ato da negociação não resolve necessariamente as coisas. Depende de até que ponto cada parte da negociação acredita que a outra cumprirá suas promessas".[38] Com tal descoberta vem a percepção de que, na área das relações internacionais, ao contrário do que ocorre nas interações internas da sociedade, tal certeza pode ser garantida apenas pela força superior de um dos adversários. Como o contexto de fora resiste à ferramenta analítica, a resposta é radical e desesperada; os adversários no conflito se abstêm de trapacear apenas por medo da força (e não por outras razões, como a necessidade de paz).

Creio que foi a falência conceitual, relacionada com a expectativa frustrada de similaridade e com a aceitação acrítica da lógica do estilo "5 da tarde no sol" de raciocínio, que levou a abordagem da "lei e ordem internacional" (dominante na teoria política no período imediatamente após a Segunda Guerra Mundial) a ser derrotada de forma contundente pela escola da "política do poder", cujos melhores representantes foram Hans J. Morgenthau e George Schwarzenberger. Na descrição de John W. Burton, essa nova escola "desistiu de qualquer esperança de que um sistema internacional pudesse ser construído à imagem de uma comunidade nacional e optou por um sistema de anarquia no qual as relações seriam determinadas pelo poder relativo dos Estados".[39] Esse era, na expressão de Arnold Wolfers, um "modelo de bola de bilhar" da realidade social, há muito criticado e rejeitado no discurso sociológico; o resultado irônico de uma falsa expectativa de semelhança foi uma

[38] Ibid., p.68.

[39] Burton, John W. *Global Conflicts: The Domestic Sources of International Crisis*. Brighton: Wheatsheaf Books, 1986. p.4.

negação enfática de *qualquer conexão* entre as relações internacionais e a política doméstica.

Nos últimos vinte anos, aproximadamente, a abordagem da "política do poder" perdeu muito de sua pureza e autoconfiança originais, e teve início um lento e o tortuoso movimento reverso. Os especialistas em relações internacionais agora prestam atenção ao fato de que evitar o "ataque inimigo" não é o único motivo para o "comportamento do Estado" e que os atores no cenário internacional também buscam outros benefícios.

No entanto, a fatídica descoberta da ausência de organização normativa compartilhada no campo da interação continua a assombrar a análise. Quaisquer que sejam os motivos de ação declarados ou imputados, seu impacto mútuo é percebido como não muito diferente daquele elaborado pela teoria dos jogos: um que pressupõe que os jogadores não se comportam aleatoriamente, mas que eles podem se comportar racionalmente apenas na medida em que assumem que seus adversários se comportam de forma aleatória e caso consigam causar nos adversários a impressão de que eles próprios também são capazes de uma conduta aleatória.

A regularidade, o "caráter padronizado" da interação, que tornou possível a teorização sociológica e forneceu o campo semântico para os conceitos sociológicos, foi resultado de um processo histórico que ocorreu em certas partes do mundo (e, como agora suspeitamos, ficou longe de abranger a totalidade da humanidade). Como Norbert Elias apontou, o fator por trás desse desenvolvimento de padrão e de regularidade (onde quer que eles se desenvolvessem) era o monopólio do poder, mais precisamente, os monopólios conjugados da violência (forçando as pessoas a se comportarem de determinada maneira, agindo sobre seus corpos) e da tributação (forçando as pessoas a se desfazerem de seus produtos ou posses). Com tais monopólios, a violência física e sua ameaça

> não [são] mais uma insegurança perpétua que se traz para a vida do indivíduo, mas uma forma peculiar de segurança. [...] [U]ma pressão contínua e uniforme

> é exercida sobre a vida individual pela violência física armazenada nos bastidores da vida cotidiana, uma pressão totalmente familiar e dificilmente percebida, tendo a economia de conduta e impulso sido ajustada desde a mais tenra juventude a essa estrutura social.[40]

A racionalidade como os sociólogos a definiram, o próprio hábito de conectar eventos em termos de causa e efeito, sem o qual a conduta racional é impensável, depende daquela regularidade de configuração que somente o monopólio do poder pode produzir e transformar em um atributo natural da realidade. A questão é até que ponto os padrões de comportamento racional que se desenvolveram em tais circunstâncias podem se transformar em seu oposto em uma realidade na qual tais atributos naturais não aparecem e até que ponto a análise baseada na expectativa de racionalidade pode obscurecer, em vez de esclarecer, a peculiaridade de condições radicalmente diferentes do espaço intrassocial ordenado.

O monopólio da violência e da tributação havia sido, na visão de Elias, um produto do longo processo de competição entre unidades mais ou menos iguais; no longo prazo, tal competição conduz (por meio de uma *disputa eliminatória*) à concentração do poder em cada vez menos mãos, até a subordinação de todo o espaço a um centro de poder e até a monopolização do uso do poder e do acesso ao *superavit* de outras pessoas. Esse processo, que ocorreu em todas as sociedades, passando do estado de fragmentação feudal a sua forma centralizada moderna, *permanece inacabado em escala global*. Portanto, no nível interestatal, "o grupo fisicamente – ou militarmente – mais forte pode impor sua vontade sobre aqueles que são mais fracos. A esse respeito, pouco mudou desde os primórdios da humanidade".[41]

---

[40] Elias, Norbert. *The Civilising Process: State Formation and Civilisation*. Trad. Edmund Jephcott. Oxford: Blackwell, 1982. p.238-9. [Ed. bras.: *O processo civilizador*. v.2: Formação do estado e civilização. Rio de Janeiro: Zahar, 1993.]

[41] Id., *Involvement and Detachment*. Trad. Edmund Jephcott. Oxford: Blackwell, 1987. p.104.

Não há esperança imediata (e não muita no longo prazo) de mais eliminação, e nenhuma das unidades pode realisticamente alimentar ambições de exclusividade. O longo processo de universalização real e projetada (o mesmo processo que deu fundamento epistemológico para a visão de mundo moderna) teve uma parada abrupta. A aceitação pós-moderna da pluralidade irredutível veio na sequência. Com ela, porém, veio a necessidade de rever a imagética da realidade social que sustentava a "naturalidade" das categorias sociológicas ortodoxas. Quase nunca os sociólogos encararam seriamente a tarefa de analisar conflitos, por mais violentos que fossem, que ocorreram em um cenário diferente do contexto institucionalizado, legal ou moralmente unificado – existindo, por assim dizer, à sombra de um poder superior, armado de sanções. Eles devem enfrentá-la agora – conforme os enclaves que respondem à descrição ortodoxa se tornam evidentemente muito estreitos e incompletos para acomodar uma análise confiável da dinâmica do mundo pós-moderno.

## Considerações finais

Este capítulo pretendeu ser um inventário de tópicos a serem pesquisados e de tarefas teóricas a serem realizadas, tópicos e tarefas esses que as transformações socioculturais vagamente agregaram ao modelo emergente de pós-modernidade com o qual se depara a sociologia – aquela disciplina acadêmica que se originou e se desenvolveu até recentemente como uma tentativa de apreender a lógica da modernidade. O capítulo lista questões e problemas ao mesmo tempo que oferece poucas soluções. Não é sequer um relatório de trabalho. Muito mais modestamente, pretende ser um convite ao debate.

As poucas ideias positivas que este capítulo oferece podem ser resumidas da seguinte maneira:

1. Os fenômenos pós-modernos, mais comumente confinados em sua descrição ao nível cultural, ou mesmo meramente artístico, podem ser vistos de fato como sintomas superficiais de uma transformação muito mais profunda do mundo social – provocada pela lógica do desenvolvimento moderno, mas em uma série de aspectos vitais em descontinuidade com ele.
2. Essas transformações mais profundas devem ser buscadas nas esferas da reprodução sistêmica, da integração social e da estrutura do mundo da vida, bem como na nova forma como essas três esferas estão ligadas e coordenadas.
3. A análise adequada da condição pós-moderna nos traz, portanto, de volta à área ortodoxa da investigação sociológica (embora agora se trate de uma área estruturada de maneira não ortodoxa). Isso significa que, em vez de buscar uma nova forma de sociologia pós-moderna (uma sociologia sintonizada, em termos de estilo, como "gênero intelectual", com o clima cultural da pós-modernidade), os sociólogos deveriam se engajar no desenvolvimento de uma sociologia da pós-modernidade (isto é, empregar a estratégia de discurso sistemático e racional para a tarefa de construir um modelo teórico da sociedade pós-moderna como um sistema em si mesmo, em vez de uma forma distorcida ou uma aberração de outro sistema).
4. Essa última tarefa difere da prática passada da sociologia (a de construir modelos da sociedade moderna) em um aspecto crucial, que torna a operação necessária não totalmente ligada à ortodoxia: o modelo da pós-modernidade, ao contrário dos modelos da modernidade, não pode ser fundamentado nas realidades do Estado-nação, que agora claramente não é uma estrutura grande o suficiente para acomodar os fatores decisivos na condução da interação e na dinâmica da vida social. Essa circunstância torna a tarefa particularmente

complexa; a realidade a ser modelada é, tanto em sua forma atual quanto em suas perspectivas plausíveis, muito mais fluida, heterogênea e "subpadronizada" do que qualquer coisa que os sociólogos tentaram compreender intelectualmente no passado.

# 3
# A formação discursiva da sociologia em transformação

Há pouco sentido, muito menos esperança de efeitos práticos, em legislar para a sociologia, o que significa, também, que há pouco sentido em planejar definições sólidas que separem o que é sociológico daquilo que está destinado a permanecer fora do domínio da competência e da preocupação sociológicas. As definições, assim como as leis, são tão boas quanto a autoridade que as respalda, nem melhores nem piores. E a autoridade é tão boa quanto as forças coercitivas (física ou mentalmente) à sua disposição. A capacidade coercitiva de tais forças depende, por sua vez, de sua exclusividade, de quanto o comando é condensado e está genuinamente livre de rivais.

A atividade coletiva descrita ou autodescrita como sociologia não atendeu a nenhuma dessas condições e é improvável que algum dia o faça. Suas autoridades são plurais e dispersas; desse modo, o impacto coercitivo de cada uma é compensado e corroído por todas as outras. Cada nova tentativa de legislar o domínio adequado e a estratégia correta para a sociologia acaba, portanto, como um novo acréscimo à variedade existente. Ela divide em vez de integrar. Como uma declaração de intenção, ela é autodestrutiva.

É por essa razão que os sociólogos profissionais provaram ser os mais ávidos admiradores da narrativa de Thomas Kuhn para a *ciência normal*, particularmente inadequada para aplicações sociológicas. O "paradigma" era exatamente aquilo de que o agregado frouxo de titulares de cátedras e professores de uma disciplina unida por pouco além de seu nome parecia mais sentir falta. O entusiasmo pela ideia do paradigma foi reforçado pela esperança de que a vida sem um paradigma é apenas uma condição temporária e curável, a manifestação de uma crise momentânea e, de toda forma, um estado anormal. Foi também uma expressão da crença no fato de que a unidade perdida poderia ser alcançada caso houvesse consenso em torno de um paradigma unificador, que tal paradigma seria encontrado mais cedo ou mais tarde e que, uma vez encontrado, seria universalmente aceito com base apenas em sua autoevidente força de convicção: um conjunto acordado de ideias terá, por assim dizer, força suficiente para sustentar a frágil unidade do discurso sociológico. A esperança era falsa e a crença era equivocada e desorientadora.

## Um discurso que se imagina uma formação

Talvez a natureza do empreendimento sociológico possa ser mais bem compreendida a partir da *formação discursiva* de Michel Foucault. Confrontado com "grandes grupos de enunciados", chamados de medicina, economia ou gramática, Foucault tentou descobrir "em que a unidade deles [isto é, a qualidade que justificava o uso de um nome genérico] poderia estar baseada". Ele considerou e rejeitou, uma a uma, todas as respostas comuns àquela pergunta: "em um campo de objetos completo, compactado, contínuo e geograficamente bem definido"; "em um tipo de enunciado definido e normativo"; "em um alfabeto bem definido de noções"; "na permanência de uma temática". Nenhuma das respostas tradicionais parecia ter fundamento. Em vez disso, o que se enfrentava era a realidade de "várias possibilidades estratégicas que permitem a ativação de temas incompatíveis ou, ainda, o estabelecimento de um mesmo tema em diferentes grupos de enunciados". Daí a ideia de descrever essas próprias dispersões, de reconstituir os *sistemas de dispersão* em vez de, como tem sido comumente feito na história da ciência ou da filosofia, traçar *cadeias de inferência*.[1]

> Buscamos a unidade do discurso nos próprios objetos, em sua distribuição, na interação entre suas diferenças, em sua proximidade ou distanciamento – em suma, naquilo que é dado ao sujeito falante; e, ao final, somos remetidos a um estabelecimento de relações que caracteriza a própria prática discursiva; e o que descobrimos não é uma configuração nem uma forma, mas um conjunto de *regras* imanentes a uma prática [...].
>
> Não são os objetos que permanecem constantes, nem o domínio que eles formam; não é nem mesmo seu ponto de emergência ou seu modo de caracterização, mas a relação entre as superfícies nas quais eles aparecem, em que podem ser delimitados, em que podem ser analisados e especificados.[2]

As áreas de prática intelectual que analisamos objetivamente como *disciplinas* e contemplamos como entidades com certo grau de unidade interna (a qual, então, procuramos – erroneamente – fundamentar em coisas externas à própria disciplina – mais comumente nas propriedades da realidade não discursiva, seu ostensivo "objeto") têm apenas o discurso para sustentá-las. Elas são, sim, formações *discursivas*. Sua unidade aparente é a atividade constante de práticas comunicativas entrelaçadas. Elas são *formações* discursivas na medida em que "podemos mostrar como qualquer objeto particular do discurso encontra nele seu lugar e lei de emergência, se pudermos mostrar que ele pode dar origem simultânea ou sucessivamente a objetos mutuamente excludentes sem ter que se modificar".[3]

Nenhuma formação discursiva se impõe à realidade não discursiva que espera por seu pintor da corte para ser retratada e, assim, ter a sua obscura e evasiva "natureza interior" fixada em uma forma

---

[1] Foucault, Michel. *The Archeology of Knowledge*. Trad. A. M. Sheridan Smith. Londres: Tavistock, 1974. p.37. [Ed. bras.: *A arqueologia do saber*. São Paulo: Forense Universitária, 2012.]

[2] Ibid., p.46-7.

[3] Ibid., p.44.

facilmente perceptível e legível. Tampouco, no entanto, os territórios das formações discursivas em que a realidade não discursiva encontra a autoridade narrativa da razão estão esperando para serem libertados ou mobilizados na atividade do discurso, para, assim, exibir seu potencial narrativo preexistente e plenamente formado. As formações discursivas "não são elementos perturbadores que, sobrepondo-se à sua forma pura, neutra, atemporal e silenciosa, suprimem sua verdadeira voz e emitem, em seu lugar, um discurso mascarado; são, ao contrário, seus elementos formativos".[4] A razão não pode legislar para a formação discursiva, sendo, por assim dizer, formada por ela tanto quanto o são os objetos de sua análise e narração. É a atividade incessante do discurso que gera a realidade narrada, de um lado, e a razão narradora, do outro. Nenhum de seus produtos associados pode reivindicar uma existência independente; ninguém pode se gabar do poder de determinar o fluxo do discurso – e, portanto, ninguém pode ser legitimamente interpretado como seu *explanandum*.

Qualquer que seja a autoridade que presida a delineação das fronteiras e os mecanismos que guardam e asseguram sua sobrevivência, ela deve ser encontrada (se é que existe) *dentro* da prática discursiva. Sua localização adequada depende das respostas a perguntas como: "Quem, entre a totalidade dos indivíduos falantes, tem o direito de usar esse tipo de linguagem?". Quais são os *lugares institucionais* a partir dos quais o uso de tal linguagem é permitido, "de onde esse discurso deriva sua fonte legítima e seu ponto de aplicação?". Quais são as situações "em relação aos vários domínios ou grupos de objetos" nas quais tais "lugares institucionais" são moldados?[5] Notemos que, entre as questões a serem respondidas, aquela mais comumente feita pela história da ciência padrão ou pela filosofia – quem são os indivíduos que de fato usaram o tipo de linguagem que

[4] Ibid., p.68.

[5] Ibid., p.50-2.

faz o discurso, e com que finalidade? – está visivelmente ausente. Não são os indivíduos, mas os lugares institucionais de onde eles falam, que devem ser designados para que a formação discursiva seja adequadamente descrita e seu dinamismo seja adequadamente apreendido. "O sujeito do enunciado" – insiste Foucault – "não deveria ser considerado idêntico ao autor da formulação." O que verdadeiramente importa "é um lugar particular, vazio, que pode de fato ser preenchido por diferentes indivíduos [...]":

> Se uma proposição, uma frase, um grupo de signos pode ser chamado de "enunciado", não é porque, um dia, alguém os pronunciou ou os pôs em alguma forma concreta de escrita; é porque a posição do sujeito pode ser atribuída. Descrever uma formulação sob a forma de um enunciado não consiste em analisar as relações entre o autor e o que ele diz (ou quis dizer, ou disse sem querer dizer), mas sim em determinar que posição pode e deve ocupar qualquer indivíduo que queira ser seu sujeito.[6]

A posição implica uma estrutura, a estrutura implica um sistema, o sistema implica limites, ou seja, a possibilidade de dizer o que pertence ou não ao sistema; esse pertencimento ou não é relevante para a determinação da posição. Como o que conta não é a personalidade e a vontade do autor do enunciado, mas sim a *possibilidade* de autoria de um enunciado pertencente à formação discursiva, o ponto de gravidade de qualquer descrição da sociologia (ou de qualquer outra disciplina, diga-se de passagem) reside no mapeamento de seus limites, um mapeamento que pressupõe a realidade das fronteiras, ou seja, a capacidade da formação discursiva de efetivamente traçar e proteger suas fronteiras – sua única reivindicação, por assim dizer, de existência "factual", objetiva.

Nesse aspecto vital, no entanto, as formações discursivas variam. A capacidade de traçar e defender limites mede o grau de autonomia de que determinada formação goza em relação a outros

---

6 Ibid., p.95-6.

discursos. A autonomia pode ser reforçada pela aceitação explícita ou tácita, respeitosa ou relutante, por parte de outros discursos, do direito exclusivo que a formação em questão tem para traçar seus próprios limites (os participantes de qualquer discurso significativo concordariam que apenas os físicos credenciados podem fazer declarações pertencentes à física; os súditos de um Estado totalitário aceitariam que apenas as declarações do partido no poder são declarações propriamente políticas) ou ao tornar implausível a invasão dos limites ao colocar a formação fora do alcance de outros discursos (não especialistas não contestariam as declarações dos físicos por falta de acesso aos acontecimentos que elas narram; os súditos de um governo autoritário não contestariam pronunciamentos políticos por falta de acesso a dados protegidos pelos atos de sigilo oficial). Na maioria das vezes, os dois fatores se entrelaçam; eles podem muito bem ser vistos ocasionalmente como duas formulações do mesmo estado de coisas.

Por exemplo, os assuntos tratados pela física ou pela astronomia quase nunca aparecem para os não físicos ou não astrônomos. Os não especialistas não podem formar opiniões sobre tais assuntos, a menos que sejam auxiliados – na verdade, *instruídos* – pelos cientistas da área. Os objetos que ciências como essas exploram aparecem apenas em circunstâncias muito especiais, às quais ninguém mais tem acesso: na tela de um acelerador multimilionário, na lente de um telescópio gigantesco, no fundo de um poço a centenas de metros de profundidade. Somente os cientistas podem vê-los e fazer experiências com eles; esses objetos e eventos são, por assim dizer, uma posse monopolista de determinado ramo da ciência (ou mesmo de seus praticantes selecionados); o monopólio foi assegurado pelo fato de que os objetos e eventos em questão não ocorreriam se não fossem as próprias ações dos cientistas e o emprego dos recursos que esses cientistas controlam; assim, os objetos e eventos são, pela própria natureza de sua aparência, uma propriedade não compartilhada com aqueles que não são membros da profissão. O monopólio da propriedade foi garantido antecipadamente pela natureza das práticas científicas, sem recorrer à legislação e à aplicação da lei (o que seria necessário se os objetos e eventos tratados fossem, em princípio, parte de uma prática mais ampla e, portanto, acessíveis a pessoas de fora). Sendo os únicos proprietários da experiência que fornece a matéria-prima para seu estudo, os cientistas têm total controle sobre a forma como o material é construído, processado, analisado, interpretado, narrado. Os produtos do processamento teriam que suportar o escrutínio crítico de outros cientistas – mas apenas o escrutínio *deles*. Eles não terão que competir com narrativas construídas fora do mundo limitado pelas paredes do laboratório ou do instituto de pesquisa; em particular, não terão de lidar com opinião "pública" (leia-se, não especialista), senso "comum" (leia-se, novamente, não especialista) ou qualquer outra forma sob as quais as visões "não especialistas" possam aparecer, pela simples razão de que não há "opinião pública" ou ponto de vista de "senso comum" nos assuntos que eles estudam e sobre os quais eles se pronunciam.

O privilégio de formações discursivas como a física ou a astronomia não é compartilhado pelas quase formações que provavelmente existirão parasitariamente em relação a objetos e eventos já interpretados e pré-interpretados dentro de outros discursos sociais (isto é, por praticamente todas as formações que processam as realidades "feitas pelo homem", assim chamadas por terem sido alçadas ao *status* de objetos cognitivos pelas atividades de homens e mulheres que não são os autoproclamados participantes da formação dada; esses últimos, por assim dizer, chegam à cena quando a apresentação da peça já está em estágio avançado).

A sociologia sempre foi um dos principais exemplos dos discursos da categoria "deficiente". Os sociólogos, como comentadores da experiência humana, compartilham seu objeto com inúmeras pessoas, que podem reivindicar legitimamente um conhecimento direto dessa experiência. O objeto do comentário sociológico é uma experiência já vivida, que vem no formato de uma narrativa pré-formada, em vez de um conjunto de dados sensoriais brutos não nomeados esperando que o comentário subsequente lhes ofereça um significado. Os sociólogos não podem nem mesmo fazer uma oferta sensata pela superioridade, muito menos pela exclusividade, de seus comentários em relação às interpretações produzidas incessantemente pelos "proprietários" diretos da experiência e por outros comentadores "externos" (escritores, poetas, jornalistas, políticos, pensadores religiosos) cujo acesso à experiência de outras pessoas não é diferente daquele obtido pelos membros da profissão sociológica e cujo direito de narrar os produtos de seu trabalho interpretativo e reivindicar a autoridade deles não se pode *provar* ser ilegítimo, pelo menos não de imediato. (A essa situação, inferior e degradante quando medida pelos padrões estabelecidos por e para as disciplinas "mais bem formatadas", os sociólogos que lutam por um *status* acadêmico pleno podem reagir, e o fazem, de duas maneiras. Eles podem simplesmente negar a idiossincrasia de sua situação tratando seu tema humano como – na metáfora adequada de Kurt Wolff – *marionetes*: "marionetes não significam nada para si mesmos"; e eles se transformam em marionetes quando a sociologia os trata "como objetos para seus próprios propósitos [ou os de outra pessoa]". Ou eles podem – com consequências espantosamente semelhantes – simplesmente se render acriticamente aos significados já "alcançados" arraigados nas práticas sociais que se apresentam como a "realidade objetiva"; para citar novamente Kurt Wolff, os objetos humanos da investigação sociológica podem emergir como marionetes apenas como efeito colateral de a sociologia tentar diligentemente "explicar a realidade social" que inclui "características de nosso tempo e lugar como o anonimato, a solidão, a falta de sentido. Ao tratar as pessoas como marionetes, a sociologia repete o tratamento que muitos frequentemente recebem e praticam em nosso mundo cotidiano".)[7]

[7] Wolff, Kurt H. *Survival and Sociology*. New Brunswick: Transactions, 1991. p.103-4.

De uma forma ou de outra, a sociologia falha nos padrões estabelecidos por Foucault para as formações discursivas; o discurso sociológico não é uma *formação* – pois não tem autoridade para delinear seus próprios limites, para estabelecer os limites do "interior" (a partir do qual os enunciados válidos ou relevantes podem ser feitos) e distanciar o "exterior" (cujos produtos narrativos podem ser descartados como irrelevantes). Qualquer história da sociologia que suponha o contrário e, portanto, atribua indiretamente ao discurso sociológico uma lógica autônoma autopropulsora que ele não possui e não poderia possuir é enganosa. O que não significa, é claro, que essa história provavelmente deixará de ser escrita novamente. Ela será escrita apenas como um aspecto da interminável guerra de independência, o esforço discursivo para promover o comentário sociológico à categoria de formação autônoma ou parcialmente autônoma (ao lado de outros esforços voltados para o mesmo objetivo elusivo – mais proeminentemente, as tentativas de desenvolver complexos e sofisticados métodos de pesquisa especificamente "sociológicos", que, espera-se, removerão os produtos do comentário sociológico e levá-los-ão a uma distância segura do escrutínio leigo e, da mesma forma, assegurarão sua validade incontestável).

A imprecisão dos limites é a circunstância principal e decisiva que impede que o discurso sociológico se transforme em uma formação completa. No nível da narrativa, assim como de seus objetos/produtos, o discurso sociológico é apenas um redemoinho no fluxo incessante da experiência humana do qual ele extrai e no qual ele despeja seu material, o qual, antes e depois, é arrastado para a órbita de inúmeras outras quase formações igualmente precárias e mal definidas. E, no entanto, o esforço para elevar o discurso à condição de uma formação não pode parar. Embora esse esforço esteja fadado a se mostrar ineficaz, ele não pode ser realizado sem a crença na viabilidade do sucesso; a autonomia discursiva é o *focus imaginarius* que torna possível o discurso abertamente não autônomo. A continuação do discurso sob uma forma reconhecidamente sociológica, a manutenção de uma aparência de continuidade (por mais que ela contradiga os fatos), a retenção de um domínio cuja própria lógica do discurso pode permanecer ao menos parcialmente eficaz – tudo depende do impulso implacável em direção à autonomia. O impulso pode ser autodestrutivo e estar fadado ao fracasso, mas seu afrouxamento, para não mencionar seu fim, sinalizaria a dissipação e, em última instância, o desmantelamento do discurso.

O dilema do discurso sociológico pode ser mais bem compreendido pelo conceito kantiano de *comunidade estética*, apropriadamente descrito por Jean-François Lyotard como uma "determinação evasiva que chega ao mesmo tempo cedo demais e tarde demais".[8] Para Kant, a comunidade estética (isto é, um território definido por acordo dentro de limites bem protegidos) é e está fadada a permanecer uma *ideia*: uma promessa, uma expectativa, uma esperança de unanimidade que não é para ser. Essa esperança cria a comunidade estética; a não realização dessa esperança a mantém viva. A comunidade estética deve sua existência, por assim dizer, a uma falsa promessa. Entretanto, a escolha individual não pode ser confirmada sem tal promessa.

> Kant usa a palavra "promessa" para apontar o *status* inexistente dessa república do gosto (dos Gostos Unidos?). A unanimidade com relação ao que é belo não tem chance de se concretizar. Mas todo juízo de gosto real traz consigo a promessa de universalização como um traço constitutivo de sua singularidade.
>
> A comunidade necessária como um suporte para a validade de tal julgamento deve estar sempre em processo de se fazer e se desfazer. O tipo de consenso que tal processo implica, se é que existe algum consenso, não é de forma alguma argumentativo, mas sim alusivo e evasivo, dotado de uma forma espiralada de estar vivo, combinando a vida e a morte, permanecendo sempre *in statu nascendi* ou *moriendi*, sempre deixando em aberto se ele de fato existe ou não. Esse tipo de consenso definitivamente nada mais é do que uma nuvem de comunidade.[9]

---

[8] Lyotard, Jean-François. *Peregrinations: Law, Form, Event*. Nova York: Columbia University Press, 1988. p.32. [Ed. bras.: *Peregrinações: lei, forma, acontecimento*. São Paulo: Estação Liberdade, 2000.]

[9] Ibid., p.38.

O discurso sociológico sustenta e reproduz tal "nuvem de comunidade"; para poder continuar fazendo isso com certo sucesso, deve trabalhar com a convicção de que o que é sustentado e reproduzido não é (ou não seria, consequentemente) uma nuvem, mas uma "comunidade real". No entanto, se essa crença se tornasse realidade, o discurso desmoronaria. Para permanecer vivo, o discurso sociológico deve almejar um objetivo que, se alcançado, representaria sua morte.

## Os lugares sociais do discurso sociológico

A pergunta de Kurt Wolff, "Como é possível justificar fazer sociologia?" (*neste nosso momento*, mas também em *qualquer outro* momento), só se justifica dentro de um discurso falho enquanto formação. Para uma disciplina "bem formatada", tal questão jamais existiria ou, se porventura existisse, seria vista como algo sem sentido. Só uma disciplina falha como discurso tem que se desculpar, sente a necessidade de justificar seu direito de existir. Se a existência sucede, em vez de preceder, o argumento de necessidade e de utilidade pragmática, um discurso carente de outros fundamentos (presumivelmente mais sólidos) tenderia a medir a segurança de sua existência pela persuasão de seu caso. A preocupação com a autojustificação tem sido, desde o início, uma característica marcante do discurso sociológico.

"O começo" era, claro, moderno. O discurso sociológico nasceu do encontro entre a terrível tarefa de gestão dos processos sociais em grande escala social e as ambições do Estado moderno, forjado a partir de tal tarefa; ele surgiu para desempenhar o papel de mediador entre as duas, para orientar as ambições da engenharia e articular a condição social como um conjunto de *problemas* de engenharia.

A sociologia americana nasceu nos estados do Meio Oeste no auge dos processos análogos de urbanização e industrialização, de imigração em massa e de novos começos. Aquele mundo era misterioso e inexplorado e não se podia confiar que ele seguiria o mundo reconfortantemente familiar; ele também era mal integrado e institucionalizado, livre do domínio restritivo da tradição cultural e das autoridades comunais enraizadas e, por essas razões, parecia totalmente flexível – um objeto grato ao projeto e à engenharia racional. A tendência moderna universal para a engenharia social encontrou aqui as condições ideais sonhadas: uma *tabula rasa*, uma situação que partiu do zero em que tudo parecia possível e nada decente provavelmente aconteceria sem a intervenção e a orientação de uma administração racional.

Antes de abrirem os portões das universidades e apostarem na inclusão da sociologia entre as especialidades de treinamento universitário, os pais fundadores da sociologia americana moldaram sua visão de mundo e senso de propósito junto ao grupo dos "reformadores sociais", pessoas imbuídas de preocupação com a lei e a ordem ou impelidas a agir por consciência religiosa e angústia moral, mas em cada caso convencidas de que o gerenciamento consciente da condição humana é um fator do qual nenhuma sociedade complexa pode prescindir. Na visão deles, a "ciência da sociedade" deveria ser, acima de tudo, um instrumento de prática social, e a prática social deveria, antes de mais nada, estar voltada para a "solução" consciente de "problemas" que surgiam espontaneamente. A sociedade que eles desejavam estudar de maneira sistemática e racional era uma *coleção de problemas* – e deveria ser estudada sistemática e racionalmente *porque* era uma coleção de problemas. W. I. Thomas declarou sem meias palavras que o objetivo da sociologia era "a abolição da guerra, do crime, da bebida, da anormalidade, das favelas, deste ou daquele tipo de infelicidade".[10] Os primeiros cursos universitários de sociologia eram "predominantemente voltados para problemas sociais" e listavam palestras e seminários sobre pauperismo, caridade, filan-

---

[10] Citado em Bramson, Leon. *The Political Context of Sociology*. Princeton: Princeton University Press, 1961. p.90. [Ed. bras.: *O conteúdo político da sociologia*. Rio de Janeiro: Fundo de Cultura, 1961.]

tropia científica, assistência pública e privada, desemprego, trabalho migratório, trabalho infantil, mulheres assalariadas, movimentos trabalhistas, crianças dependentes, insanidade, enfermidades, crime, delinquência juvenil, instabilidade familiar, temperança, imigração e relações raciais, enquanto Albion W. Small, em seu discurso presidencial de 1907, reafirmou a tese que já havia se tornado óbvia por força de constante repetição: a investigação do comportamento social empreendida pela sociologia "não é um fim em si mesma", mas deve servir à realização definitiva das mais altas "possibilidades espirituais dos seres humanos" e ao desenvolvimento de "tipos superiores de associação humana".[11] Talvez em nenhum outro lugar o componente de engenharia-reformatório-gerenciamento da ciência projetada da sociologia estivesse mais proeminente do que no prospecto da recém-fundada Cátedra de Sociologia em Columbia, escrito em 1894 por Franklin H. Giddings:

> Está se tornando cada vez mais evidente que o progresso industrial e social está colocando a comunidade moderna frente a frente com questões sociais da maior magnitude, cuja solução exigirá o melhor estudo científico e o mais honesto esforço prático. O termo "sociologia", qualquer que seja sua definição, abarca um grande número de assuntos que interessam seriamente os homens na atualidade. O tratamento eficaz dos problemas sociais exige que eles sejam tratados teórica e concretamente.
>
> Esta recém-criada cátedra proporcionará um estudo aprofundado da sociologia filosófica ou geral e das questões políticas ou sociais concretas em sua relação com os princípios sociológicos. Pelo termo "sociologia geral" se entende o estudo científico da sociedade como um todo, uma busca por suas causas, pelas leis de sua estrutura e crescimento e por uma visão racional de seu propósito, função, significado ou destino. Isso levará ao estudo mais prático dos fenômenos das populações modernas e à sua concentração nas grandes cidades. De tais fenômenos, o que suscita maior preocupação, do ponto de vista teórico ou prático, é o crescimento e as características das classes dependentes, defeituosas e delinquentes. Serão oferecidos, portanto, cursos especiais

[11] Citado em Hinkle, Roscoe C.; Hinkle, Gisela J. *The Development of Modern Sociology: Its Nature and Growth in the USA*. Nova York: Doubleday & Co., 1954. p.4, 9.

> de instrução sobre pauperismo, leis dos pobres, métodos de caridade, crime, penologia e ética social.[12]

Esperava-se que essa sociologia fosse reformadora e que fosse preparada para ser gerencial. A narrativa da sociologia foi, desde o início (para usar o termo de Bakhtin), *monológica*[13] (mais sobre esse conceito depois); ela interpretou as populações que estudou como *objetos* movidos por suas próprias constelações de fatores externos, de acordo com o padrão dos corpos alterados pela interação de forças físicas, e negou ou pelo menos deixou de lado o "outro" como outra *consciência*, como um parceiro no diálogo. Para invocar mais uma vez o termo adequado de Wolff, ela era uma "sociologia de marionetes". Destinada a ser uma ferramenta de reforma democraticamente conduzida, ela não era em si democrática. Foi necessária a constituição dos poderes como os "fatos da realidade" objetivamente dados e não negociáveis. Ela conhecia antecipadamente os significados de "defectividade", "delinquência" ou "socialmente ético". Ela aceitou sem questionar o direito dos gestores dos processos sociais de determinar a distinção entre o adequado e o inadequado, entre a norma e o desvio; tanto que o fato de as distinções serem realmente *determinadas*, resultado de uma gestão ou de um diálogo falho, passou despercebido. Ela permaneceu firmemente como um recurso narrativo, quase nunca se tornando (ou tornando o *status* ontológico de seu objeto – o que era o mesmo) um objeto de investigação. A própria esperança de que a sociologia emergente pudesse servir às tarefas de melhoria social definidas por propósitos gerenciais foi fundada na imagem da "dura realidade" ou das "leis naturais da sociedade". A mesma imagética justificou o postulado da pesquisa *objetiva* e

---

[12] Citado em Odum, Howard W. *American Sociology: The Story of Sociology in the USA through 1950*. Nova York: Columbia University Press, 1951. p.60-1.

[13] Bakhtin, Mikhail. no original: *Estetika slovesnovo trorchestra*. Moscou: Nauka, 1986. p.336. [Ed. bras.: *A estética da criação verbal*. São Paulo: WMF Martins Fontes, 2011.]

sustentou a importância do refinamento metodológico e da atenção obsessiva dada ao desenvolvimento de ferramentas de pesquisa.

Foi devido ao fato de a "ciência social ter se desenvolvido em grande parte como uma forma de perceber, avaliar e corrigir os atritos e tensões gerados pela alta taxa de mobilidade individual e mudança institucional na modernização da sociedade" que ela cresceu "principalmente como um *método de investigação* empírico, quantitativo (não um sistema de crenças)"[14] e que, em 1959, um importante membro da comunidade sociológica nos Estados Unidos pôde observar que

> a sociologia contemporânea na América [...] é uma disciplina definida mais por seus métodos especiais de pesquisa do que por suas conclusões ou seus temas [...]. Compreenderemos melhor a sociologia contemporânea ao considerarmos o fenômeno dos homens que tudo queriam medir do que ao nos fixarmos naqueles que tudo quiseram destruir ou reconstruir.[15]

Havia, por assim dizer, uma *afinidade eletiva* entre as ambições cientificamente objetivas da sociologia emergente e seu envolvimento gerencial – tanto do lado da "oferta" quanto do lado da "demanda" desse último. Os fatores de atração e repulsão se reforçavam mutuamente; quanto mais os sociólogos enfatizavam a qualidade de coleta de fatos, a ausência de valores e o diagnóstico da qualidade de seu trabalho, mais alto parecia o potencial gerencial de seus serviços; quanto mais os gerentes acreditavam que esse era o caso, mais intensas eram as preocupações de autocorreção e autoaperfeiçoamento dos sociólogos. A rápida expansão e aumento da burocracia estadual e federal do New Deal forneceu o primeiro estímulo poderoso para o enraizamento da narrativa sociológica "monológica". Então vieram as grandes empresas, que viram nas capacidades diagnósticas

---

[14] Lerner, Daniel. *The Human Meaning of the Social Sciences*. Nova York: Meridian Books, 1959. p.8, 19.

[15] Glazer, Nathan. The Rise of Social Research in Europe, em ibid., p.43, 45.

impressionantemente precisas dos sociólogos uma ferramenta útil para resolver os problemas que se acumulavam no processo de execução de tarefas gerenciais. Foi por meio da influência de fundações patrocinadas por empresas que a pragmática da sociologia se estabeleceu , acima de tudo e talvez exclusivamente, como uma *ciência comportamental* – com o objetivo de "compreender, explicar e rever o comportamento humano da mesma forma que os cientistas entendem, explicam e predizem o comportamento de forças físicas e entidades biológicas ou o comportamento de bens e preços no mercado econômico" (Berelson) –, uma narrativa explicitamente monológica, construindo seu objeto como um foco de ação flexível ou resistente cujo significado e propósito é invariavelmente determinado de forma extrínseca. De acordo com o testemunho de Bernard Berelson,

> [e]mbora a expressão "ciência do comportamento" tenha sido usada de tempos em tempos durante anos, ela nunca pegou até cerca de dez anos atrás, quando a Fundação Ford usou o termo como uma descrição abreviada de seu programa sobre Comportamento Individual e Relações Humanas. Por cerca de seis anos na década de 1950, a fundação promoveu um Programa de Ciências Comportamentais e sustentou esse campo com milhões de dólares. Foi nessa época que o termo passou a ser amplamente utilizado, e foi então que algumas pessoas começaram a se perguntar se, afinal, eles também não eram cientistas comportamentais![16]

Dado que todo o impacto da nova e crescente demanda foi catalisado na profissão acadêmica, pôde-se constatar, com grande satisfação, que

> os cientistas comportamentais são, desse modo, empregados, em números crescentes, por governos, empresas e indústrias, por hospitais e outras agências dedicadas a problemas de saúde, por instituições correcionais, por agências de assistência social, por comissões municipais, por sistemas escolares e por

---

[16] Berelson, Bernard. Introduction to the Behavioural Sciences. *The Voice of America Forum Lecture*, p.1-3.

> muitos, muitos outros tipos de organizações e empresas em que algum conhecimento sistêmico do comportamento humano é requerido.[17]

Em cada caso, cabe comentar, os sociólogos foram empregados com o mesmo propósito de gestão e controle. Na visão de Samuel A. Stouffer, "o ponto, claro, é que a pesquisa que é feita para estabelecer fatos importantes para decisões práticas precisa ser minuciosa e precisa, e há dinheiro para pagar por isso porque muito depende disso".[18] A crescente obsessão pelo aprimoramento de ferramentas de pesquisa-diagnóstico se justificava pelas exigências pragmáticas e objetivas dos clientes interessados no controle efetivo dos processos que gerenciavam. O debate que expunha e abertamente desprezava a subordinação da pesquisa social aos propósitos dos detentores do poder expôs a sociologia à acusação de exercer uma influência antidemocrática. Deve-se admitir que a acusação foi enfrentada categoricamente; os praticantes e defensores da sociologia monológica replicaram que

> a sociedade não pode sobreviver sem suas muitas formas de controle social, desde a legislação e o policial na rua até o elogio informal e a ridicularização em massa, todos passíveis de uso indevido. A compreensão aprimorada do comportamento humano não faz mais do que tornar possível a utilização aprimorada das formas existentes de controle social para os fins socialmente aprovados e, infelizmente, também para a manipulação humana inescrupulosa.[19]

Pelo menos nos Estados Unidos, a localização social da sociologia em seus anos de formação e no período seguinte de riqueza e arrogância foi o mundo público e privado da administração. Seus parceiros no discurso, muitas vezes *os* parceiros significativos, os

---

[17] Riley, John W. Some Contributions of Behavioural Science to Contemporary Life. *The Voice of America Forum Lecture*, p.1.

[18] Stouffer, Samuel A. Methods of Research Used by American Behavioural Scientists. *The Voice of America Forum Lecture*, p.2.

[19] Young, Donald R. Behavioural Science Application in the Professions. *The Voice of America Forum Lecture*, p.7.

dirigentes e os organizadores do debate, eram os planejadores e os administradores da ordem social em maior ou menor escala, os planejadores de projetos do New Deal ou da Guerra Contra a Pobreza, os gerentes de relações públicas e da opinião pública, os executivos de grandes empresas, os interessados em uma ampla gama de tarefas funcionalmente distintas que, no entanto, tinham como denominador comum "mudar comportamentos", sufocar, neutralizar ou contornar a subjetividade dos objetos humanos de ação intencional. A presença desses parceiros silenciosos, embora todo-poderosos, do discurso sociológico foi sentida na preocupação dos sociólogos em quantificar, "estatisticalizar" a análise fatorial; na linguagem do discurso, articulando o universo sob análise em processos intrinsecamente assimétricos como o poder, a influência, a socialização, o desvio ou o controle; na tendência generalizada para a análise funcional ou para o princípio de que "o todo é mais do que a soma de suas partes" (esse "mais" se referia implicitamente à presença do agente controlador) como premissa da teorização nitidamente sociológica da realidade humana – ambos indicando a tendência de localizar o significado e o fundamento interpretativo da ação fora do mundo da vida dos próprios atores. O discurso sociológico se formou na perspectiva dos *processos sociais administrados*, que moldaram a realidade social como objeto de uma mudança planejada e, portanto, evidenciaram aspectos selecionados por sua relevância positiva ou negativa para o sucesso prático, ao mesmo tempo que *desarticularam* todos os outros aspectos. Foi o projeto – qualquer projeto, mas sempre um projeto, sempre um prospecto envolvendo uma ação gerencial voltada para uma mudança comportamental – que atribuiu significado (distinto) à realidade humana tal como interpretada no discurso sociológico. Enquanto *tanto* o Estado político *quanto* as empresas privadas mantivessem ambições de projetos gerenciais e permanecessem envolvidos em mudanças planejadas em seus respectivos domínios, grandes ou confinados, uma espécie de ressonância poderia existir entre os modelos macrossociais e as práticas microssociais da sociologia, permeados da mesma maneira pelo espírito gerencial: uma unidade que acabou encontrando sua expressão programática no ousado projeto totalizante de Talcott Parsons, ainda mais revelador em sua recepção extraordinariamente entusiástica.

Essa ressonância foi prejudicada, enfraquecida, talvez totalmente quebrada com o recuo gradual do Estado político (tanto de suas forças governantes reais quanto das que aspiram a sê-lo) dos programas de grande engenharia social e com a cessão da gestão de processos sociais, bem como das tarefas cruciais de controle social geral, aos mecanismos de mercado. No nível intelectual, esse rearranjo refletiu na impopularidade sem precedentes da "mentalidade da engenharia social", na rejeição do "utopismo" e do "fundacionalismo" e no novo interesse complacente pela mesma espontaneidade e "desorganização" dos processos sociais autóctones que o projeto moderno de sociedade administrada uma vez resolveu eliminar ou domar. As duas mudanças se combinam naquilo a que frequentemente se refere como o advento da *pós-modernidade*: um punhado de atitudes intelectuais que vão desde a admissão melancólica da irrealidade definitiva dos sonhos modernos de uma sociedade ordenada e racional até uma rejeição raivosa das ambições modernas carregadas de arrogância, desumanidade e consequências inevitavelmente mórbidas.

É difícil dizer o que veio primeiro e o que veio depois. Foi a erosão dos poderes ecumênicos que repercutiu na desvalorização intelectual dos valores universalistas? Ou foi a coleta de evidências do efeito "aprendiz de feiticeiro" da tentativa moderna de controle, e a repulsa causada por ela, que levou à recusa de cooperação com as tarefas estabelecidas pelos poderes "normalizadores"? A segunda hipótese, mais lisonjeira para os filósofos e sociólogos contemporâneos, é claramente favorecida pelos escritores de suas autobiografias; apesar de sua popularidade, ela permanece menos convincente, tendo em vista o fato de que, durante quase meio século desde Auschwitz e Hiroshima, as ciências sociais falharam espetacularmente em revisar sua compreensão do mundo e de seu lugar nele[20] e que, ainda em 1982, pôde-se escrever que "muito da vida e do pensamento, como ainda ocorre agora, baseia-se na suposição de que Auschwitz e Hiroshima nunca aconteceram ou, se aconteceram, fizeram-no apenas como meros eventos, distantes e há muito tempo, que não precisam nos preocupar agora".[21] Sem decidir entre as hipóteses rivais, ainda podemos concordar que, por mais que houvesse um vínculo íntimo entre as ambições universais dos poderes legisladores e o domínio inconteste da razão legislativa nos discursos filosóficos e científico-sociais, há mais do que coincidência na erosão simultânea dos dois.

## Do monólogo ao diálogo

Comentando a obra de Richard Rorty (de longe a expressão mais sintomática da atual reorientação intelectual), David R. Hiley sugere que,

> na medida em que a filosofia tem um papel singular na conversação, sua função não é assegurar os fundamentos de investigação para o resto da cultura ou servir como um tribunal da razão perante o qual o resto da investigação deve ser julgado. Seu papel é meramente o de evitar que os parceiros da conversação caiam no autoengano de pensar que um acordo momentâneo é toda a verdade para sempre. O fim da filosofia não é alcançar a verdade sobre nós mesmos, mas manter a conversação em andamento, questionando constantemente o acordo atual e direcionando a conversação para novas direções.[22]

---

[20] Cf. Bauman, Zygmunt. *Modernity and the Holocaust*. Cambridge: Polity Press, 1989. [Ed. bras.: *Modernidade e holocausto*. Rio de Janeiro: Zahar, 1998.]

[21] Redner, Harry. *In the Beginning Was the Deed: Reflections on the Passage of* Faust. Berkeley: University of California Press, 1982. p.xi.

[22] Hiley, David R. *Philosophy in Question: Essays on a Pyrrhonian Theme*. Chicago: University of Chicago Press, 1988. p.145.

Essa parece ser a receita de uma filosofia turbulenta e irreverente, que faz da fusão dos sólidos e da profanação do sagrado um passatempo, que pouco se importa com a solenidade dos dirigentes, a rotina enfadonha do debate regido por regras e o domínio bestificante de programas. Ela se aproxima da descrição de Foucault do pensamento crítico como o "esforço para saber como e até que ponto pode ser possível pensar de forma diferente, em vez de legitimar o que já é conhecido";[23] o próprio Rorty descreve a filosofia que promove como um *discurso anormal*:

> O discurso normal é aquele que é conduzido dentro de um conjunto acordado de convenções sobre o que conta como uma contribuição relevante, o que conta como resposta a uma pergunta, o que conta como conhecer um bom argumento para essa resposta ou uma boa crítica a ela. O discurso anormal é o que acontece quando entra alguém no discurso que ignora essas convenções ou as deixa de lado.[24]

Mais uma vez, a filosofia se torna o passatempo dos *estranhos* de Mannheim, dessa vez não na qualidade de bobos da corte ou conselheiros reais, mas sim de rebeldes desdenhosos da etiqueta da corte, ou o autodenominado *Parsifal*, fazendo questão de permanecer ingenuamente inconscientes dos modos e meios do mundo assistidos pelo poder. O pensamento crítico de Foucault e o discurso anormal de Rorty (chamado em outros contextos de *filosofia edificante*) confinam suas ambições à corrosão das pretensões legisladoras e universalistas; eles derivam sua determinação não do desejo de "corrigir", de padronizar, de "normalizar", de "racionalizar", mas de um sentimento avassalador de solidariedade com os outros seres humanos, uma solidariedade ameaçada pela própria perspectiva de "consertar as coisas" disfarçada de promessa de libertação, pelo impulso à onipotência

---

[23] Foucault, Michel. *The Use of Pleasure*. v.2. Nova York: Pantheon Books, 1985. p.9. [Ed. bras.: *História da sexualidade*. v.2: O uso dos prazeres. Rio de Janeiro: Graal, 1984.]

[24] Rorty, Richard. *Philosophy and the Mirror of Nature*. Princeton: Princeton University Press, 1979. p.320.

da espécie-Homem, adquirido à custa da impotência dos homens e mulheres que constituem a espécie.

A partir da perspectiva dessa nova sensibilidade, tanto a filosofia moderna quanto a sociologia moderna (agora transformada em uma filosofia e uma sociologia de *ontem*) são acusadas de perseguir, por todos os meios, o alvo evasivo do discurso puramente *monológico* (na tradução memorável de Bakhtin, "o monologismo nega idealmente a presença – fora de seu próprio domínio – do outro como uma consciência igual e respondente, como o outro 'eu' (*vós*) legalmente dotado. Para a atitude monológica, em sua forma liminar ou pura, o *outro* permanece apenas um *objeto* da consciência, nunca se torna outra consciência").[25] Dois proeminentes filósofos soviéticos, Gozman e Etkind, sugeriram recentemente uma ligação íntima entre a estratégia intelectual do monologismo e a classe de programas políticos que eles apelidaram de *monofílicos*[26] – que envolve o totalitarismo como seu espécime mais vívido e liminar, acomodando as intenções e tendências ocultas, se não as práticas, de todos os regimes tipicamente modernos. A "monofilia" é marcada pela crença em uma estrutura simples e essencialmente atemporal do mundo (ou pelo menos uma redutibilidade essencial do mundo a fatores simples e unidades indivisíveis), pela convicção de que o "mundo próprio" (a sociedade justa, a boa vida, a conduta racional etc.) pode ser constituído por uma aplicação completa de um padrão dominante e decisivo e de que essa extraordinária ruptura de continuidade originada e administrada por um esforço condensado de vontade (Gozman e Etkind chamam isso de "crença em milagres") pode garantir a passagem de uma classe de fenômenos uniformes para outra. A mente monológica refletia fielmente, e por sua vez permeava, a realidade administrada pelo poder monofílico.

[25] Bakhtin, Mikhail, *Естетика словесно творчество*, op. cit., p.336.

[26] Gozman, L.; Etkind, A. Kult vlasti. *Osmyslitkult Stalina*. Moscou: Progress, 1989. p.365 et seq.

Os dois nasceram juntos e, desde o nascimento, compartilhavam vitórias e derrotas; eles se sustentavam mutuamente, trocando fórmulas que inspiravam confiança para provas invocadas de seu realismo. É seu destino permanecerem unidos em meio à crise atual, momento em que o monologismo recua diante do avanço do diálogo (acolhido ou imposto), enquanto a monofilia se rende à resiliência cada vez mais evidente do pluralismo.

A pergunta de Kurt Wolff ("Como é possível justificar fazer sociologia neste momento?") transmite o sentimento compartilhado por todos nós: o de estar em uma encruzilhada confusa e única. Não há caminho de volta, e não podemos confiar na experiência extraída de andanças passadas para nos guiar inequivocamente na escolha de um caminho ainda a ser trilhado. O conceito incômodo e pesado de pós-modernidade foi cunhado para explicar esse tipo de sentimento: o impulso que nos trouxe aqui está prestes a ser descartado, mas o que está fadado a ser descartado com ele é precisamente aquela confiança e autoconfiança de que mais precisamos para fazer a escolha que temos que fazer.

No entanto, a condição é menos dramática do que parece quando vista à luz da agora ostensivamente abandonada convicção modernista de que apenas as decisões que resistem ao teste da razão objetiva universal têm probabilidade de levar a consequências úteis e desejáveis. Ainda queremos ser guiados por princípios que gostaríamos que os outros aceitassem, mas podemos nos resignar à possibilidade (até mesmo à probabilidade) de que outros possam não os aceitar e, então, abster-nos de esforços para forçá-los a fazê-lo e nos regozijar com sua capacidade de resistir a tais esforços quando feitos. Podemos, em outras palavras, manter nossa esperança em um mundo melhor que poderia existir, bem como um compromisso de desafeição com o mundo tal como ele é e com sua *Aufhebung* fundamental, ao mesmo tempo que abandonamos o papel de tribunal e de sanção definitiva da rede de prisões, para não citar Auschwitz, o Gulag e Hiroshima.

Do alto das ambições modernistas, esse plano parece imperdoavelmente modesto. Ele não contém nenhuma referência a direitos legislativos, à reprimenda do bom senso, à verdade obrigatória e normas universalmente compulsórias (não é de admirar que gere a reação extremamente previsível da mente burocrática, treinada para pensar em termos de utilidades instrumentais: "Por que você acha que o contribuinte deveria financiar esse tipo de autoindulgência inútil?"). Em vez disso, ele nos fala da falta de fundamento universal de toda e qualquer forma de vida e adverte sobre o dano oriundo de todas as tentativas de compensar a fraqueza existencial e a realidade humana diversificada e contingente por meio da força da uniformidade coercitiva.

E dificilmente ele pode nos dizer mais alguma coisa. Trata-se, afinal, de um programa articulado dentro de uma formação discursiva notavelmente diferente daquela que acomodou o discurso sociológico ao longo da era moderna. Dessa formação discursiva, os detentores do poder, os gerentes dos processos sociais, os sonhadores da ordem artificial optaram por sair. Com eles, partiram a demanda pelos serviços legislativos da sociologia e o potencial autoautenticador do zelo normativo dos sociólogos. O lugar desocupado não precisa permanecer vago, no entanto. Para a sociologia crítica e emancipatória, esse afastamento pode significar tanto libertação quanto luto para o legislativo e o normativo. Uma nova formação discursiva (de uma sociologia *dialógica*, não *monológica*) pode muito bem ser sustentada e mantida viva pelo espírito de lealdade e de solidariedade com os semelhantes diante da realidade implacável de sua contingência e dos horrores da liberdade e da responsabilidade da escolha. A existência que sabe de sua falta de fundamento e que não acredita mais em promessas de fornecer fundamentos concretos precisa, mais do que em qualquer outro momento, de uma autocompreensão crítica e reflexiva; pode até – quem sabe? – vir a saber dessa sua necessidade. A sociologia pode então realizar, finalmente, o sonho iluminista do encontro de mentes racionais – sem recorrer aos subterfúgios pós-

-iluministas de becos sem saída ou estradas sinuosas para Auschwitz, disfarçados de atalhos para um mundo sem problemas, conflitos e mudança.

## A sociologia duplex

Pascal comentou sobre Platão e Aristóteles que, "se eles escrevessem sobre política, seria como se estabelecessem regras para um hospício de lunáticos". Hannah Arendt desvendou a piada de Pascal: "Platão claramente escreveu a *República* para justificar a noção de que os filósofos deveriam se tornar reis [...] porque [...] isso traria à comunidade aquela quietude completa, aquela paz absoluta, que certamente constitui a melhor condição para a vida dos filósofos".[27] Foram os filósofos que teceram a tela da felicidade imaginária, que contaram a história da boa sociedade que ainda não existia e da má sociedade que existia; previsivelmente, os filósofos só poderiam conceber a boa sociedade sob a forma de um mundo feito de acordo com suas próprias medidas, um mundo que considera como sua principal (talvez única) tarefa permitir que os filósofos façam, sem perturbações, o que pretendem fazer de qualquer maneira e o que, sendo filósofos, eles só podem continuar fazendo. O mundo que esquece de tal tarefa é, verdadeiramente, um hospício de lunáticos. Para torná-lo um mundo habitável, é preciso estabelecer regras e fazer que os habitantes as observem obstinadamente: se chamados a serem reis, os filósofos pretendiam fazer exatamente isso. Ou melhor, era isso que eles esperavam que um rei fizesse caso recebesse o título honorífico de filósofo. E ainda assim, se os filósofos aclamavam a paz absoluta por seu serviço à filosofia, os reis ouviam os filósofos

[27] Arendt, Hannah. *Lectures on Kant's Political Philosophy*. Ed. Ronald Beiner. Brighton: Harvester, 1982. p.22. [Ed. bras.: *Lições sobre a filosofia política de Kant*. Rio de Janeiro: Relume-Dumará, 1993.]

(se o faziam) e toleravam a filosofia (se o faziam) pelos serviços que esperavam que fossem prestados para auxiliar seus esforços para tornar a paz absoluta.

O padrão visto pela primeira vez na *República* sobreviveu até a era moderna quando, finalmente, pôde se tornar mais do que um instrumento literário, quando surgiram reis que podiam contemplar a paz absoluta como uma tarefa *prática*: eles tinham os recursos, as ferramentas e, portanto, também a vontade. A razão legislativa se encontrou com a prática dos legisladores, e as ideias se transformaram em força material. Pode ter parecido que o casamento assim consumado foi predeterminado e que o casal estava fadado a permanecer unido em matrimônio para sempre, que a filosofia e suas extensões sociocientíficas "aplicadas" eram concebidas pela natureza para servir aos criadores e guardiões da ordem. À medida que a modernidade progrediu e seu destino pós-moderno se tornou discernível, ficou cada vez mais óbvio que este não é o caso (não agora), que não é fácil torná-lo um caso (por enquanto). A questão é, no entanto, se *isso já foi o caso* – mesmo em uma época em que isso era sinceramente desejado e parecia ser verdade.

As últimas dúvidas surgem da dualidade inerente e irreparável (duas faces, duas funcionalidades) do empreendimento sociocientífico. Por um lado, a sociologia, em todas as formas e independentemente de sua fidelidade acadêmica específica, deve sempre partir de uma sociedade já presente; mesmo em sua versão nominalista, ela trata de indivíduos em seu *habitat* social, os indivíduos já "tornados humanos", isto é, *socializados*, treinados, cultos. Não se pode falar de um ser humano não social ou pré-social na linguagem da sociologia (não seriamente, apenas como um construto polêmico), pois essa linguagem é formada precisamente para articular "o social" no indivíduo e para interpretar o resto como uma matéria-prima para processamento social ou resíduo incontrolável ("sociopático"). A sociologia, portanto, queira ou não, aceita a existência socialmente produzida como uma "realidade objetiva" e admite sua autoridade para separar o real e realista do irreal e irrealista; ela a aceita como a regra de sua gramática bem antes de qualquer uma de suas declarações positivas ter sido feita. Por outro lado, porém, a sociologia não pode deixar de representar essa realidade objetiva do humano como uma *realização social*, como um artifício, como algo "menos que absoluto", algo inerente e irremediavelmente frágil, relativo, questionável e contestável, *promovido* pela sociedade e sustentado unicamente pelo trabalho e pela vigilância da sociedade (por normas e valores socialmente construídos e controlados). A sociedade, em outras palavras, é simultaneamente *promovida* pela sociologia ao *status* de padrão definitivo de conhecimento sociologicamente produzido e *rebaixada* como um fator que inevitavelmente temporaliza e localiza todos os padrões do conhecimento válido.

As duas mensagens da sociologia não podem mais ser separadas e apartadas, assim como ocorre com as duas faces de uma moeda. Cada uma só é possível graças à presença da outra; cada uma sustenta e reforça a outra. Assim, a sociologia pode "ficar do lado" dos planejadores e guardiões da ordem social apenas em seus próprios termos – os termos que os destinatários de seus serviços detentores do poder devem achar desconfortáveis e potencialmente ameaçadores, qualquer que seja o zelo verbal com o qual a aliança é oferecida. Por mais forte que seja a afirmação da presente naturalidade da ordem social, ela não pode ser feita sem despertar o espectro de sua artificialidade passada (e, assim, questionar *a priori* a identidade da ordem presentemente natural como a "ordem como tal", como a única forma que "o outro do caos" pode assumir). A sociologia, pode-se dizer, pode ajudar a ordem existente da sociedade apenas a enfraquecendo, convidando e legitimando sua crítica e espalhando a mensagem (longe de ser mensagem explícita; trata-se de uma suspeita) de sua não invencibilidade.

A inerente dualidade do empreendimento sociológico foi apreendida e expressa de várias maneiras diferentes. Na maioria das vezes, como a suposta escolha entre um engajamento "conservador" e um engajamento "progressista", entre um compromisso com o reforço das condições externas e socialmente geridas da vida individual – tornando a conduta individual mais regular e previsível (portanto, protegendo a ordem social em detrimento da liberdade individual) – e o compromisso com a ampliação do autoconhecimento individual e da escolha consciente – tornando a conduta individual mais voluntária e imprevisível (promovendo, assim, a liberdade individual em detrimento da capacidade de gerenciamento da ordem social). Mas a sociologia não tem essa escolha – não em relação à "sociedade como um todo", à sociedade como um sistema global, administrado e gerenciado. Ela não pode realizar um dos dois trabalhos sem gerar conhecimentos que podem ser, pelo menos potencialmente, empregados na realização do outro. Para dizer ainda mais claramente, a sociologia não pode adotar ou rejeitar a seu bel-prazer a teoria crítica ou a prática. A sociologia não pode deixar de ser crítica, isto é, fornecer material passível de usos críticos. E o contrário também é verdadeiro: é difícil imaginar uma crítica sociológica que não pudesse, em princípio, ser utilizada para fortalecer o domínio das instituições sociais existentes ou futuras.

O lento declínio e o rápido descrédito dos projetos de engenharia global, tradicionalmente mantidos pelo Estado nacional empenhado na instalação e manutenção de uma ordem social global, podem muito bem neutralizar a controvérsia "conservador-radical". As duas funções da sociologia têm agora campos de aplicação que não entram em contato direto. As organizações de grande porte (ainda os recipientes em potencial da sabedoria gerencial da sociologia) rejeitam enfaticamente a responsabilidade pela gestão da ordem social, pois estão felizes em "racionalizar" seu próprio ambiente interno e estritamente confinado. A ordem global se dividiu em muitas miniordens locais, parciais, funcionalmente específicas e policiadas de forma privada. Isso deixa aos indivíduos, que estão conduzindo seus negócios da vida nos interstícios de tais ordens parciais, a *possibilidade* de autoconstrução e autogestão (mas uma oportunidade que deve ser *necessariamente* abraçada). Por mais rigorosamente administrada que seja cada uma das muitas miniordens que se combinam no cenário do processo de vida individual, esse cenário (pela falta de coordenação global expressa em uma fórmula unificadora do tipo *Weltanschauung*) parece ser, para o indivíduo, incuravelmente contingente, uma arena de liberdade e de incerteza, escolha e inconclusão. Os interesses gerenciais na simplificação de seus próprios enclaves de ordem e os interesses de automonitoramento dos indivíduos (isto é, fora dos papéis subordinados que estes últimos podem desempenhar meio período em uma ou outra das miniordens) não estão em competição e não estão empenhados em extinguir ou mesmo constranger uns aos outros. Ao contrário, eles estão ligados em uma relação de dependência e reforço mútuos.[28]

Assim, as duas faces da sociologia não estão voltadas agora para direções opostas e mutuamente hostis, e essa nova situação repercute na redução da tensão interna que incomodou o empreendimento sociológico durante a era moderna. As duas mensagens/serviços da sociologia não parecem colidir de forma tão dissonante e fatal como antes. Desde que a disputa moderna "Estado *versus* indivíduo" que forjou a sociologia como tal diminuiu e perdeu parte de seu veneno passado, a própria sociologia começa a parecer muito menos demoníaca do que costumava ser. Ela não é mais objeto de reivindicações territoriais contraditórias; as reivindicações que ainda são feitas são mais um tributo à memória de batalhas passadas do que frutos de preocupações atuais. Elas incitam apenas uma oposição hesitante e indiferente.

---

[28] Como Peter F. Drucker observou recentemente, a administração se tornou agora "abrangente", penetrando em todos os cantos da vida social e individual e se transformando na maneira de agir e fazer. Sob essas condições, "os problemas verdadeiramente importantes que os gerentes enfrentam não vêm da tecnologia ou da política. Eles não se originam fora da administração e da empresa. São problemas causados pelo próprio sucesso da gestão em si" (*The New Realities*. Londres: Mandarin, 1990. p.214 et seq.). [Ed. bras.: *As novas realidades*. São Paulo: Pioneira, 1997.]

Os guardiões das miniordens e os indivíduos abandonados às tarefas de autoconstrução desenvolveram interesses velados em *serviços gerenciais*; em uma espécie de conhecimento confiável e prático que poderia ser empregado na elaboração de projetos realistas para torná-los efetivos. As duas demandas colocam os sociólogos, como autoproclamados provedores de tais serviços, em um campo de especialização semelhante. As duas aplicações do conhecimento especializado (na gestão e na autogestão) podem diferir em escala, mas não em essência. Elas não têm propósitos opostos, pois as tarefas para as quais são direcionadas são mutuamente funcionais e complementares. Além disso, a natureza do serviço sofreu uma mudança profunda. O conhecimento que se espera que seja gerado não deve ser forjado segundo o padrão da razão legislativa. Ele deve ser, na verdade, um conhecimento *interpretativo*, de "construção de sentido", de "mapeamento do mundo", que resulta em um ambiente mental no qual decisões são tomadas e a liberdade de escolha é exercida.

Em outras palavras, a porta pela qual a sociologia entra tanto na vida social quanto na individual é a do automonitoramento. O nosso mundo é autorreflexivo (como Anthony Giddens demonstrou com grande eficácia);[29] a autorreflexão – que monitora o resultado da ação passada, revisa o plano de acordo com o resultado da reflexão, redesenha o mapa da situação conforme ela vai mudando durante o percurso e sob a influência da ação –, a reavaliação dos propósitos originais – e a adequação dos meios originalmente selecionados – e, acima de tudo, uma reavaliação contínua dos valores e estratégias plurais e descoordenadas substituíram, em grande medida, o impulso determinista da tradição, tanto no nível organizacional quanto

[29] Anthony Giddens, *Consequences of Modernity*. Cambridge: Polity Press, 1990 [ed. bras.: *As consequências da modernidade*. São Paulo: Editora Unesp, 2002], mas também *Modernity and Self-identity*. Oxford: Polity Press, 1991. [Ed. bras.: *Modernidade e identidade*. Rio de Janeiro: Zahar, 2003.]

no nível individual. A nova situação molda suas próprias demandas por uma especialização sociocientífica. Ela requer uma sociologia que reflita sua própria estrutura, isto é, uma sociologia como uma atividade flexível e autorreflexiva de interpretação e reinterpretação, como uma *narrativa* contínua sobre o processo multicêntrico de interação entre os agentes relativamente autônomos mas parcialmente dependentes (sendo a dependência e a autonomia elas próprias apostas importantes do jogo). A autorreflexividade e a consequente flexibilidade da narrativa sociológica por si só facilitam a atividade de automonitoramento, pois demonstram na prática (mesmo que não em teoria) a *não exclusividade* de qualquer uma das interpretações conflitantes, a ausência de um único ponto de vista *autorizado* a partir do qual pronunciamentos inequívocos e universalmente irrevogáveis podem ser feitos e a interpenetração e interalimentação mútuas de interpretações e os ostensivos objetos que elas geram enquanto fingem refletir.

Pode-se dizer que o entrelaçamento e a simultaneidade (em vez da oposição e separação funcional, bem como temporal) do "desligamento e envolvimento" de Elias ou da "rendição e captura" de Wolff se tornaram agora uma perspectiva mais realista para a sociologia do que em qualquer outra época de sua história. É por causa desse entrelaçamento que a sociologia, pelo menos dessa vez, não precisa de *protrépticos*, que ela não precisa se desculpar por sua presença no mundo nem justificar seu direito de permanecer nele.

# 4
# Existe uma sociologia pós-moderna?

Por que precisamos do conceito de "pós-modernidade"? À primeira vista, ele é redundante. Na medida em que pretende captar e articular o que há de novo no atual estágio da história ocidental, ele se legitima em termos de um trabalho que já foi realizado por outros conceitos mais bem estabelecidos – como os de sociedade "pós-capitalista" ou "pós-industrial". Esses são conceitos que serviram bem ao propósito: eles aguçaram nossa atenção para o que é novo e descontínuo e ofereceram um ponto de referência para contra-argumentos em favor da continuidade.

Portanto, seria o advento da ideia de "pós-modernidade" um convite para refazer ou simplesmente repetir um velho debate? Ele significaria apenas um cansaço bastante natural que um debate prolongado e inconclusivo gera? Ele seria apenas uma tentativa de injetar novo entusiasmo em um passatempo cada vez mais tedioso (como Gordon Allport uma vez disse, nós, cientistas sociais, nunca resolvemos problemas, apenas nos aborrecemos com eles)? Se esse for o caso, não vale a pena se debruçar sobre a ideia de "pós-modernidade", e é exatamente isso que muitos cientistas sociais experientes sugerem.

As aparências são, no entanto, enganosas (e os defensores e os detratores da ideia de "pós-modernidade" são ambos culpados pela confusão). O conceito de "pós-modernidade" pode muito bem capturar e articular um tipo de novidade bem diferente do que aquelas que os conceitos mais antigos, aparentemente semelhantes, acomodavam e teorizavam. Ele pode legitimar seu direito de existir – seu valor cognitivo – apenas se fizer exatamente isso: se gerar um discurso sociocientífico que teorize diferentes aspectos da experiência contemporânea ou os faça de maneira diferente.

Afirmo que o conceito de "pós-modernidade" tem um valor inteiramente próprio na medida em que busca capturar e articular a nova experiência de apenas uma categoria social, mas uma categoria crucial da sociedade contemporânea: os intelectuais. Sua nova experiência – isto é, a reavaliação de sua própria posição na sociedade, a reorientação da função coletivamente executada e suas novas estratégias.

Antonio Gramsci chamou de "intelectuais orgânicos" de determinada classe a parte da elite educada que elaborou a autoidentidade da classe, os valores instrumentais para a defesa e valorização de sua posição dentro da sociedade, uma ideologia que legitima suas reivindicações de autonomia e de dominação. Pode-se discutir em que medida os "intelectuais orgânicos" de Gramsci (1971) de fato responderam a essa descrição; em que medida estavam ocupados pintando seus próprios retratos idealizados, em vez dos retratos de seus modelos ostensivos; em que medida as semelhanças de todas as outras classes representavam (sem saber, com certeza) os anseios dos pintores por condições favoráveis e propícias para o tipo de trabalho para o qual os intelectuais estavam mais bem preparados e que estavam mais dispostos a fazer. No discurso da "pós-modernidade", entretanto, o disfarce usual é descartado. Os participantes do discurso aparecem no papel de "intelectuais orgânicos" dos próprios intelectuais. O conceito de "pós-modernidade" faz sentido na medida em que representa essa "saída" dos intelectuais.

A outra maneira de colocar isso é dizer que o conceito de "pós-modernidade" conota a nova autoconsciência dos "intelectuais" –

essa parte da elite educada que se especializou na elaboração de princípios, no estabelecimento de padrões, na formulação de tarefas sociais e critérios de seu sucesso ou fracasso. Como pintores, romancistas, compositores e, em grau cada vez maior, os cientistas antes deles, esses intelectuais passaram a focar sua atenção em suas próprias habilidades, técnicas e matérias-primas, que se transformam de meios tacitamente presentes em um objeto consciente de autoperfeição e refinamento e o tema suficiente e verdadeiro do trabalho intelectual.

Essa implosão da visão intelectual, esse "cair em si mesmo", pode ser vista como um sintoma de retração e de rendição ou um sinal de amadurecimento. Seja qual for a avaliação do fato, ele pode ser interpretado como uma resposta ao crescente sentimento de fracasso, inadequação ou irrealismo das funções e ambições tradicionais, sedimentadas na memória histórica e institucionalizadas no modo de existência intelectual. No entanto, foi esse mesmo sentimento de fracasso que tornou visíveis as ambições e as funções.

A "pós-modernidade" proclama a perda de algo que não sabíamos possuir até sabermos que o perdemos. Essa visão da "modernidade" passada que o discurso da "pós-modernidade" gera é composta inteiramente de ansiedades e desconfortos atuais, como um modelo de universo no qual essas ansiedades e esses desconfortos não poderiam surgir (muito parecido com a visão de "comunidade" sobre o qual Raymond Williams (1975) disse que "sempre existiu"). O conceito de "modernidade" tem hoje um conteúdo bem diferente daquele que tinha antes do início do discurso "pós-moderno"; não faz muito sentido perguntar se é verdadeiro ou distorcido ou contestar a forma como é tratado dentro do debate "pós-moderno". Ele está situado nesse debate, ele extrai seu sentido desse debate e só faz sentido em conjunto com o outro lado da oposição, o conceito de "pós-modernidade", como aquela negação sem a qual este último conceito não teria significado. O discurso "pós-moderno" gera seu próprio conceito de "modernidade", constituído da presença de todas aquelas coisas cuja ausência o conceito de "pós-modernidade" representa.

A ansiedade que deu origem ao conceito de "pós-modernidade" e à imagem correlata da "modernidade" passada é reconhecidamente difusa e mal definida, mas ainda assim bastante real. Ela nasce do sentimento de que o tipo de serviços que os intelectuais estiveram historicamente mais bem preparados para oferecer, e dos quais eles derivaram seu senso de importância social, não são hoje fáceis de fornecer e que a demanda por tais serviços é, de qualquer forma, muito menor do que se esperaria. É esse sentimento que leva a uma "crise de *status*", um reconhecimento de que a reprodução do *status* que os intelectuais se acostumaram a ver como seu por direito agora precisaria de muito repensar, bem como da reorientação de práticas habituais.

Os serviços em questão equivalem ao fornecimento de uma solução autorizada para as questões de verdade cognitiva, de julgamento moral e de gosto estético. Não é preciso dizer que a importância desses serviços é reflexo do tamanho e da importância de sua demanda; com a retração da última, sua *raison d'être* fica corroída. Por sua vez, a demanda em questão extrai sua importância da presença de forças sociais, que precisam da autoridade de juízos cognitivos e normativos como a legitimação de sua dominação real ou almejada. Deve haver tais forças, elas devem precisar de tal legitimação, e os intelectuais devem manter o monopólio de sua provisão. A "crise de *status*", ou melhor, aquele vago sentimento de ansiedade que pode servir como uma interpretação plausível, pode ser compreendida se for levado em conta o enfraquecimento das condições de *status* intelectual em pelo menos três aspectos cruciais.

Em primeiro lugar, a erosão avançada dessa estrutura global de dominação, que – na época em que nasceram os intelectuais modernos – forneceu a "evidência da realidade" a partir da qual foi construída a autoconfiança do Ocidente e de seus porta-vozes. A superioridade do Ocidente permaneceu autoevidente por quase três séculos. Ela não era, por assim dizer, uma questão de comparação sem propósito. A era da modernidade foi marcada por uma superioridade ativa: parte do mundo intitulava o resto de inferior – seja como uma "matéria-prima" bruta, ainda não processada, que precisava de limpeza e refinamento, ou como uma relíquia do passado que ainda existia temporariamente. O que quer que não pudesse ser elevado aos padrões superiores estava claramente destinado a uma existência de subordinação. As práticas ocidentais definiam o resto como uma substância flexível ou maleável ainda a ser moldada. Essa superioridade ativa significava o direito do superior de fazer proselitismo, de projetar a forma de vida adequada para os outros, de se recusar a outorgar autoridade aos modos de vida que não se ajustavam a esse projeto.

Tal superioridade poderia permanecer autoevidente enquanto a autoridade negada não mostrasse sinais de se reafirmar e os projetos parecessem irresistíveis. Uma dominação histórica poderia interpretar a si mesma como universal e absoluta desde que acreditasse que o futuro assim o provaria; a universalidade do modo ocidental (o caráter absoluto da dominação ocidental) parecia de fato apenas uma questão de tempo. As bases da certeza e da autoconfiança não poderiam ser mais fortes. A realidade humana parecia de fato sujeita a leis inabaláveis, e os valores mais fortes ("progressistas") pareciam destinados a suplantar ou a erradicar os mais fracos ("retrógrados", ignorantes, supersticiosos). Foi essa certeza historicamente dada, fundamentada na inconteste superioridade de forças voltadas para a dominação universal, que foi articulada, na perspectiva do modo intelectual, como a universalidade dos padrões de verdade, de julgamento e de gosto. A estratégia que tal articulação legitimou era a de suprir as forças voltadas para a dominação universal e ativa, com projetos ditados pela ciência, pela ética e pela estética universais.

A certeza de outrora é agora, na melhor das hipóteses, ridicularizada como ingenuidade e, na pior, castigada como etnocêntrica. Ninguém, exceto o mais fanático dos obstinados, acredita hoje que o modo de vida ocidental, seja o real ou o idealizado ("utopizado") no modo intelectual, tem mais do que uma pequena chance de sucesso de se tornar universal. Nenhuma força social (incluindo aquelas que possivelmente hoje visam à dominação global) está visivelmente empenhada em torná-lo universal. A busca por padrões universais se tornou repentinamente sem fundamento; não existe um "agente histórico" convincente ao qual as descobertas possam ser dirigidas e confiadas. A impraticabilidade corrói o interesse. A tarefa de estabelecer padrões universais de verdade, de moralidade e de gosto não parece tão importante. Sem o apoio da vontade, ela agora parece equivocada e irreal.

Em segundo lugar, mesmo os poderes localizados, desprovidos de ambições ecumênicas, parecem menos receptivos aos produtos do discurso intelectual. A época em que os intelectuais modernos nasceram foi um período de grandes "abalos": tudo o que era sólido se desmanchava no ar, tudo o que era sagrado era profanado. O Estado absolutista recém-nascido não enfrentou a tarefa de arrancar o poder de mãos velhas e cansadas; ele teve de criar um tipo inteiramente novo de poder *societal*, capaz de carregar o fardo da integração social. A tarefa envolvia aniquilar os mecanismos de reprodução social baseados em tradições comunais. Sua atuação assumiu a forma de uma "cruzada cultural", isto é, a destruição prática das bases comunais do poder social e a deslegitimação teórica de sua autoridade. Diante de tais tarefas, o Estado precisava desesperadamente de "legitimação" (esse é o nome dado ao discurso intelectual quando considerado a partir da perspectiva de sua aplicação política voltada para o poder).

*Mais où sont les croisades d'antan?* A dominação política atual pode se reproduzir usando meios mais eficientes e menos custosos do que a "legitimação". A "legitimação legal-racional" de Weber – um ponto muito raramente abordado – é, em sua essência, uma declaração da redundância da legitimação. O Estado moderno é eficaz sem autoridade, ou melhor, sua eficácia depende em grande parte de tornar a autoridade irrelevante. Já não importa, para a eficácia do poder de Estado e para a reprodução da dominação política em geral, se a área social sob domínio é culturalmente unificada e uniforme ou quão idiossincráticos são os valores que os setores dessa área podem defender.

A arma da legitimação foi substituída por duas armas mutuamente complementares: a da *sedução* e a da *repressão*. Ambas necessitam de especialistas intelectualmente treinados e, de fato, ambas desviam, acomodam e domesticam uma parcela cada vez maior da elite educada. Nenhuma das duas tem espaço para ou necessidade daqueles intelectuais "centrais" cuja especialidade é a "legitimação", ou seja, fornecer provas de que o que está sendo feito é universalmente correto e absolutamente verdadeiro, moral e belo.

A sedução é a principal ferramenta de integração (da reprodução da dominação) em uma sociedade de consumo. Isso é possível quando o mercado consegue tornar os consumidores dependentes dele. A dependência do mercado é alcançada por meio da destruição de habilidades (técnicas, sociais, psicológicas, existenciais) que não implicam o uso de mercadorias comercializáveis; quanto mais completa a destruição, mais necessárias se tornam as novas habilidades que apontam organicamente para os utensílios fornecidos pelo mercado. A dependência do mercado é garantida e se autoperpetua uma vez que homens e mulheres, agora consumidores, não podem prosseguir com os negócios da vida sem se sintonizar com a lógica do mercado. A muito debatida "criação de necessidades" pelo mercado significa, em última instância, a criação da necessidade do mercado. As novas habilidades técnicas, sociais, psicológicas e existenciais dos consumidores só podem ser praticadas em conjunto com mercadorias comercializáveis; a racionalidade passa a significar a capacidade de tomar decisões certas de compra, enquanto o desejo de certeza é gratificado pela convicção de que as decisões tomadas foram de fato certas.

A repressão representa o poder "panóptico", mais bem descrito por Foucault (1977). Ela emprega vigilância, visa à arregimentação do corpo e é difusa (tornada invisível) nas numerosas institucionalizações do conhecimento baseado na especialização. A repressão como ferramenta de dominação-reprodução não foi abandonada com o advento da sedução. Seu tempo não acabou e o fim de sua utilidade não está no horizonte, por mais opressora e eficaz que a sedução possa se tornar. É a presença contínua e tangível da repressão como alternativa viável que torna a sedução inquestionável. Além disso, a repressão é indispensável para atingir as áreas que a sedução não pode e não pretende atingir; ela continua sendo a ferramenta suprema de subordinação da margem considerável da sociedade que não pode ser absorvida pela dependência ao mercado e que, portanto, em termos de mercado, consiste em "não consumidores". Esses "não consumidores" são pessoas reduzidas à satisfação de suas necessidades elementares, pessoas cujos negócios da vida não transcendem o horizonte da sobrevivência. Os bens que servem a este último propósito não são, via de regra, atraentes como mercadoria em potencial; eles atendem a necessidades sobre as quais o mercado não tem controle e, portanto, enfraquecem a dependência ao mercado em vez de fortalecê-la. A repressão remodela a falta de atratividade do mercado da existência não consumidora sob a forma de falta de atratividade das alternativas à dependência ao mercado.

A sedução e a repressão entre eles tornam a "legitimação" redundante. A estrutura de dominação pode agora ser reproduzida, de maneira cada vez mais eficaz, sem recorrer à legitimação e, portanto, sem recorrer aos intelectuais que fazem do discurso de legitimação sua especialidade. A "crise de legitimação" de Habermas (1976) faz sentido, em última análise, como a percepção intelectual da "crise" causada pela irrelevância cada vez mais evidente da legitimação.

A crescente irrelevância da legitimação coincidiu com a crescente liberdade do debate intelectual. Suspeita-se que se trata de mais do que uma coincidência. É a indiferença por parte do poder político que torna a liberdade do trabalho intelectual possível. A indiferença, por sua vez, emerge da falta de interesse, e a liberdade intelectual é possível porque o poder político se libertou de sua antiga dependência da legitimação. É por isso que a liberdade, indissociável da irrelevância, não é recebida pelos intelectuais com entusiasmo absoluto, ainda mais que a patronagem política do passado fez que uma parte considerável do trabalho intelectual crescesse de forma a torná-lo dependente da continuação de tal patronagem.

Entretanto, o que mais impede os intelectuais de se regozijarem é a constatação de que a retirada das forças do governo não significa necessariamente que o território desocupado passará a ser seu domínio inconteste. O território ao qual o Estado renunciou será provavelmente tomado por poderes sobre os quais os intelectuais têm ainda menos domínio do que desfrutaram em seu romance com a política.

O território em questão é o da cultura. A cultura é uma área da vida social definida (talhada) de forma a reafirmar a função social reivindicada pelos intelectuais. Não se pode sequer explicar o significado do conceito sem fazer referência à "incompletude" humana, à necessidade dos professores e, em geral, das "pessoas que sabem" de compensar essa incompletude e de uma visão da sociedade como uma contínua sessão de "ensino". A ideia de cultura, em outras palavras, atribui ao conhecimento o papel de poder e, ao mesmo tempo, legitima esse poder. A cultura implica o poder da elite educada e o conhecimento como poder; ela denota mecanismos institucionalizados desse poder – a ciência, a educação, as artes.

Alguns desses mecanismos, ou algumas áreas de sua aplicação, permanecem relevantes para as funções repressivas do Estado ou para as tarefas decorrentes do papel do Estado na reprodução da sociedade de consumo (reprodução de condições para a integração-por-meio-da-sedução). Nesse caso, o Estado atua como protetor-censor, fornecendo recursos, mas se reservando o direito de decidir sobre as tarefas e o valor de seus resultados. O papel misto do Estado repercute em uma reação mista da elite educada. As demandas por mais recursos estatais se misturam aos protestos contra a interferência burocrática. Não faltam pessoas educadas dispostas a servir nem críticas à subserviência.

Alguns outros mecanismos, ou algumas outras áreas de sua aplicação, não possuem tal relevância. Eles são, via de regra, "subfinanciados", mas, por outro lado, sofrem pouca interferência política. Eles são livres. Mesmo o mais iconoclasta de seus produtos não consegue despertar a ira pretendida das classes dominantes e, na maioria dos casos, é recebido com uma equanimidade devastadora. Desafiar os valores capitalistas causa pouca comoção na medida em que a dominação capitalista não depende da aceitação de seus valores. No entanto, a liberdade *da* interferência política não resulta em liberdade *para* a criatividade intelectual. Um novo protetor-censor preenche o vazio deixado pela retirada do Estado: o mercado.

Esse é o terceiro aspecto em que o *status* intelectual é visto como enfraquecido. Quaisquer que sejam suas outras ambições, os intelectuais modernos sempre viram a cultura como sua propriedade privada; eles a fizeram, eles viveram nela, até lhe deram o nome. A expropriação desse terreno em particular é a que mais machuca. Ou será que foi de fato uma expropriação? Certamente os intelectuais nunca controlaram o consumo "popular" de produtos culturais. Quando se sentiram firmemente no controle, eles viram a si próprios como membros do círculo de "consumidores de cultura", o que, no sentido que teriam reconhecido, provavelmente era significativo, embora pequeno. Só agora o círculo de pessoas ansiosas para se juntar ao jogo do consumo cultural cresceu em proporções inéditas – tornou-se verdadeiramente "massivo". O que machuca, portanto, não é tanto uma expropriação, mas o fato de os intelectuais não serem convidados a ficar à frente dessa expansão impressionante. Em vez disso, são os proprietários de galerias, os editores, os gerentes de TV e outros "capitalistas" ou "burocratas" que estão no controle. A ideia foi arrancada das cabeças intelectuais e, tal qual um verdadeiro aprendiz de feiticeiro, colocada em ação de forma que os sábios não têm poder.

Em outro sentido, porém, o que aconteceu é verdadeiramente uma expropriação, e não apenas um "roubo de lucros". No início da era moderna, as forças intelectuais foram mobilizadas (ou automobilizadas) para o gigantesco trabalho de conversão – a cruzada cultural que envolveu uma completa reformulação ou desenraizamento da totalidade das formas de vida até então reproduzidas autonomamente. O projeto estava voltado para o crescimento do Estado absolutista moderno e para sua crítica necessidade de legitimação. Pelas razões mencionadas anteriormente, esse não é mais o caso. As formas nativas de vida, entretanto, não retornaram à reprodução autônoma; há outros que gerem esse processo – agentes do mercado, desta vez, e não da academia. Não é de admirar que os antigos guarda-caças vejam os novos como caçadores ilegais. Antes empenhados na aniquilação dos costumes populares "rudes, supersticiosos, ignorantes e bestiais", eles agora lamentam a transformação imposta da "verdadeira cultura popular" em uma cultura de "massa". O debate da cultura de massa tem sido o lamento dos guarda-caças expropriados.

O futuro também não promete melhorias; a potência das forças de mercado continua a crescer, seu apetite parece crescer ainda mais rápido e, para uma parcela cada vez maior da elite educada, a estratégia "se não pode vencê-los, junte-se a eles" ganha popularidade. Agora se sente que até mesmo as áreas do domínio intelectual ainda fora do alcance das forças de mercado estão sob ameaça. Foram os intelectuais que impressionaram a outrora incrédula população sobre a necessidade de educação e o valor da informação. Aqui também o seu sucesso se transforma em sua queda. O mercado está muito ansioso para satisfazer a necessidade e suprir o valor. Com a oferta da nova tecnologia (eletrônica) "faça você mesmo", o mercado colherá uma rica safra da crença popular de que a educação é um dever humano e (qualquer) informação é útil. O mercado alcançará, assim, aquilo por que os educadores intelectuais lutaram em vão: transformar o consumo de informações em um passatempo prazeroso e divertido. A educação tornar-se-á apenas uma das muitas variantes de auto-diversão. Ela atingirá o auge de sua popularidade e o mínimo de seu valor segundo as medições feitas seguindo os padrões originais criados por intelectuais.

De alguma forma, se não totalmente, os três desenvolvimentos apresentados vão no sentido de explicar esse sentimento de ansiedade, deslocamento, perda de direção que, como sugiro, constitui o verdadeiro referente do conceito de "pós-modernidade". Via de regra, entretanto, os intelectuais tendem a articular sua própria situação societal e os problemas que ela cria como uma situação da sociedade como um todo e seus problemas sistêmicos ou sociais. A maneira como se articula a passagem da "modernidade" à "pós-modernidade" não é exceção. Desta vez, porém, aqueles que a articulam não se escondem tão completamente como no passado atrás do papel de "intelectuais orgânicos" de outras classes; e o fato de que eles agem como "intelectuais orgânicos de si mesmos" é evidente ou muito mais fácil de descobrir. As definições tanto de "modernidade" quanto de "pós-modernidade" se referem abertamente a características das respectivas situações sociais, uma vez que elas têm importância direta e crucial para o *status*, o papel e a estratégia do intelectual.

A principal característica atribuída à "pós-modernidade" é, portanto, o permanente e irredutível *pluralismo* de culturas, as tradições comunais, as ideologias, as "formas de vida" ou os "jogos de linguagem" (a escolha de itens que são "plurais" varia de acordo com a fidelidade teórica); ou a consciência e o reconhecimento desse pluralismo. As coisas que são plurais no mundo pós-moderno não podem ser arranjadas em uma sequência evolutiva, nem serem vistas como estágios inferiores ou superiores umas às outras, nem podem ser classificadas como soluções "certas" ou "erradas" para problemas comuns. Nenhum conhecimento pode ser avaliado fora do contexto da cultura, da tradição, do jogo de linguagem etc. que o torna possível e o dota de significado. Portanto, não há critérios de validação disponíveis que possam ser justificados "fora de contexto". Sem padrões universais, o problema do mundo pós-moderno não é como globalizar a cultura superior, mas como assegurar a comunicação e o entendimento mútuo entre as culturas.

Vista a partir dessa perspectiva "mais recente", a "modernidade" parece, em retrospecto, uma época em que o pluralismo ainda não era uma conclusão precipitada ou uma época em que a inerradicabilidade do pluralismo não era devidamente reconhecida. Portanto, a substituição de um padrão "supracomunal" de verdade, de julgamento e de gosto pela diversidade de padrões locais (e, portanto, inferiores) poderia ser contemplada e almejada como uma perspectiva viável. O relativismo do conhecimento pode ser percebido como um incômodo, e um incômodo que é temporário. Poderiam ser buscados meios – na teoria e na prática – para exorcizar o fantasma do relativismo de uma vez por todas. O fim do paroquialismo das opiniões e dos modos de vida humanos estava próximo. Esta pode ser uma chance – antes real, depois perdida. Ou pode ser uma ilusão desde o início. No primeiro caso, a pós-modernidade significa o fracasso da modernidade. No segundo caso, significa um passo à frente. Em ambos os casos, significa abrir os olhos para a futilidade dos sonhos modernos de universalismo.

O leitor notará que estou definindo "modernidade" a partir da perspectiva da experiência da "pós-modernidade" e não vice-versa; todas as tentativas de fingir que procedemos na direção oposta nos levam a acreditar erroneamente que o que enfrentamos no debate atual é uma articulação da lógica do "processo histórico", em vez de uma reavaliação do passado (incluindo a imputação de um "*télos*" do qual o passado, enquanto era presente, não tinha conhecimento). Se o conceito de "pós-modernidade" não tem outro valor, ao menos tem este: ele fornece uma perspectiva nova e externa a partir da qual alguns aspectos desse mundo que surgiram após o Iluminismo e a

Revolução Capitalista (os aspectos não visíveis ou com importância secundária quando observados de dentro do processo inacabado) ganham destaque e podem se transformar em questões centrais do discurso.

O leitor notará também que estou tentando definir ambos os conceitos de oposição de modo a tornar sua distinção mútua independente da questão "existencial": se são as "condições reais" que diferem ou sua percepção. A meu ver, o par de conceitos em discussão é importante antes de tudo (talvez até apenas) no contexto da autoconsciência dos intelectuais e em relação à maneira como os intelectuais percebem sua localização social, tarefa e estratégia. Isso não diminui a relevância dos conceitos. Pelo contrário, no que diz respeito à situação da "cultura ocidental", a maneira como os dois conceitos são definidos aqui os apresenta como possivelmente a oposição mais embrionária entre aquelas articuladas para captar a tendência de mudança social em nossos tempos.

A mudança de humor, de clima intelectual, de autocompreensão etc. implicada por aquela ansiedade vaga porém real que a proposição do "advento da pós-modernidade" tenta capturar tem, de fato, consequências de longo alcance para a estratégia do trabalho intelectual em geral – e para a sociologia e a filosofia social em particular. Isso tem um impacto poderoso mesmo nas formas "tradicionais" de conduzir o empreendimento do estudo social. Não há necessidade alguma de os antigos procedimentos serem rescindidos ou paralisados. Pode-se facilmente declarar que toda a ideia de "pós-modernidade" é uma farsa, que os obituários da "modernidade" são prematuros, que a necessidade de reorientar o próprio projeto é inexistente – e teimosamente ir aonde se foi antes e aonde seus ancestrais queriam ir. Pode-se dizer que encontrar os padrões firmes e inabaláveis do verdadeiro conhecimento, a verdadeira interpretação, a moralidade defensável, a arte genuína etc. ainda é uma tarefa válida e principal. Não há nada que impeça alguém de fazer exatamente isso. No vasto domínio da academia, há um amplo espaço para todos os tipos de atividades especializadas, e a maneira como essas atividades foram historicamente institucionalizadas as torna praticamente imunes a pressões que não podem ser traduzidas nas variáveis de seus próprios sistemas internos; tais atividades têm seu próprio ímpeto; sua dinâmica está sujeita apenas à lógica interna; elas produzem o que são capazes de produzir, e não o que lhes é requerido ou solicitado; ao mostrar suas próprias medidas de sucesso administradas internamente como sua legitimação, elas podem continuar se reproduzindo indefinidamente. Isso é particularmente verdade em relação a atividades de natureza marcadamente filosófica; elas não requerem nenhum fornecimento externo de recursos, exceto os salários de seus perpetradores, e, portanto, são menos vulneráveis às terríveis consequências da retirada do reconhecimento social.

Mesmo com sua autorreprodução segura, no entanto, as formas tradicionais de filosofar enfrentam hoje desafios que devem repercutir em suas preocupações. Elas são agora pressionadas a legitimar seu propósito declarado – algo que em geral costumava ser tido (pelo menos desde Descartes) como certo. Por quase três séculos, o relativismo foi o *malin génie* da filosofia europeia, e qualquer um suspeito de não proteger sua doutrina dele com força suficiente era responsabilizado e forçado a se defender de acusações cuja natureza horrível ninguém questionava. Agora a situação se inverteu e os que buscam os padrões universais precisam provar a natureza criminosa do relativismo; são eles agora que são pressionados a justificar seu ódio ao relativismo e a se livrar das acusações de dogmatismo, etnocentrismo, imperialismo intelectual ou qualquer outra coisa que seu trabalho pareça implicar quando observado a partir de posições relativistas.

Menos filosóficas, as variedades dos estudos sociais tradicionais que mais tendem ao empirismo são ainda menos afortunadas. A sociologia empírica moderna se desenvolveu em resposta à demanda do Estado moderno visando à "administração total" da sociedade. Com o capital envolvendo o resto da sociedade em seus papéis de trabalho e o Estado responsável pela tarefa de "remercadorizar" tanto o capital quanto o trabalho – e assim garantir a continuação de tal engajamento –, o Estado precisava de um grande aparato de "gestão social" e uma enorme oferta de conhecimento especializado para executá-la. Os métodos e as habilidades da sociologia empírica foram adequados para essa demanda e para as oportunidades dela decorrentes. As tarefas de gestão social eram de grande escala, assim como os fundos alocados para seu desempenho. A sociologia se especializou, portanto, em desenvolver habilidades para uso na pesquisa estatística de massa, em coletar informações sobre as "tendências de massa" e as medidas administrativas que provavelmente redirecionariam, intensificariam ou restringiriam tais tendências. Uma vez institucionalizadas, as habilidades à disposição dos sociólogos empíricos definiram o tipo de pesquisa que eles são capazes de projetar e realizar. Seja lá o que for esse tipo de pesquisa, ele invariavelmente requer enormes fundos – e, portanto, uma rica instituição burocrática que deseje fornecê-los. A desvinculação progressiva do capital em relação ao trabalho, a diminuição da importância da tarefa de "remercadorização", a substituição gradual da "repressão" pela "sedução" como arma suprema de integração social, a transferência da responsabilidade pela integração da burocracia estatal para o mercado – tudo isso significa problemas para a pesquisa empírica tradicional, pois as burocracias estatais perdem o interesse em financiá-la.

A amplamente debatida "crise da sociologia (empírica)" é, portanto, genuína. A sociologia empírica enfrenta hoje a escolha entre buscar uma nova aplicação social de suas habilidades ou buscar novas habilidades. É provável que os interesses da burocracia estatal se reduzam à gestão da "lei e da ordem", isto é, uma tarefa dirigida seletivamente à parte da população que não pode ser regulada pelo mecanismo da sedução. E há burocracias privadas encarregadas da gestão da sedução, que podem ou não necessitar da habilidade da sociologia empírica, a depender de quanto esta última seja capaz de (e esteja disposta a) reorientar e reajustar seu saber profissional à nova exigência, até o momento não totalmente compreendida.

Em resumo: se os programas radicais que proclamam o fim da sociologia e da filosofia social "como as conhecemos" parecem infundados, igualmente pouco convincente é a pretensão de que nada de importante aconteceu e que não há nada que interrompa a "normalidade". A forma adquirida pela sociologia e pela filosofia social no curso do que, em retrospecto, é agora descrito como "modernidade" está de fato enfrentando, no momento, um desafio sem precedentes. Embora não esteja condenada, ela deve se ajustar às novas condições para se autorreproduzir.

Voltarei agora para aqueles desenvolvimentos reais ou prováveis na sociologia que admitem (aberta ou implicitamente) a novidade da situação e a necessidade de uma reorientação radical das tarefas e estratégias do estudo social.

Um desenvolvimento já está muito em evidência. Sua direção é claramente demonstrada pela assimilação consistentemente crescente de temas e inspirações de Heidegger, Wittgenstein, Gadamer e outros "hermenêuticos". Esse desenvolvimento aponta na direção da sociologia como, antes de tudo, a habilidade de interpretação. Independentemente da experiência articulável que possa se tornar objeto de estudo social, ela está inserida em seu próprio "mundo da vida", "tradição comunitária", "ideologia positiva", "forma de vida", "jogo de linguagem". Os nomes para esse "algo" no qual a experiência está inserida são muitos e variados, mas o que realmente conta não são os nomes, e sim o pluralismo inerente a esse "algo" que todos os nomes enfatizam mais do que qualquer outra coisa. Assim, existem *muitos* "mundos da vida", *muitas* "tradições" e *muitos* "jogos de linguagem". Nenhum ponto de vista externo é concebível para reduzir essa variedade. A única estratégia cognitiva sensata é, portanto, aquela que melhor se expressa na ideia de Geertz (1973) de "descrição densa": a recuperação do significado da experiência alheia por meio da compreensão da tradição (a forma de vida, o mundo da vida etc.) que a constitui, seguida de sua tradução, com o menor dano possível, em uma forma assimilável pela própria tradição (a forma de vida, o mundo da vida etc.). Em vez de proselitismo, que seria a tarefa de um encontro intercultural no contexto da ciência social "ortodoxa", o esperado "enriquecimento" da própria tradição, por meio da incorporação de outras experiências até então inacessíveis, é o significado dado ao exercício pelo projeto de "interpretação da sociologia".

Como intérpretes, os sociólogos não estão mais preocupados em determinar a "verdade" da experiência que interpretam – e, dessa forma, o princípio da "indiferença etnometodológica" pode muito bem se transformar da chocante heresia que já foi em uma nova ortodoxia. A única preocupação que distingue como profissionais os sociólogos que se tornaram intérpretes é a correção da interpretação; é aqui que suas credenciais profissionais como especialistas (ou seja, detentores de habilidades inacessíveis ao público leigo e não treinado) são restabelecidas. Presumindo que o mundo é irredutivelmente pluralista, tornar as mensagens mutuamente transmissíveis é seu principal problema. Especialização nas regras de interpretação correta é aquilo de que mais se necessita. É extremamente necessário, até mesmo para aqueles poderes que não estão mais voltados para a dominação total e não alimentam ambições universalistas; eles ainda precisam desse conhecimento especializado para sua completa sobrevivência. Os usos em potencial são claros; os usuários, até agora, menos – mas é possível esperar que eles possam ser encontrados.

Como todas as posições, esta também tem seu extremo radical. A admissão do pluralismo não tem que resultar em um interesse em interpretação e em tradução ou em quaisquer serviços "sociais" que a sociologia possa oferecer. Libertar-se do frequentemente oneroso dever social que a sociologia teve de carregar na era da modernidade pode ser visto por alguns como um alívio, como o advento da verdadeira liberdade das atividades intelectuais. É, de fato, um advento da liberdade, embora a liberdade aliada à irrelevância: a liberdade *da* interferência pesada e intrusiva por parte dos poderes constituídos, por cuja conquista se pagou o preço de renunciar à liberdade de influenciar suas ações e seus resultados. Se o que a sociologia faz não importa, ela pode fazer o que quiser. Essa é uma possibilidade tentadora: mergulhar totalmente no próprio discurso especializado dentro do qual o sujeito se sente confortavelmente em casa, saborear as sutilezas de distinção e discrição que tal discurso exige e torna possível, encarar o próprio desinteresse de suas buscas como o sinal de seu valor supremo, orgulhar-se de manter vivo, contra todas as adversidades, um empreendimento precioso que, para o resto – a parte poluída ou corrompida do mundo –, não tem (temporariamente, acrescentaríamos, buscando o conforto da esperança) nenhuma utilidade. É a própria comunidade, a tradição, a forma de vida etc. que comanda a lealdade, em primeiro lugar; por menor que seja, ela fornece o único local em que o valor intrínseco do discurso pode ser cultivado – e apreciado. Afinal, o reconhecimento da futilidade dos padrões universais, trazido pela pós-modernidade, permite que as preocupações egocêntricas tratem com superficialidade tudo o que está fora da crítica. Nada impede que se chegue o mais próximo possível do equivalente sociológico do *l'art pour l'art* (o cínico faria o comentário: nada, exceto a próxima rodada de cortes na educação).

As duas estratégias pós-modernas para a sociologia e a filosofia social discutidas até agora são – cada uma à sua maneira – internamente consistentes e viáveis. Olhando de dentro, ambas parecem invulneráveis. Dado seu enraizamento, elas têm uma chance substancial de sobrevivência e de autorreprodução praticamente infinita (novamente, salvo no caso das circunstâncias elencadas pelo cínico). Independentemente da crítica dessas estratégias que possa ser contemplada, ela só pode vir de fora e, assim, tem pouco efeito para seus membros.

Tal crítica teria que admitir sua fidelidade aos fins que seus membros não são obrigados a compartilhar. Ela teria que mencionar uma compreensão do papel da sociologia que seus membros têm todos os motivos para rejeitar e nenhum motivo para abraçar. Em particular, tal crítica teria que declarar sua própria preferência de valor, notável sobretudo pela posição suprema atribuída à *relevância social* do discurso sociológico.

A crítica em consideração pode ser iniciada, em outras palavras, apenas a partir da intenção de preservar as esperanças e as ambições da modernidade na era da pós-modernidade. As esperanças e as ambições em questão se referem à possibilidade de um aperfeiçoamento da condição humana guiado pela razão, um aperfeiçoamento medido, em última instância, pelo grau de emancipação humana. Para o bem e para o mal, a modernidade consistia em aumentar o volume da autonomia humana, mas não da autonomia que, pela ausência de solidariedade, resulta em solidão; ela consistia em aumentar a intensidade da solidariedade humana, mas não a solidariedade que, pela ausência de autonomia, resulta em opressão. A estratégia alternativa para uma sociologia pós-moderna teria que pressupor que a dupla ambição da modernidade ainda é uma possibilidade viável, a qual certamente vale a pena promover.

O que torna "pós-moderna" uma estratégia que se recusa a renunciar a seus compromissos modernos ("pré-pós-modernos"?) é a franqueza com que suas premissas são reconhecidas como suposições; em uma veia verdadeiramente "pós-moderna", tal estratégia se refere a valores em vez de leis, a suposições em vez de fundamentos, a propósitos em vez de "fundamentos". E ela está determinada a prescindir do conforto que outrora derivou da crença de que "a história estava a seu lado" e de que a inevitabilidade de seu sucesso final havia sido garantida de antemão por leis inexoráveis da natureza (um pleonasmo: a "natureza" *são* leis inexoráveis).

Caso contrário, não há quebra acentuada na continuidade. Há uma mudança significativa de ênfase, no entanto. A estratégia "aperfeiçoadora" da ciência social, conforme formada historicamente durante a era da modernidade, tinha duas arestas. Uma estava pressionada contra as ambições totalitárias do Estado moderno; o Estado, na posse de recursos e de boa vontade suficientes para aplicar um projeto de uma sociedade melhor sobre a realidade imperfeita, deveria ser equipado com conhecimento confiável das leis que dirigem a conduta humana e as habilidades efetivas necessárias para obter uma conduta em conformidade com as ambições modernas. A outra estava pressionada contra os próprios humanos que a modernidade pretendia emancipar. Deveria ser oferecido a homens e mulheres um conhecimento confiável sobre o funcionamento de sua sociedade, de modo que seus assuntos da vida pudessem ser conduzidos de maneira consciente e racional e as cadeias causais que tornam suas ações simultaneamente efetivas e restritas se tornassem visíveis – e, portanto, em princípio, passíveis de controle. Em outras palavras, a estratégia "aperfeiçoadora" em discussão resultou em dois tipos de conhecimento. Um visava à racionalização do poder estatal (em termos mais gerais: social); o outro, à racionalização da conduta individual.

Dependendo da época e do local, um ou outro desses tipos de conhecimento foi mantido no foco do discurso sociológico. Entretanto, ambos estiveram presentes em todos os momentos e não poderiam deixar de ser copresentes, devido à ambiguidade inextirpável das formas como qualquer informação sobre a realidade social pode ser empregada. Essa ambiguidade explica por que as relações entre a ciência social e os poderes constituídos eram, na melhor das hipóteses, de amor e ódio e por que mesmo durante os períodos de cooperação sincera sempre havia mais do que uma leve desconfiança na atitude do Estado em relação ao discurso sociológico; não sem razão, os homens da política suspeitavam que tal discurso podia muito bem destruir com uma mão a mesma ordem hierárquica que ajudava a construir com a outra.

Dentro da versão pós-moderna da velha estratégia, no entanto, é provável que o equilíbrio entre os dois tipos de conhecimento mude. Uma circunstância que torna provável tal mudança já foi mencionada: o esgotamento do interesse do Estado em tudo, exceto no conhecimento sociológico mais estreitamente circunscrito; sem grandes projetos, sem cruzadas culturais, sem a exigência de visões legitimadoras e sem a necessidade de modelos de uma sociedade racional administrada centralmente. No entanto, o efeito desse fator, em si formidável, foi ainda mais exacerbado pela erosão gradual da esperança de que o fracasso da sociedade racional em se materializar pudesse ocorrer devido às fraquezas dos atuais administradores do processo social e de que um "agente histórico" alternativo ainda podia corrigir as coisas. Mais francamente, a fé em um agente histórico esperando para assumir e completar a promessa da modernidade usando as alavancas do Estado político praticamente desapareceu. O primeiro dos dois tipos de conhecimento que o discurso sociológico moderno usou para se revelar não tem, portanto, um destinatário evidente – real ou potencial. Ele ainda pode ser usado: afinal, existem algumas burocracias poderosas que poderiam receber bons conselhos sobre como fazer os humanos se comportarem de maneira diferente e mais a seu gosto. E eles certamente encontrarão especialistas ansiosos para oferecer tais conselhos. Discutimos tal possibilidade no contexto de estratégias que se recusam a admitir que a "pós-modernidade" significa uma nova situação e exige repensar e reajustar as tarefas e as estratégias tradicionais. Para a estratégia destinada à preservação das esperanças e das ambições modernas sob as novas condições da pós-modernidade, a questão de *quem* usa o conhecimento administrativo e para que *propósito* não é, no entanto, irrelevante. Ela reconheceria tal conhecimento como útil apenas se estivesse nas mãos de um agente genuíno ou previsível, mas racionalizador. Da perspectiva do poder político, todo esse raciocínio é redundante de qualquer maneira. Tendo perdido o interesse em sua própria aplicação prática do conhecimento sociológico, o Estado inevitavelmente tenderá a identificar a totalidade do discurso sociológico com a segunda de suas arestas tradicionais e, assim, considerá-lo uma força subversiva inequívoca, um problema, em vez de uma solução.

A atitude esperada do Estado certamente atuará como uma profecia autorrealizável; reduzindo os recursos e as facilidades de que a produção do primeiro tipo de conhecimento não pode prescindir, ela pressionará o discurso sociológico ainda mais para o segundo tipo. Ela apenas reforçará, por assim dizer, uma tendência desencadeada por outros fatores. Entre esses últimos, deve-se levar em conta uma consequência inevitável do crescente desencanto com a administração societal como a portadora da emancipação: o deslocamento da atenção para o tipo de conhecimento que pode ser utilizado pelos indivíduos humanos em seus esforços para ampliar a esfera da autonomia e da solidariedade. Isso se parece cada vez mais com a última oportunidade de emancipação.

Até agora, discutimos os fatores de "repulsão". Há, no entanto, um poderoso fator de "atração" por trás da mudança: o reconhecimento de que a tarefa de fornecer a homens e mulheres aquela "imaginação sociológica" pela qual C. W. Mills (1959) suplicou anos atrás nunca foi tão importante quanto agora, nas condições da pós-modernidade. A emancipação do capital do trabalho torna possível a emancipação do Estado da legitimação, e isso pode significar, no longo prazo, uma erosão gradual das instituições democráticas e da essência da política democrática (a reprodução da legitimação foi a principal função histórica da democracia política). Diferentemente da tarefa de reproduzir os membros da sociedade como produtores, sua reprodução como consumidores não necessariamente amplia o Estado político e, portanto, não implica a necessidade de reproduzi-los como cidadãos. A necessidade "sistêmica" de democracia política é, dessa forma, corroída, e a agência política de homens e mulheres como cidadãos não pode ser significativa para sua reprodução no que concerne aos efeitos centrípetos das preocupações autolegitimizadoras do Estado. Os outros fatores que poderiam patrocinar tal reprodução também parecem cada vez mais duvidosos em vista da tendência de deslocar os conflitos políticos para a esfera não política e democraticamente irresponsiva do mercado e da tendência de substituição da "regulação normativa" pela "criação de necessidades" como o principal método de reprodução sistêmica (exceto para a parcela da sociedade que o mercado é incapaz de assimilar ou não está disposto a fazê-lo). Se essas tendências forem identificadas corretamente, o conhecimento que fornece aos indivíduos uma compreensão precisa de como a sociedade funciona pode não ser uma arma poderosa o suficiente para compensar suas consequências, mas certamente parece a melhor aposta que os homens e as mulheres ainda podem fazer.

O que nos leva a uma área nada desconhecida – alguns diriam, tradicional. A terceira das estratégias concebíveis da sociologia sob a condição pós-moderna concentrar-se-ia exatamente naquilo em que o discurso sociológico se concentrou ao longo de sua história: tornar o opaco transparente; expor os laços que ligam biografias visíveis a processos societários invisíveis; entender o que faz a sociedade funcionar, a fim de fazê-la funcionar, se possível, de uma maneira mais "emancipadora". Só que se trata de uma sociedade nova e diferente daquela que desencadeou o discurso sociológico. Portanto, "focar o mesmo" significa focar novos problemas e novas tarefas.

Aponto que uma sociologia voltada para a continuação das preocupações *modernas* sob condições *pós-modernas* distinguir-se-ia não por novos procedimentos e propósitos do trabalho sociológico, como sugerem outras estratégias pós-modernas, mas por um novo *objeto* de investigação. No que diz respeito a essa estratégia, o que importa é que a sociedade (seu objeto) mudou; ela não admite necessariamente que suas próprias buscas anteriores foram equivocadas e desperdiçadas e que a novidade crucial na situação é a rejeição das velhas formas de fazer sociologia e a "descoberta" de novas maneiras de fazê-la. Assim, para descrever uma sociologia que segue a estratégia em discussão, falar-se-ia, digamos, de uma sociologia "pós-pleno-emprego" ou de uma "sociologia da sociedade de consumo" em vez de uma sociologia "pós-wittgensteiniana" ou uma sociologia "pós-gadameriana". Em outras palavras, essa estratégia aponta para uma sociologia da pós-modernidade, em vez de uma sociologia pós-moderna.

Há uma série de fenômenos especificamente "pós-modernos" que aguardam estudo sociológico. Há um processo de emancipação acelerada do capital em relação ao trabalho; em vez de envolver o resto da sociedade no papel de produtores, o capital tende a encaixá-los no papel de consumidores. Isso significa, por sua vez, que a tarefa de reproduzir a sociedade dominada pelo capital não consiste, como antes, na "remercadorização do trabalho" e que os não produtores de hoje não são um "exército de reserva do trabalho", a ser cuidado e preparado para o retorno ao mercado de trabalho. Esse fato crucial de suas vidas ainda é ocultado em sua própria consciência, na consciência de seus tutores políticos e dos sociólogos que os estudam por uma memória histórica de uma sociedade que não existe mais e não voltará. Os novos pobres não são social, cultural ou sistemicamente equivalentes aos velhos pobres; a atual "depressão", que se manifesta em desemprego massivo e estável, não é uma edição posterior da década de 1930 (ouve-se sobre os pobres perdendo o emprego, mas não se ouve sobre os ricos pulando da janela). A sociedade "das duas nações", marco dois, não pode ser verdadeiramente compreendida ao espremê-la no modelo do marco um.

A sociedade das "duas nações, marco dois" é constituída pela oposição entre a "sedução" e a "repressão" como meio de controle social, integração e reprodução da dominação. A primeira está embasada na "dependência do mercado" – a substituição das velhas habilidades de vida pelas novas, que não podem ser efetivamente empregadas sem a mediação do mercado; no deslocamento da desafeição e do conflito do campo da luta política para o campo das mercadorias e do entretenimento; no adequado redirecionamento das necessidades de racionalidade e de segurança; e na crescente abrangência do mundo centrado no mercado, de modo que possa acomodar a totalidade dos negócios da vida, tornando os outros aspectos do contexto sistêmico invisíveis e subjetivamente irrelevantes. A segunda se fundamenta em uma regulação normativa pressionada ao extremo, a penetração da esfera "privada" em um grau cada vez maior, "desempoderando" os objetos da regulação normativa como agentes autônomos. É importante saber como esses dois meios de controle social se combinam e se sustentam e os efeitos que sua dualidade provavelmente terá sobre a tendência do poder político, das instituições democráticas e da cidadania.

Pode-se adivinhar – aguardando mais pesquisas – que, enquanto o controle por meio da repressão destrói a autonomia e a solidariedade, aquele que utiliza a sedução gera meios comercializáveis que servem à busca (se não à obtenção) de ambos e, assim, efetivamente desloca da esfera política as pressões que tal busca exerce, ao mesmo tempo que as redistribui na reprodução da dominação do capital. Assim, as alternativas opostas que determinam o horizonte e a trajetória das estratégias de vida na sociedade pós-moderna neutralizam a possível ameaça à reprodução sistêmica que poderia emanar das ambições insatisfeitas da autonomia e da solidariedade.

Essas alternativas, portanto, precisam ser exploradas por qualquer sociologia que deseje enfrentar seriamente o fenômeno da pós-modernidade. Consciente da condição pós-moderna que explora, tal sociologia não fingiria que suas preocupações, por mais habilmente perseguidas que fossem, proporcionar-lhe-iam a centralidade no "processo histórico" à qual uma vez aspirou. Pelo contrário, a problemática que apresentei provavelmente incomoda em vez de convencer os administradores da lei e da ordem; ela parecerá incompreensível para os seduzidos e atraente, embora vaga, para os reprimidos. Uma sociologia determinada a trilhar esse caminho teria de se preparar para a difícil condição de impopularidade. No entanto, a alternativa é a irrelevância. Essa parece ser a escolha que a sociologia enfrenta na era da pós-modernidade.

## Referências

FOUCAULT, Michel. *Discipline and Punish*. Harmondsworth: Allen Lane, 1977. [Ed. bras.: *Vigiar e punir*. Petrópolis: Vozes, 1987.]

GEERTZ, Clifford. *The Interpretation of Culture*. Nova York: Basic Books, 1973. [Ed. bras.: *A interpretação das culturas*. Rio de Janeiro: Zahar, 1978.]

GRAMSCI, Antonio. *Selections from the Prison Notebooks*. Londres: Lawrence & Wishart, 1971.

HABERMAS, Jürgen. *Legitimation Crisis*. Londres: Heinemann, 1976. [Ed. bras.: *A crise de legitimação no capitalismo tardio*. Rio de Janeiro: Tempo Brasileiro, 2002.]

MILLS, C. Wright. *The Sociological Imagination*. Oxford: Oxford University Press, 1959. [Ed. bras.: *A imaginação sociológica*. Rio de Janeiro: Zahar, 1969.]

WILLIAMS, Raymond. *The Country and the City*. St Albans: Paladin, 1975. [Ed. bras.: *O campo e a cidade: na história e na literatura*. São Paulo: Companhia das Letras, 2011.]

# 5
# Afinidades filosóficas da sociologia pós-moderna

O debate sobre a relação entre sociologia e filosofia é tão sociologicamente compreensível quanto filosoficamente inconclusivo.

Visto sociologicamente, o debate é facilmente explicado como uma expressão de uma preocupação natural com a definição de limites: duas tradições intelectuais, duas formações discursivas amplamente abertas que se reencontram, se alimentam, se entrelaçam e vivem uma história conjunta precisam proteger sua precária autonomia institucional no mundo acadêmico de divisões departamentais e especializações. A paixão e a ferocidade da disputa refletem a indefinição de seu objetivo; as duas formações discursivas resistem firmemente às tentativas administrativas de separação e permanecem vivas apenas na medida em que as barragens erguidas artificialmente são muito baixas e porosas para resistir ao transbordamento. Pode-se pensar de forma conveniente nos dois discursos como dois redemoinhos dentro de um rio. A mesma matéria fluida passa por eles incessantemente; os redemoinhos existem apenas como condutores. Para cada um dos dois, manter sua respectiva identidade significa atrair matéria sempre nova e deixar sair a processada.

Visto filosoficamente, o debate revela sua futilidade. Ele faz sentido filosoficamente apenas na medida em que presume, contradizendo os fatos, que a separação institucional de fato levou à (ou, mais falaciosamente ainda, que ela "expressou" a) segregação real do assunto e na medida em que presume que os limites institucionais que protegem a integridade (respectivamente) da filosofia e da sociologia contra a intrusão externa circunscrevem entidades internamente unificadas. Em outras palavras, na forma generalizada como normalmente aparece, o debate só faz sentido após uma aceitação tácita de que a filosofia e a sociologia são duas totalidades independentes, separadas e integradas, que podem entrar em acordos contratuais, negociar compromissos ou declarar guerras uma contra a outra. No entanto, esse não é manifestamente o caso. A filosofia e a sociologia, como modos de atividade intelectual, não estão separadas de uma maneira que lembre ao menos remotamente a rígida segregação departamental de filósofos e sociólogos acadêmicos, defendidos por comitês de nomeação e associações profissionais. Como atividades intelectuais, nem a filosofia nem a sociologia estão integradas a ponto de permitir que se confrontem como disciplinas homogêneas, cada uma marcada por um perfil distinto e um propósito definido.

É sobre esse último ponto que este artigo deter-se-á. A escolha não é acidental; a era pós-moderna, aqui entendida como a era da reavaliação da modernidade (e, da mesma forma, de uma *condensação* em retrospecto do modo de existência moderno em um "projeto de modernidade", cujas intenções imputadas e consequências atribuídas são assim examinadas), concentrou sua atenção nas divisões internas que penetram, de maneiras surpreendentemente semelhantes, os corpos da filosofia e da sociologia. Embora a divisão seja frequentemente representada como uma divisão entre as mentalidades *moderna* e *pós-moderna* (atitudes, perspectivas, estruturas de pensamento), tratar os dois modos filosóficos ou sociológicos como remanescentes em uma relação de sucessão histórica significa cortejar uma disputa improdutiva e, no final das contas, supérflua: apontar-se-ia imediatamente que as práticas "pós-modernas" podem ser facilmente rastreadas no passado, bem no coração da era moderna, enquanto o advento da pós-modernidade não precisa significar que formas caracteristicamente "modernas" de prática filosófica e sociológica estão prestes a serem substituídas e deixarem o palco para sempre. A suposta sucessão histórica é apenas uma ilusão alimentada pela construção do "outro" da filosofia e da sociologia constrangidamente pós-modernas como uma questão de "passado" a ser transcendido e deixado para trás (uma tentativa de hegemonia, realizada por meio da experimentada medida de temporalizar uma relação espacial, substituindo coexistência espacial por uma hierarquia temporal, bem como no caso da "primitivização" de culturas exóticas).

Indico que os dois modos distintos e alternativos de prática filosófica e sociológica recentemente classificados como "modernos" e "pós-modernos" são mais bem descritos como *legislativos* e *interpretativos*.[1] O que testemunhamos hoje é, primeiro, o crescente peso relativo do modo interpretativo entre as práticas filosóficas e sociológicas e, segundo, a crescente militância de seus principais praticantes com o objetivo de descartar a alternativa como ultrapassada ou equivocada desde o início.

## A política da razão legislativa

O filósofo, insistiu Kant[2] na *Crítica da razão pura*, "não é apenas um artista – quem se ocupa com concepções –, mas um legisla-

[1] Uma discussão mais completa sobre as duas categorias pode ser encontrada em meu livro *Legislators and Interpreters: On Modernity, Postmodernity and the Intellectuals*, Cambridge: Polity Press, 1987. [Ed. bras.: *Legisladores e intérpretes: sobre modernidade, pós-modernidade e intelectuais*. Rio de Janeiro: Zahar, 2010.]

[2] Todas as citações de Kant nesta seção são da tradução de John Miller Dow Meiklejohn (*Critique of Pure Reason*. Londres: Dent, 1969) [ed. bras.: *Crítica da razão pura*. Petrópolis: Vozes, 2015]. As citações de Descartes vêm da edição de Margaret Dauler Wilson de *The Essential Descartes* (Londres: New English Library, 1969). Platão é citado na tradução de William Henry Denham Rouse (*Great Dialogues of Plato*. Londres: New English Library, 1956). A citação de "On the Correction of

dor – legislando para a razão humana". A tarefa da razão, da qual o filósofo atua como porta-voz supremo, é "estabelecer um tribunal que possa protegê-la em suas reivindicações bem fundamentadas, enquanto ele se pronuncia contra todas as suposições e pretensões infundadas, não de maneira arbitrária, mas de acordo com suas próprias leis eternas e imutáveis". A ideia do "poder legislativo [do filósofo] reside na mente de cada homem e somente ela nos ensina que tipo de unidade sistemática a filosofia exige em vista dos objetivos últimos da razão" (*teleologia rationis humanae*).

A filosofia só pode ser um poder legislativo; essa é a tarefa da boa filosofia, do tipo certo de metafísica, servir aos homens que exigem "que o conhecimento que diz respeito a todos os homens deve transcender o entendimento comum". "A razão não pode permitir que nosso conhecimento permaneça em um estado desconexo e rapsódico, mas exige que a soma de nossas cognições constitua um sistema." O tipo de conhecimento que pode de fato transcender o entendimento comum, composto de meras opiniões e crenças (*opinião*: julgamento insuficiente tanto subjetiva quanto objetivamente; *crença*: o tipo de julgamento mais pérfido, "reconhecido como sendo objetivamente insuficiente" mas aceito subjetivamente como convincente), só poderia e deveria "ser revelado a você por filósofos". Ao realizar essa tarefa, a metafísica seria "a realização da *cultura* da razão humana"; elevaria essa razão do estado bruto e desordenado em que é naturalmente dada ao nível de sistema ordenado. Apela-se para a metafísica para *cultivar* a perfeição harmônica do pensamento.

> O cargo supremo de censor que ela ocupa lhe assegura a máxima autoridade e importância. Esse cargo é administrado com o propósito de garantir a ordem, a harmonia e o bem-estar à ciência e de direcionar seus nobres e frutíferos trabalhos para o objetivo mais elevado possível – a felicidade de toda a humanidade.

---

the Understanding" de Spinoza vem da tradução de Andrew Boyle, incluída na edição de Dent, de 1986, de *Ethics*, de Spinoza. [Ed. bras.: *Ética*. São Paulo: Edusp, 2015.]

Julgar a questão da felicidade humana é prerrogativa e dever do filósofo. Aqui, Kant apenas reafirma a tradição secular dos sábios, que tem origem pelo menos em Platão. No sétimo livro da *República*, de Platão, Sócrates aconselhou Glauco que, uma vez que houvesse visitado o reino da "verdadeira filosofia" e assim ascendido "ao ser real"( "reviravolta de uma alma de um dia que é como a noite para o verdadeiro dia"), ele deveria retornar para aqueles que não o seguiram em sua expedição (os sábios que nunca retornam de sua escapada ao mundo das verdades eternas estão tão errados quanto os homens e mulheres comuns que nunca embarcaram na jornada; além disso, eles são culpados do crime de oportunidade perdida e dever não cumprido). Então ele "verá mil vezes melhor do que aqueles que lá vivem" – e essa vantagem dar-lhe-á o direito e a obrigação de fazer julgamentos e impor a obediência à verdade. É preciso proclamar que o dever do filósofo é "o cuidado e a tutela de outras pessoas".

> Então é tarefa de nós, fundadores [...], obrigar as melhores naturezas a alcançar o aprendizado que dissemos ser o maior, tanto para ver o bem quanto para ascender essa ascensão; e quando eles tiverem ascendido e enxergado adequadamente, nunca devemos lhes permitir o que é permitido agora.

"É mais provável que a verdade tenha sido descoberta por poucos do que por muitos" – declarou Descartes na terceira regra das *Regras para a orientação do espírito*. Conhecer a verdade, conhecê-la com tanta certeza que se possa resistir às contracorrentes da experiência vulgar e permanecer imune às tentações de interesses estreitos e parciais, é exatamente a qualidade que separa os poucos dos muitos – e os coloca acima da multidão. Legislar e fazer cumprir as leis da razão é o *fardo* daqueles poucos, os conhecedores da verdade, os filósofos. Eles são convocados a realizar a tarefa sem a qual a felicidade de muitos nunca será alcançada. A tarefa exigiria às vezes um professor benévolo e clemente; em algum outro momento, exigiria a mão firme de um guardião severo e inflexível. Quaisquer que sejam os atos que o filósofo seja forçado a realizar, um elemento permanecerá – não pode deixar de permanecer – constante: a incontestável prerrogativa do filósofo de decidir entre o verdadeiro e o falso, o bem e o mal, o certo e o errado; e, portanto, sua licença para julgar e a autoridade para impor a obediência ao julgamento. Kant tinha poucas dúvidas quanto à natureza da tarefa; para explicá-la, extraiu profusamente suas metáforas do vocabulário do poder. A metafísica era "a rainha", cujo "governo" poderia, "sob a administração" de dogmáticos, transformar-se em despotismo, mas ainda assim permanecer indispensável para conter as "tribos nômades, que odeiam a habitação permanente e o modo de vida sedentário" e, portanto, atacam "de tempos em tempos aqueles que se organizaram em comunidades civis". O serviço específico que a metafísica é convocada a prestar é a crítica da razão;

> negar a vantagem positiva do serviço que essa crítica nos presta seria tão absurdo quanto defender que o sistema de polícia não traz nenhum benefício positivo, uma vez que sua principal função é impedir a violência que o cidadão tem de apreender do cidadão, para que cada um possa seguir sua vocação em paz e segurança.

Pode-se ficar facilmente tentado a minimizar essas figuras de linguagem ou outros recursos semelhantes extraídos da retórica do poder como uma parte previsível de todos os *protrépticos* – o habitual preâmbulo laudatório de tratados filosóficos destinados a tornar o assunto agradável para leitores em potencial e, particularmente, para os poderosos e engenhosos entre eles. No entanto, o caso da razão *legislativa* foi dirigido a um tipo especial de leitor e, portanto, a linguagem na qual a solicitação de atenção e favores foi formulada era familiar a esse leitor e ecoava suas preocupações. Esse leitor era, antes de mais nada, o governo do momento, o déspota abordado com uma oferta de esclarecimento – de um meio de fazer com mais eficácia exatamente aquilo que ele declarou a si mesmo ser o que buscava. Como os governantes terrenos, a filosofia crítica se preparou para "desferir um golpe" "na raiz". Os inimigos que tal filosofia era particularmente capaz de transfixar e subjugar eram aqueles das "escolas dogmáticas" do materialismo, do fatalismo, do ateísmo, do livre pensamento, do fanatismo e da superstição, "que são universalmente prejudiciais". Era preciso mostrar, então, que esses adversários ameaçam tanto as ordens mundanas quanto as intelectuais; que sua aniquilação está em sintonia com o interesse dos poderes constituídos na mesma medida que obedece ao interesse da filosofia crítica; que, portanto, a tarefa dos legisladores reais se sobrepõe ao objetivo da razão legislativa.

> Se os governos considerarem apropriado interferir nos assuntos dos eruditos, favorecer uma crítica desse tipo – pela qual somente os trabalhos de razão podem ser estabelecidos em bases firmes – estaria mais em consonância com uma sábia consideração pelos interesses da ciência, bem como pelos da sociedade, do que apoiar o despotismo ridículo das escolas, que lançam um forte grito de perigo ao público pela destruição de teias de aranha, as quais o público nunca notou e cuja perda, portanto, ele nunca pode sentir.

No entanto, havia mais na escolha de metáforas de Kant do que as considerações de conveniência na oferta de patrocínio real. Havia uma afinidade genuína entre as ambições legislativas da filosofia crítica e as intenções de projeto do emergente Estado moderno, pois havia uma simetria genuína entre o emaranhado de paroquialismos tradicionais que o Estado moderno teve de desenraizar para estabelecer sua própria soberania suprema e inconteste e a cacofonia de "escolas dogmáticas" que tiveram de ser silenciadas para que a voz da razão universal e eterna (e daí *una* e inconteste: "nada restará às futuras gerações além da tarefa de ilustrá-la e aplicá-la *didaticamente*") pudesse ser ouvida e sua "*certeza apodética*" pudesse ser apreciada. Os governantes e os filósofos modernos foram, antes de mais nada, *legisladores*; eles encontraram o caos e começaram a domá-lo e a substituí-lo pela ordem. As ordens que desejavam introduzir eram, por definição, artificiais e, como tal, tinham de se basear em projetos que recorriam às leis que reivindicavam o endosso exclusivo da razão e, ao mesmo tempo, deslegitimavam toda oposição a si mesmas. As ambições de projeto dos governantes e filósofos modernos foram feitas uma para a outra e, para o bem ou para o mal, estavam condenadas a permanecer juntas, no amor ou na guerra. Como em todos os casamentos entre cônjuges semelhantes em vez de complementares, este estava destinado a provar as delícias do desejo mútuo apaixonado ao lado dos tormentos da rivalidade implacável.

Garantir a supremacia para uma ordem artificial projetada é uma tarefa dupla. Ela exige a unidade e a integridade do reino e a segurança de suas fronteiras. As duas faces da tarefa convergem para um esforço: o de separar o "interno" do "externo". Nada deixado no interior pode ser irrelevante para o projeto total ou preservar a autonomia em relação às sentenças sem exceção da ordem ("válido para todo ser racional"). "Pois a razão especulativa pura é uma estrutura orgânica na qual não há nada isolado ou independente, e cada parte é essencial para todo o resto; portanto, a menor imperfeição, seja defeito ou erro positivo, não poderia deixar de se revelar no uso" – assim como no caso da razão política do Estado. Tanto no domínio intelectual quanto no político, a ordem deve ser exclusiva e abrangente. Por conseguinte, a dupla tarefa se concretiza em uma só: a de tornar nítido e bem demarcado o limite da "estrutura orgânica", o que significa "excluir o meio", suprimir ou exterminar tudo o que é ambíguo, tudo o que fica por cima da barricada e assim compromete a distinção vital entre o *interno* e o *externo*. Construir e manter a ordem significa fazer amigos e lutar contra inimigos. Em primeiro lugar, no entanto, significa expurgar a *ambivalência*.

No domínio político, expurgar a ambivalência significa segregar ou deportar estranhos, sancionar alguns poderes locais e deslegalizar os não sancionados, preenchendo as "lacunas da lei". No domínio intelectual, expurgar a ambivalência significa, antes de tudo, deslegitimar todos os fundamentos de conhecimentos filosoficamente não controlados ou incontroláveis. Mais do que qualquer outra coisa, significa condenar e invalidar o "senso comum" – seja ele "meras crenças", "preconceitos", "superstições" ou meras manifestações de "ignorância". O argumento culminante de Kant em seu caso devastador contra a metafísica dogmática existente foi que "essa suposta rainha não poderia remeter sua descendência a nenhuma fonte mais elevada do que a experiência comum". O dever da filosofia que Kant se propôs a estabelecer consistia, ao contrário, em "destruir as ilusões que tiveram origem em concepções equivocadas, independentemente das esperanças estimadas e das expectativas valiosas que sejam arruinadas por suas explicações". Nessa filosofia, "a *opinião* é perfeitamente inadmissível". Os julgamentos admitidos no tribunal filosófico da razão são *necessários* e carregam a "estrita e absoluta universalidade", isto é, eles não admitem competição e não deixam de fora nada que possa reivindicar qualquer autoridade reconhecida. Para Spinoza, o único conhecimento que merece esse nome é aquele que é certo, absoluto e *sub specie aeternitatis*. Spinoza dividiu as ideias em categorias estritamente separadas (não deixando espaço para o "caso intermediário"): as que constituem o conhecimento e as que são falsas; às últimas foi categoricamente negado todo valor e elas foram reduzidas à pura negatividade, à ausência de conhecimento ("Ideias falsas ou fictícias não têm nada de positivo [...] por meio do que elas possam ser chamadas de falsas ou fictícias; apenas pela vontade de conhecimento elas podem ser chamadas assim"). Na visão de Kant, o filósofo especulativo é "o único depositário de uma ciência que beneficia o público sem seu conhecimento" (a consciência pública de ser beneficiado é irrelevante para a validade dos benefícios; é a garantia do filósofo que conta). Kant repete: "nos julgamentos da razão pura, a opinião não tem lugar [...]. Pois os fundamentos subjetivos de um julgamento, como os que produzem crenças, não podem ser admitidos em investigações especulativas". Descartes prontamente concordaria: "Um homem que tem como objetivo elevar seu conhecimento acima do comum deveria ter vergonha de extrair dúvidas das formas de linguagem inventadas pelo vulgar" (segunda meditação); a intuição e a dedução, ambas sistematicamente empregadas pelos filósofos,

> são os caminhos mais seguros para o conhecimento, e a mente não deveria admitir outros. Todo o resto deve ser rejeitado como algo perigoso e suspeito de conter erros [...]. Nós rejeitamos todo esse conhecimento meramente provável e estabelecemos uma regra para confiar apenas no que é completamente conhecido e incapaz de ser posto em dúvida. (*Regras para a orientação do espírito*)

Essas são, em linhas gerais, as principais características do que Richard Rorty batizaria de *filosofia fundacional* – tendo primeiramente acusado Kant, Descartes e Locke de responsabilidade conjunta pela imposição do modelo nos duzentos anos seguintes de história filosófica.[3] Como indiquei, essa filosofia fundacional teve seu correlato

[3] "A filosofia pode ser fundacional em relação ao restante da cultura porque a cultura é um conjunto de reivindicações de conhecimento, e a filosofia julga tais reivindicações [...]. Devemos a noção de filosofia como o tribunal da razão pura, defendendo ou negando as reivindicações do resto da cultura ao século XVIII, especialmente a Kant, mas essa noção kantiana pressupunha a aprovação geral das noções lockianas de processos mentais e as noções cartesianas de substância mental (Rorty, Richard. *Philosophy and the Mirror of Nature*. Oxford: Basil Blackwell, 1981. p.3-4). [Ed. bras.: *A filosofia e o espelho da natureza*. Rio de Janeiro: Relume-Dumará, 1995.]

Comentando a afirmação de Kant de que as próprias aparências devem ter fundamentos que não são aparências, Hannah Arendt observou que os "esforços conceituais" dos "filósofos" para encontrar algo além das aparências sempre terminaram com invectivas particularmente violentas contra a 'mera aparência'" (*The Life of the Mind, Part One: "Thinking"*. Londres: Secker & Warburg, 1978. p.24). [Ed. bras.: *A vida do espírito*. Rio de Janeiro: Civilização Brasileira, 2022.] Os filósofos procuraram provar a "supremacia teórica do Ser e da Verdade em relação à mera aparência, isto é, a supremacia do *fundamento* que não aparece em relação à superfície que aparece" (p.25). Acrescentemos que o "fundamento" postulado estava, por definição, fora do alcance das impressões sensoriais ordinárias, leigas e do senso comum, e assim sua supremacia refletia simbolicamente e legitimava a supremacia do mental em relação ao físico e dos praticantes da "prática teórica" (Husserl) em relação àqueles engajados meramente em operações braçais e manuais. A busca de fundamentos e a difamação das aparências eram parte importante do ataque contra as reivindicações de verdade autônomas e não filosóficas. Para citar Arendt novamente, "o fato é que quase não há nenhum exemplo registrado dos muitos [...] que declararam guerra contra os filósofos. No que diz respeito aos poucos e aos muitos, tem sido o contrário" (ibid., p.81).

no que pode ser chamado de *política fundacional* do emergente Estado moderno; havia uma simetria marcante entre as ambições declaradas e as estratégias praticadas, bem como uma obsessão semelhante pela questão da soberania do poder legislativo expressa como o princípio da universalidade dos princípios jurídicos ou filosóficos.

Curiosamente, ambos os lados da relação simétrica passaram a ser incorporados à autoimagem e à estratégia da sociologia moderna (ou seja, no tipo de estudo social predominante e academicamente dominante ao longo do período moderno); as versões filosófica e político-estatal do projeto moderno encontraram seus equivalentes nos dois aspectos da prática sociológica. Em primeiro lugar, a sociologia se apresentou como a crítica do senso comum; em segundo lugar, comprometeu-se a projetar molduras infalíveis para a vida social que pudessem efetivamente impedir os desvios, as formas de conduta não autorizadas e tudo que, do ponto de vista sistêmico, havia sido interpretado como manifestação de desordem social. Quanto à sua primeira posição, ela se ofereceu ao público como juiz e árbitro na luta entre as concepções rivais da condição humana, como fornecedora da verdade sobre as "fontes reais" da conduta e do destino humanos e, portanto, como guia para a liberdade e a vida racional, equiparada à implementação de objetivos e a eficácia da ação. Quanto à segunda posição, ela ofereceu seus serviços aos detentores do poder de todos os níveis como criadora de condições que garantiriam um comportamento humano previsível e padronizado – e, assim, implantaria preceitos de racionalidade a serviço da ordem social promovida pelo poder, desarmando e neutralizando as consequências da liberdade individual.

Ambas as funções da ciência social moderna convergiram, novamente, para o objetivo supremo de combater a ambivalência: o escândalo da mente que não pode ser reconhecida como razão, da consciência à qual não se pode conceder a aclamada capacidade humana de conhecer a verdade, do conhecimento que não deveria ser autorizado a afirmar que compreende, esgota e domina seu objeto da maneira como se prometeu que o conhecimento *real* fá-lo-ia. Em outras palavras, elas convergiram para a tarefa de rebaixar, invalidar e deslegitimar o "meramente aparente" – as manifestações espontâneas, caseiras e autônomas da consciência humana e da autoconsciência. Elas levaram inexoravelmente à negação da capacidade humana de gerar autoconhecimento adequado (ou melhor, definiram todo autoconhecimento como inadequado, pelo fato de ser *auto*conhecimento). Assim como a Igreja deve ter definido seu rebanho como uma reunião de pecadores, as ciências sociais modernas tiveram de definir seus pupilos como uma coleção de ignorantes.

"A estrutura social e o Estado se desenvolvem constantemente dos processos de vida de indivíduos determinados, mas indivíduos não como eles podem aparecer em sua própria imaginação ou na imaginação de outras pessoas, mas como realmente são [...]",[4] escreveram Marx e Engels na famosa frase que, para a prática intelectual que se seguiu, pavimentou o caminho para o mundo de dois níveis, habitado pelos ignorantes e os enganados – no nível básico do trivial – e pelos cientistas sociais de olhos aguçados – no alto cume da verdade objetiva; essa frase abriu caminho, na prática política, para a depreciação de opiniões e desejos populares como sintomas de "falsa consciência" e para a rejeição de todas as opiniões originárias de fora da hierarquia estabelecida de poder como "mera mentalidade sindical". Como Alvin Gouldner escreveria mais tarde, o foco de Marx na "verdadeira consciência" como a lacuna que deveria ser preenchida para o caminho para a boa sociedade "tende a transformar o proletariado em matéria-prima política, a ser reunida e reprocessada pela organização do Partido, que justifica sua liderança precisamente pela posse da teoria e da consciência".[5]

---

[4] Marx, Karl; Engels, Friedrich. *German Ideology*. Moscou: International Publishers, 1968. p.413. [Ed. bras.: *A ideologia alemã*. São Paulo: Boitempo, 2007.]

[5] Gouldner, Alvin. *For Sociology: Renewal and Critique in Sociology Today*. Nova York: Basic Books, 1973. p.420.

Durkheim exigiu que

> o sociólogo se colocasse no mesmo estado de espírito que os físicos, os químicos ou os fisiologistas quando eles investigam uma região até então inexplorada do domínio científico. Quando ele penetra no mundo social, deve estar consciente de que está penetrando no desconhecido. Ele deve se sentir diante de fatos cujas leis são tão insuspeitadas quanto eram as leis da vida antes do desenvolvimento da biologia [...].

Essa é uma afirmação ousada em vista do fato de que as "unidades humanas" do mundo social, ao contrário das células ou dos minerais investigados por biólogos e físicos, têm uma opinião bem formada sobre si mesmas e suas ações; no entanto, Durkheim é inflexível, esse fato não é uma objeção a seu postulado: as coisas que encontramos em nossa vida cotidiana nos dão apenas

> impressões confusas, fugazes e subjetivas [...], mas não noções científicas ou conceitos explicativos [...]. Podemos obter, com dificuldade, uma percepção muito confusa e muito distorcida da verdadeira natureza de nossa ação e das causas que a determinaram [...]. Nós nos consideramos desinteressados quando agimos egoisticamente; pensamos que somos motivados pelo ódio quando cedemos ao amor, que obedecemos à razão quando somos escravos de preconceitos irracionais etc.[6]

O que o argumento de Durkheim revela é verdadeiramente esclarecedor: ele mostra que, para sustentar a cientificidade da prática sociológica, a autoridade do julgamento leigo (na verdade, o acesso leigo à verdade, a capacidade dos membros comuns da sociedade de formar um conhecimento adequado de si mesmos e de suas circunstâncias) deve ser negada. As regras do método sociológico de Durkheim estabelecem, antes de tudo, a superioridade da interpretação profissional da realidade em relação à interpretação leiga e o

[6] Durkheim, Émile. Les Règles de la méthode sociologique. (1895), em *Selected Writings*. Trad. Anthony Giddens. Cambridge: Cambridge University Press, 1972. p.59-60. [Ed. bras.: *As regras do método sociológico*. São Paulo: Edipro, 2012.]

direito do profissional de *corrigir, negociar amigavelmente* ou revogar completamente o julgamento não profissional. Elas pertencem à retórica do poder – à política da razão legislativa.

O mesmo acontece com os princípios metodológicos de Max Weber, por mais distante que a tradição alemã da *Kulturwissenschaften* parecesse estar do positivismo francês e por mais que os dois "pais fundadores" da sociologia moderna fossem indiferentes em relação ao trabalho um do outro. Como Durkheim, Weber defende a verdade do sociólogo por meio da depreciação do valor cognitivo do conhecimento leigo:

> Na grande maioria dos casos, a ação real ocorre em um estado de semiconsciência inarticulada ou inconsciência real de seu significado subjetivo. É mais provável que o ator "esteja ciente" disso em um sentido vago do que que "saiba" o que está fazendo ou esteja explicitamente autoconsciente sobre isso [...]. O tipo ideal de ação significativa em que o significado é totalmente consciente e explícito é um caso marginal.[7]

Em uma notável inversão da assimetria da iniciativa, as presumidas imprecisão inerente e não confiabilidade da consciência do ator são invocadas para defender o imperativo da intervenção do sociólogo. Logo na primeira seção de *Economia e sociedade*, Weber declara que "o presente trabalho parte do método de Simmel [...] ao delinear uma nítida distinção entre os 'significados' subjetivamente pretendidos e os objetivamente válidos; duas coisas diferentes que Simmel não apenas falha em distinguir, mas muitas vezes trata deliberadamente como se devessem estar juntas". A diferença entre os dois tipos de significado, como o raciocínio posterior amplamente documenta, é uma diferença entre os relatos não confiáveis de motivos, fortemente influenciados por fatores não racionais e irracionais

---

[7] Weber, Max. *The Interpretation of Social Reality*. Ed. J. E. T. Eldridge. Londres: Nelson, 1972. p.102. Note que, da perspectiva weberiana, a consciência e o conhecimento podem ser creditados a atores leigos apenas se colocados entre aspas, isto é, apenas alegoricamente.

(inconscientes), e as explicações logicamente coerentes construídas pelo analista racional. No processo de chegar a tal explanação, a questão sobre o que o ator realmente pensou e sentiu ao atuar é a menor das preocupações do analista – o "*tipo puro* de significado subjetivo teoricamente concebido" é *atribuído* ao(s) *hipotético(s)* "ator(es) em determinado tipo de ação". Basta que a explicação "faça sentido", uma vez que "pode ser dito" que o ator estava ciente de determinado motivo, "mesmo que ele não tenha sido concretamente parte da 'intenção' consciente do ator – possivelmente de forma alguma, pelo menos não totalmente". O desconhecimento do ator dos motivos que lhe são imputados pelo sociólogo não diminui o valor de verdade da explicação. Enfaticamente, isso não precisa ser considerado uma condição indispensável dessa verdade.

> Para fins de uma análise científica tipológica, é conveniente tratar todos os elementos irracionais e afetivamente determinados do comportamento como fatores de desvio de um tipo conceitualmente puro de ação racional [...]. A construção de um curso de ação puramente racional [...] serve ao sociólogo como um tipo ("tipo ideal") que tem o mérito da inteligibilidade clara e da ausência de ambiguidade.[8]

Essas são características das quais a autoconsciência do ator não pode se vangloriar por definição. A racionalidade do ator permanece quase sempre insatisfatória, sempre suspeita. O ator precisa do cientista racional para dar sentido a sua ação, cujo sentido – quando deixado à sorte de sua própria racionalidade falha – dificilmente seria explicado.

Os argumentos diferem, mas a causa persiste: o conhecimento leigo dos membros da sociedade não pode ser confiável como representação da verdade. Dito de forma clara, as pessoas em geral não sabem o que estão fazendo e por que o estão fazendo. O conheci-

---

[8] Weber, Max. *The Theory of Social and Economic Organization*. Trad. A. M. Henderson e Talcott Parsons. Nova York: Free Press, 1947. p.88, 92-3, 97.

mento do membro leigo e o do cientista diferem em sua qualidade; essa diferença é narrada, pelo lado do cientista na oposição, como uma distinção entre a verdade e a falsidade, mas seja qual for o nome, a essência dessa diferença é a hierarquia e a subordinação.

O "consenso ortodoxo" (termo proposto por Anthony Giddens) da sociologia moderna foi fundado na suposição compartilhada de *falsa consciência* (erroneamente considerada a característica distintiva dos marxistas pós-lukacsianos – apenas porque eles teorizaram abertamente o que o resto da prática sociológica presumiu, ou melhor, interpretou de forma tácita). A maioria das práticas refinadas dos sociólogos, como a análise fatorial e as tabulações estatísticas, derivou sua *raison d'être* de um acordo comum de que os objetos de investigação são incapazes de explicar sua conduta de forma causal; eles fazem o que fazem por razões erradas ou, em alguma medida, por causa de fatores dos quais eles estão apenas vagamente (se é que estão) conscientes. Em sua totalidade, a estratégia de pesquisa e o diagnóstico da sociologia moderna serviram para perpetuar o estado de privação intelectual em que em geral foram lançados o senso comum e o conhecimento leigo.

Esse lado da razão legislativa apresentada pela sociologia moderna combinava bem com o outro lado: a promessa da organização racional da condição humana. Como já se presumiu (e é continuamente corroborado pela prática sociológica) que o conhecimento adequado dos determinantes (causas ou razões) não é uma condição necessária para que qualquer conduta seja efetivamente determinada, essa promessa poderia ser dissociada da função iluminista que a sociologia alegara desempenhar. A concepção e a implementação da ordem racional poderiam envolver, mas não exigiam, em princípio, a disseminação da verdade ou, nesse caso, qualquer tipo de doutrinação. Elas poderiam ser conduzidas exclusivamente por meio da manipulação do ambiente externo conhecido por induzir o tipo desejável de ações (a disciplina – ou, na formulação de Weber, "a probabilidade de que o comando seja obedecido"), desconsiderando ou desafiando os pensamentos associados dos atores. A negação de autoridade ao conhecimento leigo implicava a legalização da ordem coercitiva. Ela associava o projeto de racionalidade ao exercício da força. Ela também representava essa associação como algo que as pessoas precisam sem saber que precisam (principalmente *porque* não sabem), protegendo efetivamente a prática da reprovação moral.

## A estratégia da razão interpretativa

A razão interpretativa está para a razão legislativa como a *sofrósina* está para a *húbris*.[9] Embora queira capturar e possuir "o outro" (como toda razão deve querer), ela não presume que o ato de apropriação enobrece o objeto de posse, torna-o melhor do que era em seu estado despossuído. Em vez disso, ela presume que o objeto foi transformado no curso da apropriação, de modo que sua forma apropriada não invalida a forma original e não a torna obsoleta, ou que o ato de apropriação é um ato produtivo, no qual surge um novo objeto que complementa, em vez de substituir, o objeto que desencadeou o esforço de apropriação. A razão interpretativa está engajada no diálogo onde a razão legislativa luta pelo direito ao solilóquio. A razão interpretativa está interessada na continuação do diálogo que a razão legislativa quer encerrar ou terminar. A razão interpretativa não tem certeza de quando parar, tratando cada ato de apropriação como um convite para outras trocas. A razão legislativa, ao contrário, valoriza todos os acréscimos apenas na medida em que eles prometem avançar para o fim. Para simplificar um pouco, pode-se dizer que, enquanto a razão legislativa atende à estrutura de dominação, a razão interpretativa se equipa para o processo de comunicação recíproca. Em suma, somos tentados a

[9] *Sofrósina* no sentido de moderação; *húbris*, no de arrogância. (N. T.)

dizer que, enquanto a razão interpretativa é orientada pela *libido*, a razão legislativa é obra de *Tânato*.

A estratégia da razão interpretativa foi elaborada de várias formas por Freud, Heidegger, Wittgenstein (em suas últimas obras), Gadamer, Ricœur e Derrida; ela encontra hoje, sem dúvida, sua expressão mais radical e intransigente na obra de Richard Rorty. Sua crescente audibilidade coincide de forma mais do que casual com a crise e a lenta decomposição do projeto moderno e a queda em desgraça dos principais valores modernos[10] – processo que, por sua vez, tende a tornar os serviços da razão legislativa em seus aspectos filosóficos e sociológicos cada vez mais redundantes, ao mesmo tempo que gera uma demanda crescente por mediação e intermediação cultural.

Sempre que o *pedigree* histórico da razão interpretativa é explorado, a tradição da investigação hermenêutica é a escolha favorita. Na maioria das vezes, identifica-se a hermenêutica com a razão interpretativa como tal: ou melhor, qualquer que seja o traço distintivo da razão interpretativa, ele é imputado à hermenêutica como inquestionavelmente sua principal ferramenta. Essa identificação, no entanto, está repleta dos perigos análogos de diluir a especificidade da estratégia interpretativa (que não é uma condição necessária da prática da hermenêutica) e promover a ilusão de que o divórcio entre a hermenêutica e a razão legislativa é fundamental e absoluto. Por mais central que seja o papel desempenhado pela prática hermenêutica na estratégia interpretativa, a hermenêutica não esgota a ideia de razão interpretativa; certamente e ainda mais importante, nem toda hermenêutica obedece às regras dessa razão.

Para deixar claro: sob a influência de Wilhelm Dilthey (e, mais recentemente, de Hans Gadamer), refere-se frequentemente à obra

[10] Discuti essa questão com mais detalhes em Legislators and Interpreters: Culture as Ideology of Intellectuals, em *Social Structure and Culture*. Ed. Hans Haferkamp. Berlim: Walter de Gruyer, 1989.

de Schleiermacher como o ponto de partida da hermenêutica contemporânea. No entanto, a hermenêutica de Schleiermacher foi originada, informada e movida pelas antigas preocupações da razão legislativa; a preocupação mais premente de Schleiermacher não era a falta de compreensão – e a passagem da ausência de compreensão à sua presença –, mas o perigo da *incompreensão*: a suspeita (na verdade, uma suposição incontestada) de que, sem *métodos* de interpretação sistematicamente codificados, o resultado pode ser (e muito provavelmente será) uma *falsa* compreensão. O axioma fundador do projeto de Schleiermacher era a falta de confiabilidade e, portanto, a inferioridade do entendimento sem a ajuda de orientação especializada. Portanto, o principal objetivo de Schleiermacher era estabelecer bases para a *verdadeira* representação do significado e, em contrapartida, para deslegitimar ou refutar todas as interpretações competitivas. Mais conspicuamente, a notória ambição da razão legislativa encontrou sua expressão na preocupação quase obsessiva de Schleiermacher em demonstrar a superioridade do intérprete metódico sobre o produtor do objeto da interpretação. Schleiermacher se esforçou para provar que a compreensão do intérprete é melhor que a do autor do texto; que o autor não é um juiz confiável do significado de sua própria criação; e isso apesar do fato de que o propósito proclamado da investigação hermenêutica era a *recriação* do ato de criação, a recuperação de algo que já era conhecido, mas foi esquecido ou obscurecido com a passagem do tempo ou se tornou pouco visível devido à distância espacial.

Os esforços para implantar a hermenêutica como uma arma da razão legislativa nunca pararam de verdade. Eles se destacaram entre as preocupações de Dilthey e na própria concepção do *círculo hermenêutico* que descrevia o processo de compreensão como um distanciamento gradual – mas implacável – do intérprete da ideia que já residia na mente do criador e afirmava enfaticamente a correlação entre essa distância e a qualidade da compreensão (na verdade, a proximidade entre a interpretação e a verdade procurada). Para

Dilthey, a oportunidade de uma verdadeira interpretação *cresce* em vez de *diminuir* com o passar do tempo e o crescimento da distância geográfica, ou seja, com o aprofundamento da diferença cultural (ideia avidamente adotada posteriormente por Claude Lévi-Strauss em uma das mais influentes tentativas recentes de estabelecer a prática da interpretação como subserviente à razão legislativa). Dilthey tentou fundamentar essa superioridade intelectual do intérprete como uma lei da história, por assim dizer: por meio de sua tendência inerente à universalização da condição humana e à fusão de perspectivas culturais, a história em cada estágio sucessivo amplia os horizontes cognitivos dos intérpretes. Os leitores situados em uma cultura historicamente superior são intérpretes superiores graças à superioridade de sua cultura, uma variedade caracteristicamente moderna da confiança, a qual combinava o direito ao julgamento intelectual e o axioma da localização máxima da civilização moderna na hierarquia temporal e espacial de formas sociais. A mesma intenção transparece em outra decisão de Dilthey – concentrar o trabalho de interpretação na arte e na filosofia, supostamente os "pontos altos" de qualquer civilização, nos quais o espírito de determinada cultura desabrocha e, portanto, pode ser mais bem descoberto e mais completamente compreendido. A hermenêutica se torna, portanto, uma espécie de assunto de família: uma conversa contínua entre intelectuais como criadores culturais, sendo cada geração mais sábia ("pela lógica da universalização histórica") do que a anterior (a suposição que serve ao propósito da reafirmação da natureza inerentemente progressiva da história intelectual).

Próximo ao fim de sua vida, porém, Dilthey se aproximou da crítica e da rejeição às ambições legislativas. Sua crença na superioridade de um intérprete historicamente privilegiado se tornou mais uma esperança (de certa forma, um postulado metodológico) do que uma certeza. O que é pior, não poderia mais se tornar uma certeza pelos próprios esforços do intérprete: somente o fim da história (isto é, o improvável e pelo menos distante momento da universalidade tão completa que exclui a possibilidade de extensão posterior) poderia ter trazido uma interpretação abrangente e evidente o suficiente para ser reconhecida como a verdade final e permanecer incontestada. Nas últimas obras de Dilthey se encontram as sementes daquela dúvida que mais tarde dominou os filósofos hermenêuticos e os levou a mudar suas práticas do domínio da razão legislativa para o da razão interpretativa.

As sementes plantadas por Dilthey frutificaram plenamente no trabalho de Hans Gadamer (ironicamente chamado *Verdade e método*) e assim atraiu a fúria dos porta-vozes da razão legislativa liderados por Betti. Gadamer expôs a inevitável conclusão de que "a descoberta do verdadeiro significado de um texto ou de uma obra de arte nunca termina; é de fato um processo infinito". Isso já era ruim o suficiente para as ambições da razão legislativa, mas ainda assim uma ofensa menor quando comparada com o pecado realmente imperdoável de Gadamer: sua negação do privilégio especial reivindicado pela hermenêutica profissional (ou melhor, pela parcela da classe do conhecimento que reivindicava a hermenêutica como sua propriedade exclusiva, um campo de especialização não compartilhado):

> Decorre dessa posição intermediária em que a hermenêutica opera que seu trabalho não consiste em desenvolver um procedimento de compreensão, mas em esclarecer as condições em que a compreensão ocorre. Porém essas condições não são da natureza de um "procedimento" ou de um método que o intérprete deve aplicar ao texto; elas devem ser dadas. Os preconceitos e os pré-significados na mente do intérprete não estão à sua disposição [...].
>
> A compreensão não é, de fato, a compreensão superior [...]. É suficiente dizer que compreendemos de uma maneira diferente, se é que compreendemos.[11]

[11] Gadamer, Hans-Georg. *Truth and Method*. Trad. Garrett Burden e John Cumming. Londres: Sheed & Ward, 1975. p.263-5. [Ed. bras.: *Verdade e método*. 2v. Petrópolis: Vozes, 2015.] Note a afinidade notável entre essas formulações de Gadamer e o ceticismo interpretativo de Freud, cada vez mais evidente no final de sua longa vida dedicada à "hermenêutica do eu humano". A partir de 1936, Freud repetidamente se perguntava "existe um fim natural para uma análise ou é realmente possível conduzi-la a tal fim?" ("Análise terminável e interminável"), "que garantia nós

Do ponto de vista da razão legislativa, tais declarações devem soar como heresia e abominação. Elas não são pensamentos que possam ser perdoados e com os quais é possível conviver em paz. A *raison d'être* do projeto legislativo era a possibilidade de um *método* – isto é, de um procedimento que garantisse a validade do resultado pelo simples fato de ter sido escrupulosamente seguido e do princípio de que as descobertas ao final do procedimento metódico apresentam uma validade superior que nenhum esforço não metódico pode reivindicar. Esses são os cânones que Gadamer explícita ou implicitamente negou, sugerindo, em vez disso, que só se pode atribuir um *status* noológico idêntico ao entendimento leigo e ao profissional, já que cada um se tornou possível pela própria variedade específica de *Vorurteil* (e permanece enclausurado nela) e que, embora permaneçam diferentes (possivelmente para sempre) um do outro, nenhum deles pode reivindicar superioridade.

Somente nesse ponto a hermenêutica se emancipa da supremacia (factual ou intencional) da razão legislativa e se torna, ao contrário, uma prática da razão interpretativa. O que Gadamer disse sobre a convergência suprema entre a atividade de interpretação e a verdade parece nada satisfatório quando medido pelos objetivos da razão legislativa e, portanto, merecidamente descartado como apenas um elogio não sincero à nostalgia filosófica: a notória sugestão de "fusão de horizontes" aponta claramente além dos limites do tipo de prática que os filósofos podem esperar administrar e controlar. Dada a precedência indesejável e inevitável do preconceito sobre

---

temos enquanto estamos trabalhando nessas construções?" ("Construção em análise"), apenas para admitir que "pode parecer que nenhuma resposta geral pode, em todo caso, ser dada a essa questão", e, de maneira ainda mais seminal, que os praticantes da psicanálise não podem "fingir que uma construção individual é algo além de uma conjectura que aguarda análise, confirmação ou rejeição" (*Collected Papers*. v.5. Londres: Hogarth Press, 1950. p.319, 363-5). Freud reteve o vocabulário de "confirmação" e "rejeição", enquanto o cerne de seu argumento sugeria a ausência de um procedimento operacional que pudesse tornar tais tipos ideais de razão legislativa aplicáveis na prática psicanalítica.

toda percepção e compreensão, a fusão de horizontes não pode ser resultado apenas de processos de pensamento. A perspectiva é mais um consolo do que um conselho prático que pode ser, com o devido esforço, reformulado em um método – e em ação.

Por motivos interpretativos, os porta-vozes ficaram mais ousados a cada ano. Roland Barthes transformou o aforismo de Nietzsche sobre a verdade ser "apenas a solidificação de velhas metáforas" no princípio de sua própria teoria da interpretação, altamente influente:

> *Texto* significa *Tecido*; e embora até aqui tenhamos encarado esse tecido como um produto, um véu pronto, atrás do qual jaz, mais ou menos oculto, o sentido (a verdade), estamos agora enfatizando, no tecido, a ideia geradora de que o texto é feito, é elaborado, em um perpétuo entrelaçamento; perdido nesse tecido – nessa textura –, o sujeito se desfaz, como uma aranha que se dissolve nas secreções construtivas de sua teia. Se gostássemos de neologismos, poderíamos definir a teoria do texto como uma *hifologia* (*hyphos* é o tecido e a teia de aranha).[12]

A partir daí, foi apenas um pequeno passo rumo à *intertextualidade* de Jacques Derrida (uma conversa interminável entre os textos sem perspectiva de chegar a um ponto acordado ou parar nele) e sua máxima desafiadora "*não há nada fora do texto*" (ou seja: qualquer coisa que possamos conhecer é um texto; a única coisa a que um texto

---

[12] Barthes, Roland. *The Pleasure of the Text*. Trad. Richard Miller. Nova York: Hill & Wang, 1975. p.40, 64. [Ed. bras.: *O prazer do texto*. São Paulo: Perspectiva, 2019.] Em *The Visible and the Invisible* (Evanston: Northwestern University Press, 1969, p.40-1) [ed. bras.: *O visível e o invisível*. São Paulo: Perspectiva, 2019], Maurice Merleau-Ponty destaca a nova imagem da interpretação como um processo contínuo e, no final, monótono:

> Pois quando uma ilusão se dissipa, quando uma aparência repentinamente se desfaz, é sempre em proveito de uma nova aparência que retoma por conta própria a função ontológica da primeira [...]. A des-ilusão é a perda de uma evidência apenas porque é a aquisição de *outra evidência*.

A quebra de qualidade que a visão linear da razão legislativa nos fez esperar não se segue ao processo.

pode nos remeter em nosso esforço para apreender seu significado é outro texto; nada que possamos conhecer pode reivindicar um *status* melhor, mais sólido ou diferente daquele do texto).

A filosofia de Derrida é a de um mundo contingente e de um conhecimento contingente, em que a linha divisória entre o mundo e o conhecimento não é mais clara, nem se espera que seja clara, nem se deseja que seja clara. Com essa linha divisória, desaparecem todos os outros limites sagrados do "discurso platônico": aqueles entre sujeito e objeto, dentro e fora, sentido e contrassenso, conhecimento e opinião, certeza e contingência, verdade e erro. A impossibilidade de traçar e proteger tais limites, dizem-nos, reside no próprio impulso e esforço para marcá-los; todos os sistemas de marcas (sendo a linguagem o mais proeminente deles) apresentam uma tendência interna de multiplicar o acaso e o contingente enquanto se esforçam para contê-lo e eliminá-lo: eles produzem ambivalência no caminho enquanto apontam para o universo bem marcado e transparente dos significados. Uma das fronteiras mais importantes que não podem ser traçadas com clareza e que geram ambiguidade no próprio processo de serem traçadas compulsivamente é aquela entre o texto e sua interpretação. A mensagem central de Derrida é que a interpretação é apenas uma extensão do texto, que ela "cresce dentro" do texto do qual ela quer se separar, e assim o texto se expande enquanto é interpretado, o que exclui a possibilidade de ele se esgotar na interpretação. A filosofia da desconstrução de Derrida expressa a inevitabilidade do significado múltiplo e a infinitude do processo interpretativo[13] – não por causa da impotência da mente cognoscente, mas como resultado da incrível potência da capacidade

[13] Handelman, Susan A. *The Slayers of Moses: The Emergence of Rabbinical Interpretation in Modern Literary Theory*. Albany: State University of New York Press, 1982. esp. p.49-50, 91, 131. Handelman apresenta a filosofia de desconstrução de Derrida como uma reafirmação da tradição rabínica de interpretações que "fazem parte da malha e se entrelaçam com o próprio texto em oposição ao 'literalismo protestante'" – aquela "hermenêutica da imanência e do sentido unívoco".

cognitiva de regenerar o próprio texto que visa domar, prender e ossificar e de expandir o mundo que ela se esforça para confinar e cercar. O trabalho de interpretação gera *suplementos* metonímicos mesmo quando determinado a gestar a *substituição* metafórica.

Embora a hermenêutica de Derrida tenha desafiado toda a ideia de que a consistência lógica e um método especificamente científico podem levar a uma verdade conclusiva e *apodíctica*, inacessível de qualquer outra forma (uma ideia constitutiva da razão legislativa), seu preceito indiscutivelmente mais seminal é "a necessidade metodológica de se incluir na questão e no problema, aceitando a responsabilidade por sua própria reflexividade de erro". Essa hermenêutica, que os autores dessas palavras[14] tratam como idêntica ao *discurso pós-moderno*,

> quer lançar seu rebote – para abandonar uma tradição de autocerteza e para se afastar das condições de sentido definidas nessa tradição, sem cair na mera ininteligibilidade. A acusação de contradição maciça feita por quem é de fora ("O que você diz refuta o que você diz") é um antigo *tópos* do argumento filosófico [...]. Entretanto, no pós-modernismo, o efeito rebote da declaração sobre si mesma não é passivamente sofrida ou recebida com embaraço, como algo silencioso; ela é ativamente acolhida. O discurso foi reconstituído justamente sobre essa instabilidade.

A atividade de interpretação é, assim, "absorvida na atividade do texto"[15] e gera sempre novas tarefas para si mesma enquanto se ocupa em resolvê-las. Tal qualidade de autoexpansão de todo trabalho hermenêutico tem o mesmo efeito rebote que a indecidibilidade e a inconclusão de toda interpretação, cada uma complementando, em vez de substituir, o texto interpretado e abrindo uma nova

[14] Introdução de Joseph H. Smith e William Kerrigan de *Taking Chances: Derrida, Psychoanalysis and Literature* para o livro por eles editado (Baltimore: Johns Hopkins University Press, 1984, p.x-xi).

[15] *Midrash and Literature*. Ed. Geoffrey H. Hartman; Sanford Budick. New Haven: Yale University Press, 1986. p.xi.

demanda para uma interpretação ainda mais complexa. Pode-se dizer que o círculo hermenêutico da razão legislativa é rompido e esticado em uma espiral (para parafrasear Pascal), estando seu centro em toda parte e sua circunferência em lugar nenhum, uma espiral que aponta para o infinito.

O que se segue é que, para a razão interpretativa, seu próprio trabalho é a principal causa de a impossibilidade de sua tarefa (o *focus imaginaire*, para emprestar a expressão de Rorty que orienta suas buscas) ser realizada. *Em primeiro lugar*, se a razão legislativa é estimulada pelo desejo irresistível de "completar o trabalho", a razão interpretativa trabalha consciente da infinitude e da perpetuidade da tarefa. A busca da verdade, e não a verdade em si, está agora livre do espaço e do tempo. É em vista desse infinito que as hierarquias de poder desmoronam (todo o poder, como esforço para subsumir e excluir, está ligado à temporalidade), as diferenças de *status* entre interpretações coexistentes e rivais diminuem e se tornam insignificantes, e a própria ideia de um "conhecimento privilegiado" (isto é, uma interpretação "verdadeira" com direito a declarar suas alternativas inválidas) perde o sentido. *Em segundo lugar*, a pluralidade de interpretações (convivência de saberes rivais) deixa, dessa forma, de ser vista como um inconveniente lamentável, embora temporário e, em princípio, sanável (como o foi para a razão legislativa), tornando-se o traço constitutivo do ser como tal. Em outras palavras, a razão interpretativa parte do momento da reconciliação com a natureza intrinsecamente pluralista do mundo e sua consequência inevitável: a ambivalência e a contingência da existência humana. A razão interpretativa não admitiria que esse armistício com a contingência do mundo e todo o conhecimento seria um sinal de fraqueza e rendição; acima de tudo, essa razão recusar-se-á obstinadamente a considerar seriamente a acusação de relativismo (ou melhor, a considerar o relativismo como uma acusação séria). A resposta de Rorty é típica da reação normal:

> Apenas a imagem de uma disciplina – a filosofia – que escolherá um dado conjunto de pontos de vista científicos ou morais como mais "racionais" do que as alternativas, apelando para algo que forma uma matriz neutra permanente para toda investigação e toda história torna possível pensar que tal relativismo deve automaticamente excluir teorias de coerência de justificação intelectual e prática. Uma razão pela qual os filósofos profissionais recuam diante da alegação de que o conhecimento pode não ter fundamentos, ou direitos e deveres em bases ontológicas, é que o tipo de behaviorismo que dispensa fundamentos está no caminho certo para dispensar a filosofia.[16]

No caso, filosofia da razão legislativa, para ser mais preciso. A razão interpretativa se recusa a legislar, e essa recusa a torna criminosa do ponto de vista da estratégia legislativa. Não se pode se arrepender desse crime e ele tampouco pode ser perdoado. As duas filosofias não podem ser conciliadas.

Isso também é verdade para as duas sociologias, cuja relação mútua reproduz o abismo que divide a razão legislativa e a interpretativa. Desafiando a estratégia moderna, a sociologia (interpretativa) *pós-moderna* se recusa a julgar a questão do conhecimento leigo e, em particular, abstém-se da tarefa de "corrigir" o senso comum. Ela também não está disposta a se posicionar fora do discurso (inevitavelmente particular e "local") e, assim, buscar outros fundamentos

---

[16] Rorty, Richard. *Philosophy and the Mirror of Nature*, op. cit., p.179. Ricoeur, Paul. Em Truth and Falsehood, em *History and Truth* (Trad. Charles A. Kelbley. Evanston: Northwestern University Press, 1979) [ed. bras.: *História e verdade*. Rio de Janeiro: Forense, 1968], Paul Ricœur insiste que

> a ciência nunca é mais do que uma "práxis" entre outras, uma "práxis teórica", como diz Husserl, constituída pela decisão de suspender todas as considerações afetivas, utilitárias, políticas, estéticas e religiosas e de tomar como verdadeiro apenas aquilo que responde aos critérios do método científico em geral e da metodologia particular de determinada disciplina.

Na visão de Ricœur, é a "natureza ambígua de nossa vontade de unidade" que é ao mesmo tempo "o objetivo da razão e da violência" e fonte constante de uma tentação "para unificar o verdadeiro pela violência". Uma tentação, diz Ricœur, à qual a Igreja e o Estado se renderam, mas que, pode-se acrescentar, sempre ameaça seduzir a filosofia da razão legislativa.

além daqueles que tal discurso pode fornecer. Ela aceita como um destino sua própria "interioridade" e tenta forjar novamente sua *fatalidade* em *destino* – em uma posição que se pode escolher com plena consciência, a fim de explorar e utilizar as oportunidades que ela contém. A partir de então, ela se propõe a esclarecer as condições sob as quais o conhecimento (todo conhecimento, inclusive ela própria) é formado e socialmente sustentado, ao mesmo tempo que permanece sempre consciente de seu próprio trabalho como uma atividade que acrescenta, em vez de substituir e deslocar, as interpretações tecidas na realidade que deseja interpretar. Ela visa não tanto à *fusão de horizontes*, mas à *ampliação de horizontes* por meio da exposição de sua pluralidade inerente e de seu caráter mutuamente *complementar*, em vez de mutuamente *exclusivo*.

## A razão legislativa como memória histórica

Em seu recente livro de ensaios, Martin Jay ofereceu sua própria versão das preocupações intelectuais "pós-heideggerianas" amplamente difundidas. Ele sugeriu como fórmula para a estratégia social-científica (e, de forma geral, filosófica) "combinar a hermenêutica da suspeita com o significado recompilado" – a primeira parte representa a aceitação da pluralidade de verdades no mundo pós-moderno irremediavelmente plural; a segunda representa a perpetuação do papel tradicional (moderno, legislativo) pelos intelectuais transformados forçosamente em intérpretes. Ele insiste na necessidade de manter a hierarquia dos valores culturais e do gosto artístico e oferece uma versão atualizada do antigo princípio "schleiermacheriano" da autoridade interpretativa do crítico e do historiador cultural sobre o artista ou, de maneira mais geral, sobre os membros leigos de uma comunidade cultural.[17] O que Jay e muitos

[17] Jay, Martin. *Fin-de-siécle: Socialism and Other Essays*. Londres: Routledge, 1988. p.34, 50, 60.

outros para os quais ele atua como porta-voz não fizeram foi revelar a essência sociológica de tais preocupações, que se mostra por meio da inquietação aguda com a distinção entre os horizontes a serem fundidos e as pessoas de quem se espera a realização dessa fusão ou que afirmam fazê-lo; entre as "interpretações suspeitas" e os "intérpretes suspeitos"; entre a comunicação distorcida que viola seus "princípios reguladores" e os guardiões e árbitros dos princípios.

Com a modernidade gradativamente se reconciliando com sua própria situação (o único *habitat* em que ela pode viver enquanto permanece ela mesma), a solidão definitiva e a soberania irredutível do sujeito pensante se tornaram aparentes, trazendo desordem aos arranjos de "segurança coletiva" do trabalho intelectual. Com a nova consciência de que "o discurso se destina a *constituir* o terreno sobre o qual decidir-se-á *o que deve contar como fato* nas questões em consideração e determinar-se-á *qual modo de compreensão* é o mais adequado para a compreensão dos fatos assim constituídos"[18] ou que "todo cientista social (como um repositório individual da esfera da ciência social) deve lidar com sua própria espiral hermenêutica [...]. A única coisa que determina o ponto em que um cientista social deve cessar a busca pelo entendimento é seu bom senso [...]",[19] as questões repetidamente levantadas por Jay devem ter sido feitas com crescente ansiedade. Por todos os padrões herdados do longo domínio da razão legislativa, o bom senso, a força de vontade e a

---

[18] White, Hayden. *Tropics of Discourse: Essays in Cultural Criticism*. Baltimore: Johns Hopkins University Press, 1978. p.3. [Ed. bras.: *Trópicos do discurso: ensaios sobre a crítica da cultura*. São Paulo: Edusp, 2014.] White indica que todo "silogismo *aplicado* contém um elemento entimemático, que consiste na decisão de se mover" de um plano a outro, uma *decisão* que "a lógica não pode presidir".

> E se isso é verdadeiro até para o silogismo clássico, o quão mais verdadeiro deve ser para aqueles pseudossilogismos e cadeias de pseudossilogismos que compõem o discurso em prosa mimético-analítico, do tipo encontrado na história, na filosofia, na crítica literária e nas ciências humanas em geral?

[19] Heller, Agnes. *Can Modernity Survive?* Cambridge: Polity Press, 1990. p.25-6.

ousadia necessários para determinar o que seria julgado como "os fatos da questão" pareciam oferecer fundamentos irremediavelmente inadequados para sustentar a posição social do pensamento social.

Assim, a pós-modernidade, a era da contingência *für sich*, da contingência autoconsciente, também é, para o ser pensante, a era da comunidade, do desejo pela comunidade, da busca pela comunidade, da invenção da comunidade, da imaginação da comunidade. O pesadelo de nossos contemporâneos – escreve Manning Nash[20] – "é ser desenraizado, ficar sem documentos, sem pátria, sozinho, alienado e à deriva em um mundo de outros organizados"; é ter, em outras palavras, a identidade *negada* por aqueles que, sendo outros (ou seja, diferentes de nós), *parecem* sempre à distância invejavelmente "resolvidos", "integrados", "organizados" e seguros de sua própria identidade. Nash está preocupado apenas com uma resposta étnica a esse medo – mas essa resposta pode servir de padrão para todas as outras:

> A dimensão identitária da etnicidade (quaisquer que sejam suas profundas raízes psicológicas) se apoia no fato de que os membros dos grupos étnicos são considerados "humanos" e confiáveis de maneiras que os de fora não o são. O grupo étnico oferece um refúgio contra um mundo hostil e indiferente.

A comunidade – étnica ou de qualquer outro tipo – é pensada como a estranha (e, no final das contas, incongruente e inviável) mistura de diferença e companhia: como singularidade pela qual não se paga com isolamento, como contingência com raízes, como liberdade com certeza; sua imagem e seu fascínio são tão incongruentes quanto aquele mundo de ambivalência universal do qual (espera-se) ela abrigaria.

Raramente se explica a verdadeira razão da variedade especificamente intelectual do amor universal (embora em geral não corres-

---

[20] Nash, Manning. *The Cauldron of Ethnicity in the Modern World*. Chicago: University of Chicago Press, 1989. p.128-9.

pondido) pela comunidade. Muito frequentemente, ela se revela não intencionalmente, como em uma frase recente de Chantal Mouffe:[21]

> sempre é possível distinguir entre o justo e o injusto, o legítimo e o ilegítimo, mas isso só pode ser feito dentro de determinada tradição [...]. De fato, não há ponto de vista externo a toda tradição a partir do qual se possa oferecer um julgamento universal.

Essa frase pretendia ser uma polêmica contra os falsos pretextos do objetivismo impessoal e supra-humano que direcionaram as estratégias modernas voltadas para a supressão da contingência, um outro ataque nas brigas insatisfatórias, mas no geral prazerosas, contra a "ciência positivista",[22] contra a esperança piedosa de que se pode sempre "ter razão" em todos os tempos, lugares e *para todos*. Na verdade, a mensagem de Mouffe é que, mesmo a verdade absoluta estando extinta e a universalidade estando morta e enterrada, algumas pessoas pelo menos ainda podem ter o que seus benfeitores do passado (legislativamente predispostos), agora condenados como enganosos, prometeram dar: o prazer de "ter razão" – embora agora talvez não em todos os momentos, não em todos os lugares ao mesmo tempo e apenas para certas pessoas.

---

[21] Mouffe, Chantal. Radical Democracy: Modern or Postmodern?, em *Universal Abandon? The Politics of Postmodernism*. Edimburgo: Edinburgh University Press, 1988. p.37.

[22] Como Peters e Rothenbuhler comentaram com perspicácia,

> assim como o criminoso de rua é um trabalhador produtivo demais em nossa sociedade para ser totalmente eliminado (ele sustenta a lei, as prisões, a polícia, os instaladores de alarmes antirroubo, os repórteres do crime e os redatores do horário nobre da televisão), da mesma forma o positivista, com seu apego devoto a uma realidade separada de tudo que é humano, tem sustentado a maior parte da crítica acadêmica na última década (sustentando críticas marxistas, hermenêuticas e desconstrutivas, por exemplo, uma vez que considera o político como o neutro, o feito como o dado e o exercício da vontade como uma verdade aparente). (Peters, John Durham; Rothenbuhler, Eric W. The Reality of Construction, em *Rhetoric in the Human Sciences*. Ed. Herbert W. Simons. Londres: Sage Publications, 1989. p.16-7)

A "tradição" (que em outros textos poderia ser a "comunidade" ou uma "forma de vida") é a resposta à ansiedade de Richard Bernstein expressa em sua réplica ao tratamento da contingência de Rorty – uma resposta que muitos acharam radical demais para provocar o entusiasmo popular e cuja demanda por heroísmo era certamente grande demais para prenunciar seriamente uma multidão de seguidores. Tendo admitido a Rorty a falta de fundamentos universais para qualquer crença ou valor localmente sustentado, Bernstein[23] não podia negar a si mesmo perguntando

> Como devemos decidir quem são os debatedores racionais e em que sentido eles são "racionais"? [...] Separar os debatedores racionais daqueles considerados irracionais é precisamente o tipo de questão que precisa ser "elaborada" [...]. Há muitas questões relativas à justificação, à objetividade, ao escopo das disciplinas, à maneira adequada de distinguir os debatedores racionais dos irracionais e à *práxis* que podem ser respondidas e exigem nossa atenção.[24]

Tudo bem – assim Bernstein parecia estar dizendo –, não se pode estabelecer regras autorizadas que se estendam além dos limites de

---

[23] Bernstein, Richard. *Philosophical Profiles: Essays in a Pragmatic Mode*. Cambridge: Polity Press, 1985. p.53, 57.

[24] Trinta e cinco anos se passaram desde que Dwight Macdonald ofereceu o mito da "comunidade" como uma cura para a atomização e a solidão atuais, mas sua poesia lírica (reproduzida na Inglaterra com êxito por F. R. Leavis) ainda é distintamente audível na convicção confiante, que não permite dúvidas, de que a "comunidade" fará o que a desacreditada "sociedade" espetacularmente fracassa em conseguir. A comunidade, na interpretação memorável de Macdonald, é

> um grupo de indivíduos ligados uns aos outros por interesse, trabalho, tradições, valores e sentimentos comuns; algo como uma família, onde cada um de seus membros tem um lugar especial e funciona como indivíduo, ao mesmo tempo que compartilha os interesses do grupo (orçamento familiar), sentimentos (brigas familiares) e cultura (brincadeiras familiares). A escala é pequena o suficiente para que aquilo que o indivíduo faz "faça a diferença", uma primeira condição para o humano – em oposição à existência de massa [Macdonald provavelmente teria escrito hoje "contingente" – Z.B.]. (Macdonald, Dwight. A Theory of Mass Culture, *Diogenes*, v.3, p.1-17, 1953.)

determinada comunidade de significado ou tradição, mas certamente esse requisito não precisa significar que o jogo de regras acabou. Certamente os árbitros e suas decisões, contra as quais os jogadores não podem apelar, ainda existem e são necessários, embora com uma "área de influência" um pouco menor, uma área de jurisdição mais estreita. A "distinção entre o justo e o injusto" que é "sempre possível" é precisamente o propósito para o qual Mouffe postula a "tradição". A necessidade da "exigência *objetiva* de nossa atenção", da fundamentação do direito, de distinguir-nos, os sujeitos *racionais*, daqueles que podemos descartar como *irracionais* é o motivo de Bernstein para fazer o mesmo. A angústia da pessoa contingente que busca a afirmação de sua verdade pessoal é auxiliada e apoiada pela ansiedade de um intelectual que busca a reafirmação de seus direitos legislativos e de seu papel de liderança.

Michel Maffesoli sugeriu recentemente um conceito altamente sugestivo de *neotribalismo*[25] para descrever um mundo como o nosso, um mundo que contém, como característica marcante, a busca obsessiva pela comunidade. Maffesoli sugere que se trata de um mundo *tribal*, que admite apenas verdades tribais e decisões tribais sobre certo e errado ou beleza e feiura. No entanto, ele é também um mundo *neo*tribal, diferente em aspectos vitais da antiguidade tribal original.

As tribos, como as conhecemos a partir de relatórios etnográficos e relatos antigos, eram corpos fortemente estruturados com membros controlados. Agências gerontocráticas, hereditárias, militares ou democráticas, invariavelmente munidas de poderes eficazes de inclusão e exclusão, monitoravam o trânsito (por mais limitado que

---

[25] Maffesoli, Michel. Jeux de masques: Postmodern Tribalism, *Designing the Immaterial Society*, v.4, n.1-2, p.141-51, 1988. Maffesoli se baseia em ideias anteriores de Gilbert Durand e Edgar Morin. O termo de Maffesoli, ao que parece, tenta captar fenômeno semelhante ao discutido por Eric Hobsbawm sob o título de *invenção da tradição* e por Benedict Anderson sob o título de *comunidade imaginada*.

fosse) nas fronteiras do grupo. Permanecer dentro ou fora da tribo raramente era uma questão de escolha individual; na verdade, esse tipo de destino era especialmente inadequado para ser forjado novamente em destino. As neotribos (as tribos do mundo contemporâneo), ao contrário, são formadas como conceitos, e não como corpos sociais integrados, pela multiplicidade de atos individuais de *autoidentificação*. Tais agências que podem surgir de tempos em tempos para manter os fiéis unidos têm poder executivo limitado e pouco controle sobre a cooptação ou o banimento. Muito frequentemente, as "tribos" ignoram seus seguidores, e os seguidores em si são enigmáticos e inconstantes. Eles se dissipam tão rápido quanto aparecem. O "pertencimento" é relativamente revogável e é separado de obrigações de longo prazo; esse é um tipo de "pertencimento" que não requer um procedimento de admissão ou decisões oficiais e que pode ser dissolvido sem permissão ou aviso. As neotribos "existem" apenas por decisões individuais para exibir as marcas simbólicas da lealdade tribal. Elas desaparecem quando as decisões são revogadas ou o zelo e a determinação dos "membros" somem. Elas persistem apenas graças a sua contínua capacidade de sedução. Elas não podem perdurar mais do que seu poder de atração.

Em outras palavras, as neotribos são os veículos (e sedimentos imaginários) da autodefinição individual. Os esforços de autoconstrução as geram; a inevitável inconclusão e a frustração de tais esforços leva a seu desmantelamento e substituição. Sua existência é transitória e sempre em fluxo. Elas inflamam mais a imaginação e atraem a lealdade mais ardente quando ainda residem no domínio da esperança. Elas são muito frouxas como formações para sobreviver ao movimento que leva da esperança à prática. Parecem ilustrar a descrição de Jean-François Lyotard de ser como "escapar da determinação e chegar, ao mesmo tempo, muito cedo e muito tarde".[26]

---

[26] Lyotard, Jean-François. *Peregrinations: Law, Form, Event*. Nova York: Columbia University Press, 1988. p.32. [Ed. bras.: *Peregrinações: lei, forma e acontecimento*. São Paulo: Estação Liberdade, 2000.]

Elas também parecem se encaixar muito bem no conceito kantiano de *comunidade estética.*

Para Kant, a comunidade estética é e deve permanecer uma *ideia,* uma promessa, uma expectativa, uma esperança de unanimidade que não é para acontecer. Essa esperança dá vida à comunidade estética; a não realização dessa esperança a mantém lutando pela vida e, portanto, viva. A comunidade estética deve sua existência, por assim dizer, a uma falsa promessa. Mas a escolha individual não pode ser feita sem tal promessa.

> Kant usa a palavra "promessa" para apontar o *status* inexistente dessa república do gosto (dos Gostos Unidos?). A unanimidade com respeito ao que é belo não tem chance de se concretizar. Entretanto, todo julgamento do gosto real traz consigo a promessa de universalização como traço constitutivo de sua singularidade [...].
>
> A comunidade exigida como suporte para a validade de tal julgamento deve estar sempre em processo de se fazer e se desfazer. O tipo de consenso que tal processo implica, se é que existe algum consenso, não é de forma alguma argumentativo, mas sim alusivo e evasivo, dotado de uma forma espiralada de estar vivo, combinando a vida e a morte, permanecendo sempre *in statu nascendi* ou *moriendi,* sempre deixando em aberto se ele realmente existe ou não. Esse tipo de consenso definitivamente nada mais é do que uma nuvem de comunidade.[27]

Aqueles entre nós que – motivados por memórias da era legislativa – desejam se agarrar a uma situação em que "sempre é possível distinguir o legítimo e o ilegítimo" estão fadados a se decepcionar. O melhor que eles podem obter para sustentar tal possibilidade sob as atuais condições pós-modernas são apenas tais comunidades estéticas – *nuvens de comunidades.* Essas comunidades nunca serão nada parecidas com os lares de unanimidade aconchegantes e irrefletidos (aconchegantes *porque* irrefletidos) de Tönnies. As comunidades no estilo das de Tönnies desmoronam quando se reconhecem como comunidades. Elas desaparecem (se é que não evaporam antes)

[27] Ibid., p.38.

uma vez que dizemos "como é bom estar em uma comunidade". A partir desse momento, a comunidade não é um local de assentamento seguro; é tudo trabalho árduo e luta árdua, o horizonte na estrada sem fim que recua constantemente, nada natural ou aconchegante. Consolamo-nos e reunimos nossa determinação murcha invocando a fórmula mágica da "tradição" – tentando esquecer que a tradição vive apenas sendo recapitulada, sendo interpretada como *herança*; que ela aparece, se é que aparece, apenas no final, nunca no início do acordo; que sua unidade do passado é apenas uma função da densidade da nuvem comunal de hoje...

Dado nosso conhecimento da contingência – agora transbordando da ideia de belo para a do próprio ser, de sua verdade e de sua *razão* –, não podemos abandonar nossa procura pelo consenso: sabemos, afinal, que o acordo não é predeterminado e não é garantido de antemão, que não tem nada além de nosso argumento para se sustentar. Nossa coragem é a do desespero. Não podemos deixar de redobrar nossos esforços indo de derrota em derrota. A antinomia kantiana do julgamento de gosto mostrava que a disputa era tão inevitável quanto, no final, inconclusiva e irrelevante – uma circunstância que tanto Habermas quanto seus detratores perdem de vista. Habermas na medida em que apresenta o modelo de comunicação não distorcida como uma perspectiva realista de verdade-consenso, e seus críticos quando tentam negar a adequação de tal modelo, acusando-o de não oferecer uma base firme o suficiente para um acordo, e tacitamente insinuando que outras bases, presumivelmente mais firmes, devem ser buscadas e podem ser encontradas.

Nessas circunstâncias, o principal paradoxo da busca frenética por bases comunais de consenso é que ela resulta em mais dissipação e fragmentação, em mais heterogeneidade. O impulso para a síntese é o principal fator na produção de intermináveis bifurcações. Cada tentativa de convergência e síntese leva a novas cisões e divisões. Aquilo que pretendia ser a fórmula do acordo para acabar com todo o desacordo se revela, quando é formulado, como uma ocasião para mais desacordo e nova necessidade de negociação.

Todos os esforços para solidificar as estruturas soltas do mundo da vida induzem a mais fragilidade e fissura. A busca pela comunidade se torna um grande obstáculo para sua formação. O único consenso provável de representar uma oportunidade de sucesso é a aceitação da heterogeneidade das dissensões.

Para o intelectual, é difícil viver com tal perspectiva. Ela significa um domínio de autoridade tão frágil e delicado quanto a capacidade atual de impor seus "princípios reguladores" a alguns outros que (enquanto obedecem esses princípios, mas dificilmente um minuto a mais do que isso) formam "a comunidade" para a qual uma "tradição" compartilhada pode então ser formada em retrospecto e a comunidade de linguagem construída por meio de práticas inclusivas/exclusivas. Não é de admirar que os intelectuais sonhem com algo mais sólido. Sendo intelectuais, eles devem acreditar que a solidez almejada pode ser apenas uma função da prática teórica, que sua autoridade jurídica sobre as comunidades só pode se tornar permanente e segura por meio da imposição de sua versão da lei e da ordem intelectual. Portanto, tentativas como a de Jay serão feitas repetidas vezes. Elas dificilmente cessarão, pois cada tentativa de traçar fronteiras firmes de outro consenso comunitário (na medida em que permaneça sem o apoio da coerção institucionalizada) tornar-se-ia ela mesma mais um ingrediente daquele pluralismo que pretendia abolir ou pelo menos qualificar. Uma vez fundamentado comunalmente (e reconciliado com tal fundamentação), em vez de buscar garantias supracomunais, de toda a espécie ou mesmo *apodíticas*, o padrão de verdade atende deficientemente à ambição de expandir a autoridade. O que quer que reste das estratégias da razão legislativa se revela contraproducente: ela desafia seu propósito.

## A Crise Pirrônica, Marco Dois

Pouco antes da ascensão espetacular da "filosofia fundacional", no século XVI, a metafísica europeia passou por um breve (porém dramático) período de *crise pirrônica*.[28] O domínio límpido do paradigma aristotélico pareceu chegar ao fim quando os argumentos dos inimigos jurados do "dogmatismo" aristotélico entre os filósofos antigos foram desenterrados, retomados e usados contra aqueles que atualmente buscam a verdade, agora redefinidos como dogmáticos contemporâneos.

Os críticos buscaram o legado da longa linhagem de céticos – de Pirro a Sexto Empírico – que, nos mundos helênico e romano, desempenharam com sucesso o papel da "má consciência" (para alguns) ou de "voz sóbria" (para outros) da filosofia até ser banida pela ascensão da verdade cristã da Revelação. Os céticos duvidavam que a verdade fosse possível; eles duvidavam que, se a verdade fosse possível, nós conhecê-la-íamos; eles duvidavam que, se soubéssemos a verdade, seriamos capazes de convencer a nós mesmos e aos outros de que sabíamos. Um a um, os céticos desmantelavam todos os critérios desenvolvidos pelos aristotélicos para diferenciar as crenças verdadeiras das falsas; nenhum critério resistiu a esse escrutínio e, por indução, os céticos concluíram que nenhum critério desse tipo pode ser encontrado; portanto, as crenças que mantemos nunca ascenderão ao nível da verdade, e a dúvida nunca deixará de assombrar nosso conhecimento.

Em particular, os antigos céticos declararam suspeitos os dois pilares da certeza dogmática: a "evidência dos sentidos" (a confiabilidade das impressões sensoriais humanas) e a "evidência da clareza" (a faculdade crítica humana de distinguir o "obviamente verdadeiro" das falsas convicções). Por mais claras e óbvias que sejam nossas representações, não saberíamos se são verdadeiras, pois os sentidos nos quais confiamos continuam fornecendo informações inconstantes e contraditórias. E não havia como separar as ideias verdadeiras das falsas, pois ambas se mostravam para nós com força, "obviedade" e

[28] Comp. Popkin, Richard H. *The History of Scepticism from Erasmus to Spinoza*. Berkeley: University of California Press, 1979. [Ed. bras.: *História do ceticismo de Erasmo a Spinoza*. Rio de Janeiro: Francisco Alves, 2000.]

graus de clareza semelhantes. O caso cético foi resumido e codificado no decorrer do século I a.C. por Enesidemo sob a forma de dez argumentos (tropos), focando na fragilidade das faculdades cognitivas do sujeito cognoscente. Assim, o segundo tropo apontava para as diferenças nas impressões recebidas por sujeitos individuais; o quarto argumento se referia à mudança de impressões dependendo do estado do sujeito – a idade, a saúde ou o humor –, enquanto vários tropos seguintes consideravam a mudança de forma dos objetos dependendo das circunstâncias externas de percepção, como a posição ocupada pelo objeto ou sua distância do observador. Finalmente, o último argumento levantou a questão da incapacidade do sujeito de separar a evidência dos sentidos das representações induzidas por costumes, leis, crenças lendárias ou, na verdade, pelas próprias teorias dogmáticas.[29] Como nenhum sujeito cognoscente poderia insistir na veracidade de suas impressões e ideias, ninguém poderia reivindicar o tipo de certeza que fundamentaria uma validade universal de seu conhecimento. Nenhuma opinião poderia ser aceita com total e absoluta confiança; não era possível medir de antemão o erro de qualquer visão pois nenhum padrão permitia selecionar, entre a multidão de impressões e ideias, aquelas que poderiam receber o atributo de verdade.

Os argumentos dos céticos, primeiro relegados às margens da filosofia grega, rapidamente ganharam força, influência e público com o pluralismo cultural cada vez maior do mundo helenístico e o crescente *oikoumene* que se abriu com a expansão do domínio romano. Com a perspectiva da "fusão de horizontes" ou qualquer outra forma de "mistura" bastante distante, se não totalmente irrealista, o que inspirou os esforços dos filósofos céticos, mais do que qualquer questão puramente filosófica, foi uma questão totalmente prática: é possível viver razoavelmente (na verdade, com sucesso) sob condições

---

[29] Uma ampla discussão sobre esses argumentos pode ser encontrada em Robin, Léon. *Pyrrhon et le scepticisme grec* (Paris: Presses Universitaires de France, 1944, parte 3, cap.1) ou em Krokiewicz, Adam. *Sceptycyzm grecki* (Warszawa: Pax, 1964, v.2).

de incerteza duradoura e irreparável e, em caso afirmativo, como? Os céticos não eram profetas do desespero, como seus críticos tentavam insinuar nem aconselhavam a resignação e a retirada da vida ativa (no que diferiam dos cínicos e, até certo ponto, dos estoicos). O que eles sugeriam era que a equanimidade filosófica (um estado de espírito que eles compararam ao *galene* – a superfície lisa de um mar sem fundo), o abandono de esforços vãos para separar os grãos de verdade do joio das ilusões, era necessária para se concentrar melhor nos negócios práticos da vida, uma arte que poderia ser exercida de maneira eficaz sem a certeza referendada e atestada por filósofos dogmáticos. De acordo com Pirro, a retirada dos assuntos mundanos seria um ato de rebeldia, uma conduta totalmente em desacordo com a doutrina cética que aconselhava a reconciliação e a humildade. A renúncia à verdade universalmente válida não significava a rejeição da evidência oferecida pela representação, apenas sugeria a necessidade de cautela e a aplicação cuidadosa da razão no planejamento e na execução da ação. Tendo rejeitado todos os critérios dogmáticos da verdade, outro cético, Carnéades, insistiu nos critérios práticos do comportamento apropriado (eficaz). Para este último, ele sugeriu que não era necessária a verdade. Pode-se acreditar em representações confiáveis; melhor ainda, em representações não questionadas e incontestadas por outros, que, portanto, desfrutam do apoio tácito do acordo geral; o melhor de tudo, em representações verificadas e testadas tão minuciosamente quanto possível em determinadas circunstâncias.

A verdade assistida pelo poder da Revelação Cristã silenciou por um tempo as vozes céticas; eles se tornaram audíveis novamente quando a versão eclesiástica do pacote poder/conhecimento se desfez no limiar da era moderna. Assim, a *crise pirrônica* decolou, causando estragos por um tempo, ficando o estabelecimento filosófico repentinamente privado da cobertura protetora da Igreja universal. Logo, porém, a síndrome de poder/conhecimento foi remontada, desta vez graças ao Estado secular cada vez mais ambicioso e poderoso. Com uma nova ordem universal se tornando mais uma vez uma perspectiva plausível, a certeza filosófica foi novamente reunida por meio da obra de Spinoza, Descartes ou Kant. Dessa vez, porém, era a Razão, e não a Revelação, que servia como garantia da confiança chamada verdade: a razão *legislativa* assumia agora a potência criadora do mundo outrora atribuída apenas a Deus. A ordem universal do futuro, afinal, deveria ser *feita*; ela só poderia ser uma obra *humana* e só poderia contar com poderes terrenos.

A queda de credibilidade do projeto de modernização como o caminho real para a nova universalidade pan-espécies, juntamente com a queda de dependência do agora bem estabelecido Estado moderno em bases *ideológicas* (legitimadoras) de disciplina administrativa e integração social, mais uma vez enfraqueceu a convicção e a resolução da razão legislativa e a verossimilhança de sua promessa. A diferença foi revelada pelo que era ao longo da aventura moderna: a condição existencial, em vez de um obstáculo temporário, e assim foi o fundamento existencial do desacordo e da indecidibilidade. As dúvidas céticas, nunca totalmente extintas, voltaram à tona. A Crise Pirrônica Marco Dois começou. Ela constitui o folclore filosófico da pós-modernidade.

Como cada uma das duas crises respondeu ao colapso de uma certeza especificamente fundamentada, o Marco Dois difere um pouco de seu antecessor de três séculos. Em vez de insistir na *fraqueza* do sujeito cognitivo e em sua incapacidade de fazer uma boa escolha em meio à cacofonia de farsas contraditórias (repentinamente expostas quando a capa protetora da autoridade religiosa foi retirada), ele se concentra na *força* da comunidade, em sua capacidade de *fazer* boas escolhas. Em vez de convocar os indivíduos, enlutados pela retirada das garantias supra-humanas da verdade, a desconfiar das promessas de sabedoria irrepreensível e a recorrer às faculdades de seu próprio bom senso, ele os exorta, agora libertos das práticas coercitivas dos definidores da verdade, a se aconchegar no caloroso abraço da comunidade.

A comunidade, presente apenas marginalmente nas deliberações dos pirrônicos dos séculos XVI e XVII (principalmente de forma negativa, como o *habitat* dos sinistros ídolos da tribo ou do mercado), encontra-se de forma mais proeminente no próprio centro do ceticismo de razão interpretativa atual. A conversação e a busca de acordos – os traços definidores da comunidade – servem como metáfora dessa razão em oposição aos poderes que dão comandos e protegem a ordem, preferidos por seu oponente legislativo.

## Renegociando a relação filosofia/sociologia

A atual crise da razão legislativa e a ascensão de sua alternativa interpretativa têm um impacto profundo na relação entre a filosofia e a sociologia. Para os sociólogos, ela significa muito mais do que trocar alianças e afiliações de um tipo de doutrina e estratégia filosófica por outro. Ela significa nada menos que a revisão da própria relação entre a sociologia e a filosofia estabelecida e raramente questionada ao longo da era moderna.

A declaração de intenções associada à filosofia impulsionada e agitada pela razão legislativa era, aberta ou implicitamente, um manifesto antissociológico. A evidente (mesmo que de maneira não intencional) faceta de *relativização* da razão sociológica era um anátema para o projeto legislativo que visava aos fundamentos universais da verdade. As fontes localizadas de crenças que a sociologia estava apta a documentar (e a brincar, indiscriminadamente, com o perigo de legitimação) eram precisamente os obstáculos à verdade que a filosofia legislativa estava determinada a enfraquecer. O último grande ato da razão legislativa, a fenomenologia de Husserl, listou as representações induzidas social e culturalmente (o próprio objeto da investigação sociológica) como a primeira entre as impurezas destinadas a cair sob a lâmina da redução transcendental e a serem "delimitadas" fora do campo da relevância filosófica. A filosofia inspirada pela razão legislativa deixou à sociologia uma escolha entre assumir o papel de criada, mantendo limpo o utensílio analítico na casa do bom conhecimento pertencente aos filósofos, ou enfrentar a possibilidade de demissão desonrosa sem uma carta de recomendação.

Com a descoberta, por parte da razão interpretativa, das bases comunais do conhecimento e a seleção do serviço de comunicação como a principal tarefa dos filósofos, a configuração tradicional foi drasticamente alterada. As tendências desaprovadas e frequentemente reprimidas inerentes à prática sociológica foram reabilitadas, enquanto seus detratores foram desacreditados. Além disso, a investigação sobre as bases do conhecimento em geral, incluindo o bom conhecimento, tornou-se, antes de tudo, um empreendimento *sociológico*, uma vez que se aceitou que a "bondade" do conhecimento é socialmente (comunitariamente) determinada e não pode ser alcançada de outra forma. As preocupações tradicionais da filosofia foram submersas pela razão sociológica. Inverteu-se a estratégia de Husserl: agora são as representações social e culturalmente induzidas, apoiadas e protegidas que estão isentas de reduções e delimitações, enquanto a busca por fundamentos é redirecionada da subjetividade transcendental para o contexto imanente, mundano, da prática da vida cotidiana. A configuração prévia mais pungente do novo relacionamento pode ser obtida em retrospecto a partir da breve descrição de Wittgenstein da compreensão como "saber como prosseguir". Um divisor de águas separa essa descrição da presunção da razão legislativa de ser o entendimento singular que permite a ela e somente a ela dizer aos frequentadores como e aonde ir, e para quê.

Liberta da chantagem da razão legislativa, a sociologia pode se concentrar na tarefa para a qual, pela natureza de sua investigação, sempre esteve mais bem preparada. Ela pode "sair" – tornar-se abertamente o que estava destinada a ser o tempo todo: o comentário informado e sistemático sobre o conhecimento da vida cotidiana, um comentário que expande esse conhecimento ao mesmo tempo que é alimentado e transformado no processo.

# 6
# O mundo segundo Jean Baudrillard

Em um de seus ensaios, George Orwell relembrou o há muito extinto jornal norte-americano *The Booster*, que costumava se anunciar como "*não político, não ético, não literário, não educacional, não progressista, não consistente e não contemporâneo*". Eu me recordo do *The Booster* sempre que tento visualizar o mundo da maneira como foi retratado por Jean Baudrillard, professor de sociologia em Nanterre e, nas últimas duas décadas, um dos analistas mais comentados de nossos tempos. Como aquele diário obscuro, embora com muito mais barulho e fúria, Baudrillard atualiza a identidade de seu mundo apenas com as ausências. O mundo segundo Baudrillard é como uma festa, conhecida principalmente pelo número extraordinário de pessoas que conhecíamos e estimávamos, mas que, infelizmente, não compareceram.

Baudrillard escreve sobre o que não está lá, o que desapareceu, o que não existe mais, o que perdeu sua essência, base ou fundamento. A principal característica de nosso tempo, ele insiste, é o desaparecimento. A história parou. Assim como o progresso, se é que alguma vez houve tal coisa. As coisas com as quais convivemos hoje são identificáveis principalmente como vestígios, outrora partes de uma totalidade que lhes dava um lugar e uma função, mas hoje apenas peças condenadas a buscar em vão um projeto significativo e destinadas a um jogo sem fim.

Até aqui, admito, nada que chocasse um leitor experiente das muitas biografias destes nossos curiosos tempos, a que a maioria dos biógrafos dá o nome de *pós-modernidade*, que significa pouco mais do que o fim, a ausência ou o desaparecimento. Afinal, como é possível escrever sobre uma mudança que ainda está acontecendo e está longe de estar completa? Toda mudança é sobre algo que foi mas não é mais, ou algo que está perdendo sua antiga aparência ou hábitos... Mas a mudança sobre a qual Baudrillard escreve não é uma mudança comum. Ela é, por assim dizer, uma mudança para impedir todas as mudanças. Uma mudança depois da qual não podemos mais falar em mudança. Até a expressão "não mais" perde seu sentido. Não há mais "não mais", pois a linha de base em relação à qual medimos o que é e o que não é – e como o primeiro difere do segundo – também desapareceu.

Falar em mudança implica solidez. Para alterar a identidade, o objeto em mudança deve primeiro ter uma. Os objetos devem possuir limites claros e características próprias inconfundíveis. Eles devem diferir, antes de tudo, de suas imagens e representações. Aquele mundo em que se falava com confiança de mudança, renovação, tendências ou rumos era um mundo firme e confiável onde se podia distinguir entre uma ideia e seu referente, a representação e o que ela representava, a simulação e a verdade, a imagem e a realidade. Todas essas coisas estão irremediavelmente misturadas agora, diz Baudrillard. Portanto, não estamos apenas fadados a falar de desaparecimento: esta é a última vez que podemos fazê-lo. A partir de agora, até mesmo a conversa de "não mais" não será mais. Até o desaparecimento desaparece.

Se tudo isso confunde demais a mente para o nosso gosto, é porque a nossa linguagem não está bem adaptada para discutir a era "pós-mudança". Nossa linguagem implica objetos "lá adiante". Ela invoca uma imagem de coisas que podem ser tocadas e manuseadas, examinadas e medidas. Acima de tudo, as coisas que ela invoca estão separadas umas das outras e ocupam seus próprios lugares no espaço e no fluxo do tempo. Não é de admirar que, uma vez que usemos tal linguagem (lembre-se, esta é a única linguagem que temos) para descrever o mundo de Baudrillard, tudo o que dissermos soará atrapalhado, obscuro e confuso.

A razão disso é que, no mundo de Baudrillard, não temos o direito de falar de distinções e diferenças, mas falamos delas sempre que usamos nossa linguagem – ou seja, sempre que falamos. Tomemos o mais importante dos conceitos de Baudrillard: o da *simulação* ("fingir ter o que não se tem"). A simulação, sabemos, "não é mais aquela de um território, de um ser referencial ou de uma essência". Na simulação – esse modo crucial, universal, talvez exclusivo, como todas as coisas são hoje –, o território não precede mais o mapa. É, antes, o mapa que antecede o território. O mapa "engendra o território". Bem, você diria, pode-se concordar ou discordar dessa proposição, mas pelo menos se sabe do que a proposição trata e como descobrir se ela é verdadeira ou não. Infelizmente, sua satisfação é, no mínimo, prematura. A simulação, você pensa, consiste em *fingir* que alguma coisa não é o que *realmente* é; você não está alarmado porque percebe que sabe distinguir o fingimento da realidade. Porém, a simulação de que fala Baudrillard não é assim. Ela apaga a própria diferença entre o verdadeiro e o falso, o real e o imaginário. Não temos mais os meios de testar o fingimento em relação à realidade ou de ao menos saber qual é qual. Não há saída para nosso dilema. Para relatar a mudança, devemos dizer que, "de agora em diante", a "relação está invertida", e o mapa precede o território. Entretanto, o fato é que toda essa conversa sobre o mapa, o território, sua relação, a inversão de relação etc. é ilegítima. Com a simulação desenfreada e em pleno andamento, até mesmo as palavras que usamos "fingem ter o que não têm": os significados, os referentes. Na verdade, não sabemos a diferença entre o mapa e o território e não saberíamos nem mesmo se a própria coisa estivesse bem diante de nossos olhos.

Junto com o restante de nossa linguagem, o conceito comum de "simulação" reforça o princípio de realidade; a "simulação" de Baudrillard a enfraquece. Toda simulação é uma enganação, mas a simulação de que fala Baudrillard o é duplamente: "Não se trata mais de uma falsa representação da realidade (ideologia), mas de ocultar o fato de que o real não mais é real" – pelo menos não mais real do que qualquer outra coisa, não mais sólida do que aquilo que a imita. O que enfrentamos aqui é, por assim dizer, uma simulação de segunda ordem, ou – para usar o prefixo favorito de Baudrillard – a *hiper*simulação.

Tudo é "hiper" no mundo de Baudrillard. Tudo transcende e deixa para trás a própria oposição que representava e costumava lhe dar uma identidade própria. Essa transcendência em si é "hiper": as oposições foram de fato *dissolvidas* e, assim, as coisas perderam sua identidade. Vivemos em *hiper-realidade*. A realidade é "mais real do que real", na medida em que não se contrapõe mais a alguma outra coisa, que, ao contrário de si mesma, é falsa, ilusória ou imaginária. A realidade devorou tudo, e tudo pode reivindicar a realidade com igual justiça (ou injustiça, o que é a mesma coisa). O que é a política real, por exemplo? Rostos sorridentes na tela da televisão emitindo manchetes simples ou as visões profundas e as ações significativamente importantes que eles simulam? Ou qual é o produto real que inalamos – a satisfação indireta de cavalgar pelos cânions varridos pelo vento do país de Marlboro ou a fumaça pungente da erva fumegante? Qual é mais e qual é menos real? Ademais, isso importa? Na hiper-realidade, a verdade não foi destruída. Ela se tornou irrelevante.

Na hiper-realidade, tudo está em excesso em si (não "demais"; como alguém decidiria o que é demais, o que é pouco, o que é suficiente?). As pilhas de imagens, os montes de informações, os lotes de desejos. Assim multiplicadas, as imagens não representam nada além de si mesmas, a informação não informa, os desejos se transformam em seus próprios objetivos. O mundo não é mais um *cenário* (lugar onde se encena a peça que, como temos o direito de suspeitar, será orientada para algum final concreto, ainda que não saibamos de antemão qual ele é); em vez disso, ele é *indecente*: muito barulho e agitação sem enredo, cenário, diretor – e direção. É um mundo de *contato*, não de *contrato*. Ele foi costurado a partir de encontros indiferentes, apressados e superficiais, eventos sem passado e sem futuro e, acima de tudo, sem consequências. Mark Poster, diria Baudrillard, não tinha o direito de criticá-lo por definir mal seus principais conceitos, abstendo-se de uma análise embasada e sistemática e escrevendo sobre experiências particulares como se isso pudesse substituir uma síntese confiável. O que, sob o domínio do princípio da realidade, seria um crime contra a razão e a decência acadêmica, na hiper-realidade é a única forma responsável de representar essa fluidez que simula alguma coisa que não é. Atender ao chamado de Mark Poster, diria Baudrillard, significaria aderir à conspiração para esconder a ausência de uma linha que separa o real do irreal...

Se *The Booster* é uma coisa que vem à mente ao percorrer o universo de Baudrillard, François Rabelais é outra. O mundo segundo Jean Baudrillard é muito parecido com o mundo vividamente pintado por Rabelais, exceto que Rabelais escreveu uma sátira, enquanto Baudrillard é muito sério.

Ambos os mundos – aquele habitado por Gargântua e Pantagruel, e aquele, como insiste Baudrillard, habitado por nós – foram pintados em cores exuberantes. Em ambos os mundos, os homens e as mulheres passam o tempo comendo, bebendo, fornicando e desfrutando do desejo de se divertir. Ambos os mundos são monstruosamente gigantes, descontrolados e vão aos extremos. No mundo de Baudrillard, porém, ao contrário do que ocorre no de Rabelais, as cores são extraídas da carne em decomposição e do sangue doente; comer, beber e fornicar se assemelham notavelmente aos tremores do penúltimo estágio do delírio, enquanto a exuberância do mundo é a da célula cancerosa e da bactéria da putrefação. O que Rabelais celebrava Baudrillard lamenta. Ao revisitar a morada de Gargântua e Pantagruel, Baudrillard retorna arrasado e cheio de desgosto – ele encontrou ali um corpo social que só poderia descrever como *mammaire, cellulaire, glandulaire,* em estado avançado de degeneração, necrose e decadência. Com todo o terreno sólido lavado pelos eflúvios da realidade em decomposição, não resta mais nenhum ponto de Arquimedes, acessível ou ao menos imaginável, no qual alguém possa girar a alavanca necessária para forçar de volta aos trilhos o mundo descarrilado.

Baudrillard não tolera a esperança, pois a simulação todo-poderosa destrói toda oposição a si. Tudo conspira para esconder o fato de que a realidade foi banida. Os bravos jornalistas do *The Washington Post* apenas aumentaram a ilusão de que Watergate era um *escândalo,* e que fora de Watergate existem alguns princípios obrigatórios e algumas políticas "reais", sólidas e confiáveis. Até mesmo os alegres terroristas italianos detonadores participaram da conspiração universal, pois ressuscitaram a crença ultrapassada na diferença entre o adequado e o inadequado, o limpo e o impuro, o simulado e o real. A simulação esconde o fato de que tudo faz parte do mesmo jogo; ela oferece outro sopro de vida ao princípio da realidade – desta vez como um zumbi. Não se pode sair da simulação. Independentemente do que se faça para perfurar o véu da simulação, isso apenas aumentará a camuflagem. Combater a simulação é, em si, uma simulação. No mundo da hiper-realidade, somos todos como *reféns* – no sentido de que fomos escolhidos sem relação com o que fizemos e que nosso destino não terá relação com o que ainda podemos fazer.

A breve porém abrangente análise de Mark Poster da biografia intelectual de Baudrillard, juntamente com a seleção de fragmentos de suas sucessivas obras,[1] oferece uma excelente oportunidade

[1] Baudrillard, Jean. *Selected Writings*. Ed. e introd. Mark Poster. Cambridge: Polity Press, 1988.

para examinar o longo caminho que o levou a sua imagem atual do mundo como uma colagem de ausências e a paleta de tintas que ele usa hoje para pintá-lo. Baudrillard embarcou nessa estrada há vinte anos, em *O sistema dos objetos* (1968) e em *A sociedade de consumo* (1970), em uma tentativa de consertar a desgastada e cambaleante dentadura marxista com novos dentes, afiados e de alta tecnologia, mais adequada para morder criticamente o admirável mundo novo do consumo. À medida que a intoxicação dos anos 1960 deu lugar ao *Katzenjammer* dos anos 1970, as ambições odontológicas de Baudrillard perderam força. Em vez disso, uma série de trabalhos foram produzidos – mais diretamente ao ponto, *A troca simbólica e a morte* (1976) e *Da sedução* (1979), notáveis principalmente pela melancolia pós-revolucionária e pelo desânimo que exalavam. Mais recentemente, *As estratégias fatais* (1983) e *La Gauche divine* (Bernard Grasset, 1985) nos introduziram na visão baudrillardiana plenamente desenvolvida do universo de Gargântua marco II — com sua obscenidade exuberante e intemperança arbitrária. Eles também mostraram o mais recente estado de ânimo do autor: uma curiosa síntese quase hegeliana de esperanças iniciais e resignação posterior. Agora estão dizendo-nos que a imobilidade bovina das massas é a melhor forma de atividade que temos e que seu fazer nada é a mais excelente forma de resistência.

Em *América*, seu livro mais recentemente traduzido, Baudrillard embarca em uma busca por *l'Amérique sidérale*, que só pode ser encontrada "no reflexo indiferente da televisão, no filme de dias e noites projetado no espaço vazio, na sucessão maravilhosamente indiferente de sinais, imagens, rostos e atos rituais no caminho". Mesmo quando observa a cena pela janela de seu carro veloz, o que ele vê *parece* um filme de televisão, pode ser entendido apenas em termos definidos por tal filme, talvez seja tal filme – mas certamente não importaria muito se não fosse. Quando o *flâneur* de Baudrillard se levanta e liga o carro, não é para explorar os passeios do centro da cidade. Ele dirige para o deserto, procurando a marca mais proeminente de nossos tempos: o *desaparecimento*. A era pós-moderna está em sua plena floração no deserto, "*pois o deserto é simplesmente isso: uma crítica extasiante da cultura, uma forma extasiante de desaparecimento*". Pela mesma razão, alguém poderia imaginar, Baudrillard é fascinado pelos Estados Unidos, pela genialidade que esse país demonstrou "em seu desenvolvimento irreprimível de igualdade, banalidade e indiferença".

*América* é um registro pós-moderno de um mundo pós-moderno. O mundo registrado no livro e seu registro são pós-modernos porque o primeiro não é totalmente traduzível, enquanto o segundo não é uma tradução completa. Assim como o Terceiro Mundo jamais se apropriaria do nosso capitalismo e da nossa democracia, a Europa, sobrecarregada com sua história e memória de classe, nunca se tornaria tão irrefletidamente igual e tão indiferente quanto os Estados Unidos. Entre as muitas coisas que desapareceram, a esperança de convergência e a consequente universalidade talvez seja a mais notável. Para substituir a visão moderna de um jardim da humanidade cada vez mais ordenado, Baudrillard oferece uma imagem de um local de aparência caótica dividido em muitos lotes minúsculos, cada um com sua própria miniordem. Para examinar tudo, é preciso um carro rápido. Ou um fluxo rápido de imagens na tela da televisão. Essa exploração é entretenimento. Uma variedade fascinante de experiências, em um ritmo de tirar o fôlego. Um jogo interminável de simulação. A liberdade de responsabilidade. A liberdade da necessidade de ser sério. Há, ao que parece, outra maneira pela qual a história intelectual de Jean Baudrillard pode ser contada. O mundo que ele pinta parece provável de ser visto por uma pessoa colada na tela da televisão; uma pessoa que substituiu por telas de televisão as janelas do apartamento em que mora e do carro em que viaja para suas palestras na universidade; uma pessoa cuja atenção está mais aguçada durante os intervalos comerciais no fluxo constante de imagens televisivas que ingere com tanta avidez. Há mais de um século, outro francês, o poeta e crítico Baudelaire, sugeriu que a maneira certa de observar e dar sentido ao mundo moderno é passear pelas ruas e passar pelas lojas da metrópole urbana. É o *flâneur*, propôs Baudelaire, quem tem a melhor visão da verdadeira essência da modernidade. Baudrillard amarrou o *flâneur* na poltrona em frente à televisão. O caminhante não anda mais. São as imagens na televisão, os comerciais na televisão, as mercadorias e as alegrias que eles anunciam que agora caminham, correm e fluem na frente do telespectador hipnotizado. Assistir é a única atividade que resta ao ex-caminhante. O caminhante de Baudelaire se transformou no observador de Baudrillard. O observador conhece bem a imobilidade das massas, a partir de sua própria experiência.

As experiências pessoais podem ser enquadradas pela moldura da tela da televisão. Duvida-se que o mundo possa. Suspeita-se, caro Baudrillard, que há vida depois e além da televisão. Para muitas pessoas, muito em sua vida é tudo menos simulação. Para muitos, a realidade continua sendo o que sempre foi: difícil, sólida, resistente e dura. Eles precisam cravar os dentes em um pão bem real antes de se entregarem a mastigar imagens.

Sair e usar os pés de vez em quando transforma as pessoas em filósofos e analistas de seu tempo. Caminhar ainda tem seus usos.

# 7
# Comunismo: um *post mortem*

Os eventos de 1989 no cinturão de regimes-satélites comunistas da Europa central e oriental foram um final bastante apropriado para o século XX, destinado a ser registrado na história como a era das revoluções. Eles mudaram o mapa político global, afetando até mesmo partes aparentemente distantes da cena das revoltas de maneiras ainda longe de serem totalmente compreendidas. Eles certamente também serão analisados pela atualização que oferecem às nossas visões ortodoxas de como as revoluções acontecem e como elas são conduzidas em um novo contexto sociocultural.

Entre as revoluções *políticas* que alimentaram a era moderna, as genuinamente *sistêmicas* foram relativamente raras. Todas as revoluções políticas envolveram uma mudança na maneira como o estilo de governo político afetou o sistema social administrado politicamente. Além disso, as revoluções sistêmicas acarretaram uma transformação do próprio sistema; uma mudança planejada, administrada pelo governo ou pelo menos iniciada pelo governo, da estrutura socioeconômica, que decolou no momento que a revolução política foi concluída. Os dois conceitos são, obviamente, liminares; dois extremos opostos de um *continuum* ao longo do qual as revoluções conhecidas – todas ou quase todas elas foram casos "mistos" – podem ser colocadas.

Ideal e tipicamente, a revolução é "meramente política" (ou melhor, não sistêmica) na medida em que ela "estremece" um regime político disfuncional em relação a um sistema socioeconômico plenamente desenvolvido. A revolução política "emancipa" o sistema de suas restrições políticas. As revoluções recentes em Portugal, Espanha ou Grécia pertencem, em geral, a essa categoria. Elas varreram regimes ditatoriais opressores, redundantes do ponto de vista de sociedades burguesas plenamente desenvolvidas, capazes de reprodução autossustentável, já plenamente formadas e aptas a sustentar uma ordem democrática. No entanto, embora normalmente seja necessária uma minoria organizada, até mesmo conspiratória, para superar o governo coercitivo da época, tal minoria pode ser vista corretamente da maneira tradicional: como um agente atuando em nome de certos interesses coletivos bem estabelecidos, uma vanguarda ativa e autoconsciente de forças relativamente integradas (econômica e socialmente poderosas, embora politicamente desarmadas). Pode-se dizer que as revoluções políticas desse tipo simplesmente removem um obstáculo no caminho já percorrido ou que ajustam a dimensão política do sistema às outras dimensões, econômica e social. Essa foi, de fato, a visão original da revolução: tendo amadurecido, como uma borboleta dentro de uma pupa, a sociedade deve quebrar as restrições opressivas e sem fundamento que impedem seu desenvolvimento. Essa imagística foi um reflexo fiel das revoluções que acompanharam o avanço da ordem capitalista: tais revoluções foram, por assim dizer, as instâncias da *bürgerliche Gesellschaften* que sacudiram os quadros já obsoletos de Estados absolutistas e despóticos dentro dos quais foram gestados.[1]

[1] Certos conceitos, como certos vinhos, não suportam viagens. O conceito de *bürgerliche Gesellschaft* é um deles. Na tradução, ele invariavelmente perde sua carga semântica única: apenas em alemão o "*Bürger*" representa *simultaneamente* o burguês

As recentes revoluções anticomunistas se aproximam do outro polo do *continuum*. A esse respeito, paradoxalmente, elas são mais semelhantes à revolução bolchevique de 1917 do que as revoluções capitalistas clássicas que colocaram o corpo político excessivamente arcaico em conformidade com as necessidades dos traços socioeconômicos do sistema. As revoluções anticomunistas recentes foram revoluções *sistêmicas*: elas enfrentam a tarefa de *desmantelar* o sistema existente e *construir* outro para substituí-lo. É verdade que elas derrubaram velhos regimes políticos ditatoriais ou despóticos, como fizeram as outras revoluções, mas aqui termina a semelhança. Uma sociedade capaz de se sustentar e se reproduzir sem a tutela perpétua e onipresente e o comando de governantes políticos (este é precisamente o significado de *bürgerliche Gesellschaft*) ainda não foi construída lá; e o estágio político da revolução é apenas o ato de limpar o terreno e estabelecer as condições para o trabalho de construção do sistema – um projeto que terá de ser implementado sob supervisão política e por iniciativa do Estado.

Um corolário disso é uma contradição que ainda não revelou toda a escala de seu impacto na história política posterior da Europa pós-comunista: as forças sociais que levaram à queda do poder comunista (e, portanto, ao sucesso do palco político da revolução) não são as que acabarão por se beneficiar da construção do novo sistema. Forças cujos interesses ganharão com o funcionamento do novo sistema precisarão ser criadas no processo de construção do sistema.

Uma das razões pelas quais mesmo os estudiosos mais perspicazes dos regimes comunistas ficaram perplexos e surpresos com

---

*e* o cidadão, afirmando com naturalidade o vínculo íntimo entre as características sociais e políticas. Esse vínculo se perde na interpretação do termo "sociedade civil"; perdeu-se ainda mais nas recentes traduções falhas do Leste europeu, que – tendo reduzido o conceito ao esqueleto dos direitos políticos – induziram uma perigosa tendência a ignorar a dependência mútua entre a democracia política e a presença de "*Bürgertum*" e, com ela, a diferença entre as tarefas enfrentadas pelas revoluções anticomunistas e aquelas outrora enfrentadas pelas capitalistas.

a direção fortemente anticomunista da mudança provocada pela crescente dissensão social foi o fato de que, antes do início da série de revoluções, havia poucos sinais (ou nenhum sinal) de forças sociais organizadas com interesses que apontavam para além dos limites do regime comunista (mesmo tardiamente, como na famosa "Mesa-Redonda" em 1989 na Polônia, não houve discussão sobre o desmantelamento da economia planificada ou a privatização total da propriedade, e nenhum dos principais participantes indicou que colocaria tais assuntos na agenda política caso as circunstâncias fossem mais favoráveis). De fato, como observou a socióloga polonesa Jadwiga Staniszkis, não havia interesses "transformadores" entre as grandes classes da sociedade polonesa – nenhum dos grupos articulados levantou a questão da propriedade privada ou se opôs ao princípio da economia de comando.[2] No sucinto resumo de Aleksander Smolar sobre a situação, apenas um ano antes do fim do regime comunista, "o problema fundamental de uma reforma radical é a ausência de qualquer apoio social real".[3] Como indiquei em outro lugar, nem os trabalhadores das grandes indústrias que compunham o núcleo do movimento Solidariedade, nem os agricultores individuais protegidos pelo Estado, nem os poucos empresários privados que prosperavam nos espaços vazios do planejamento central desastrado desejavam uma mudança que fosse significativamente além de uma ação essencialmente redistributiva.[4]

Esse era, cabe enfatizar, um quadro *normal* para o estado das forças sociais que precede qualquer revolução *sistêmica*. A dissensão inevitavelmente gerada pelo antigo sistema tendia a exceder a capacidade de acomodação do sistema e, assim, levou a crise ao

---

[2] Staniszkis, Jadwiga. Stabilizacja bez uprawomocnienia, em Rychard, Andrzej; Sulek, Antoni (Eds.). *Legitymacja, Klasyczne Teorie I Polskie Doswiadczenia*. Polônia: PTS Warszawa, 1988. p.216.

[3] Smolar, Aleksander. Perspektywy Europy Srodkowo-Wschodniej, *Aneks*, v.50, p.22, 1988.

[4] Ver Bauman, Zygmunt. Poland – on its Own, *Telos*, v.77, 1988.

ponto de ruptura; mas esse efeito foi precisamente o resultado de se formular demandas na linguagem do sistema existente (no caso de regimes comunistas, mais planejamento, mais distribuição centralizada, remanejamento de recursos dentro da ordem da justiça administrada etc.) – e assim apresentar ao sistema postulados de produtos que ele não era capaz de atender.[5] É um atributo constante e constitutivo das revoluções sistêmicas que as forças que destroem o *ancien régime* não estejam conscientemente interessadas no tipo de mudança que se seguiria à destruição; antes de os velhos poderes serem removidos, o projeto de um novo sistema existe, no máximo, como uma visão sustentada por uma elite intelectual restrita e selecionada – não como uma plataforma de qualquer movimento de contestação de massa.[6]

---

[5] Lênin (ajudado por suas leituras de Lavrov e Tkachev) foi o primeiro revolucionário a forjar essa contradição no mais importante princípio constitutivo de sua estratégia: deliberadamente, ele usou a revolta da massa camponesa, decorrente do interesse "não transformador" na terra e na paz, como um aríete para derrubar o velho regime. Uma vez no controle, Lênin passou a usar as alavancas do governo para impor mudanças sistêmicas que o movimento de massas, que destruiu o velho regime, não planejou nem desejou.

[6] No volume altamente informativo e perceptivo *Studia nad ładem społecznym* (Ed. Witold Nieciuński e Tomasz Żukowski. Universidade de Varsóvia, 1990), vários autores – sendo Edmund Wnuk-Lipiński, Ryszard Turski, Tomasz Żukowski e Winicjusz Narojek os mais proeminentes entre eles – apontam de diversas maneiras os mecanismos de incorporação de interesses e desejos essencialmente antissistêmicos (como a busca de ganho pessoal, a "segunda economia", os privilégios individuais e de grupo etc.) aos processos autorreprodutivos do sistema, os mecanismos que produziram, por um lado, a desconcertante falta de coordenação entre o radicalismo das atitudes públicas e o conformismo do comportamento privado e, por outro lado, a igualmente enigmática "interioridade" de ações decorrentes de motivos que não poderiam se enquadrar logicamente com a ordem existente.

A ditadura comunista sobre as necessidades e o monopólio sobre os meios e procedimentos de satisfação de necessidades torna o Estado comunista um alvo óbvio de descontentamento individual, mas não pode deixar de coletivizar as frustrações individuais da mesma forma que o fez com os veículos de satisfação. Aqui, o Estado é o órgão ao qual as queixas são endereçadas de forma tão natural

Colocando de outra forma: a revolução sistêmica não é resultado da mobilização de massa em apoio ao projeto de um sistema alternativo. O primeiro estágio da revolução sistêmica – a derrubada dos antigos governantes que sustentam a antiga ordem da sociedade – carrega todas as marcas da "crise sistêmica" (ou seja, do sistema que falha em gerar os recursos, físicos e morais, necessários a sua reprodução), mas não determina, por si só, a alternativa ao sistema que falhou. A ligação entre o fracasso do velho sistema e as características exigidas do novo é construída em uma luta política entre *teorias* concorrentes concebidas e pregadas por escolas intelectuais. A natureza das forças sociais que provocaram a queda do velho regime não é um fator decisivo na escolha de tais teorias. Tampouco a hostilidade manifestada pelas forças contestatárias ao velho regime garante seu apoio ao novo regime, que posteriormente seria escolhido. A derrubada dos antigos governantes não evoca os "interesses transformadores" ausentes no velho regime.

Devido a esse duplo *non sequitur*, a sobrevivência da aliança revolucionária é a principal questão que qualquer revolução sistêmica provavelmente enfrentará "na manhã seguinte" a sua vitória política.[7]

---

e prática quanto as expectativas de uma vida melhor. Ao contrário do mundo democrático/de mercado/do consumidor e suas escolhas privatizadas, as fontes de infelicidade difusa não são elas próprias difusas e não podem ficar de fora; elas são anunciadas publicamente, visíveis e fáceis de localizar. Reconhecidamente, os regimes comunistas se destacaram em sufocar o fluxo de informações e empurraram para alturas desconhecidas em outros lugares a arte do segredo de Estado; no entanto, provaram ser muito menos bem-sucedidos do que as sociedades de mercado em dissipar e ocultar a responsabilidade pelos males produzidos socialmente, pelas consequências irracionais de decisões racionais e pela má administração geral dos processos sociais. Eles falharam até mesmo em ocultar o fato de ocultarem informações e assim foram acusados, como de crimes políticos, do tipo de "encobrimento" que as agências de mercado da sociedade de consumo praticam diariamente, sem esforço e sem chamar a atenção (menos ainda um clamor público).

[7] Com a nitidez de percepção que tem sido sua marca registrada, Claus Offe esboçou os aspectos mais salientes do despertar da "manhã seguinte":

A aliança revolucionária original – que subjuga a resistência dos administradores do *ancien régime* – normalmente não é um reflexo da unidade de interesses entre as forças de dissensão. Na verdade, as reivindicações que trazem grupos variados para uma aliança política, unidos por sua oposição ao governo do momento, são bastante distintas, via de regra – e, na maioria das vezes, incompatíveis entre si. Foi, cabe repetir, a persistente crise do velho regime que condensou as reivindicações difusas em uma força revolucionária unida. A condensação (e a unanimidade em culpar o Estado por qualquer que seja a desvantagem ou injustiça contestada) pode seguir o surgimento de um grande problema que parece estar no caminho de toda e qualquer demanda (como a questão da guerra contínua na Rússia de 1917). Em um sistema totalitário como o comunista, a tendência de condensar a dissensão dispersa em um ataque integrado e frontal contra o Estado é permanente. Visando à regulação de todos os aspectos da atividade social e econômica, o Estado assume (quer queira, quer não) a responsabilidade explícita por toda e qualquer falha e sofrimento. Todas as reivindicações são

---

> Nas democracias capitalistas europeias, as filas se formam em frente aos postos de trabalho, enquanto nos países de "socialismo realmente existente" se formam em frente aos açougues. No primeiro, há um "exército de reserva" de trabalhadores esperando para serem empregados (assim como um exército de reserva de mercadorias esperando por um cliente), enquanto no segundo os gerentes esperam pelos trabalhadores, e os trabalhadores esperam pelos bens de consumo.

Essas transmogrificações poderiam ter sido esperadas; as outras, que vêm em um pacote com as previstas, nem tanto: "Nas democracias capitalistas, pode-se dizer o que se quer, mas ninguém escuta. Nos países de 'socialismo realmente existente' *não se pode* dizer o que se quer, mas essa condição aguçou, à sua maneira, a audição humana (e não apenas os ouvidos da Stasi!)" (Ist der Sozialismus am Ende?, *Die Zeit*, p.64, 8 dez. 1989). A última observação aponta para o sentimento particularmente paradoxal do "dia seguinte" vivenciado por intelectuais, criadores de cultura e mediadores culturais: a liberdade de expressão às vezes parece a expropriação, e a emancipação, uma perda de posição social.

assertivamente interpretadas como disfunções do Estado e são automaticamente politizadas.[8] Mas será que a unidade das forças de oposição sobreviveria à queda do Estado comunista? E seriam essas forças igualmente energizadas pelas atrações incertas do futuro regime? Será que elas não prefeririam se opor a uma mudança que poderia invalidar a forma de ação e os propósitos políticos a que aprenderam a aspirar?

## As oportunidades da democracia nas revoluções sistêmicas

As revoluções sistêmicas ainda devem criar as forças sociais em nome das quais empreenderão a transformação sistêmica completa. Nisso, cabe enfatizar uma vez mais, reside seu paradoxo mais profundo – assim como os perigos para a democracia que elas pretendem instalar. Como Jerzy Szacki, importante sociólogo polonês, observou em abril de 1990,

> a base para a vitória do liberalismo ocidental foi o desenvolvimento espontâneo das relações econômicas. O liberalismo polonês de hoje ainda permanece uma *doutrina* que visa provocar tal desenvolvimento em primeiro lugar – uma doutrina cuja principal inspiração foi o desejo de sair do comunismo. De fato, o liberalismo polonês de hoje é fortemente colorido por um "construtivismo" contra o qual os pensadores liberais clássicos lutaram vigorosamente.[9]

Ao contrário das revoluções puramente políticas, as sistêmicas não terminam com a expulsão dos antigos governantes. O Estado pós-revolucionário enfrenta as terríveis tarefas da engenharia social em larga escala, ou seja, estimular a formação de uma nova estrutura social que – quaisquer que sejam os ganhos que ela possa prometer

---

[8] Ver nota 6.

[9] Szacki, Jerzy. A Revival of Liberalism in Poland?, *Social Research*, v.57, n.2, p.491, 1990.

"no longo prazo" para os interesses de todos – certamente causará estragos na distribuição existente de privilégios e privações relativos. É provável, portanto, que ele dê origem a descontentamentos próprios e reagrupe as alianças políticas herdadas. É improvável, por outro lado, garantir desde o início uma maioria que apoie a mudança pretendida. No entanto, como permanece um "Estado ativo" em um grau não drasticamente diferente daquele de seu predecessor, o Estado pós-revolucionário não pode contar com a divisão e a autodispersão da dissensão social tão facilmente alcançadas nas democracias estabelecidas baseadas no mercado. Pelo contrário, muito provavelmente isso fará que o descontentamento inevitavelmente causado por suas ações se volte contra si. Por um tempo ainda muito considerável, ele continuará a atuar como um fator de "condensação da dissensão" e, portanto, terá dificuldade em impulsionar a transformação sistêmica enquanto for guiado pelo apoio gerado democraticamente para suas ações.

As consequências para os vários regimes pós-comunistas diferem. O que as diferencia é o momento em que determinado país ingressou na série de revoluções anticomunistas e suas características políticas e sociais no momento da adesão. O colapso do comunismo na Europa central e oriental foi de fato um processo em série, e a "situação do jogo até o momento" modificou significativamente as condições sob as quais o próximo passo foi dado, bem como sua relevância sociológica.

Jean Baudrillard escreveu recentemente sobre "*un pouvoir s'effondrant presque sans violence, comme convaincu de son inexistence par le simple miroir des foules et de la rue*".[10] Essa imagem poderosa de um poder considerado invencível subitamente desmoronando com a simples visão das multidões se recusando a deixar a praça pública – "como se persuadido de sua própria inexistência" – representa o fim de vários Estados comunistas de forma mais ou menos precisa. Certa-

[10] Baudrillard, Jean. L'Hystérésie du millenium, *Le Débat*, v.60, p.69, maio-ago. 1990.

mente, para a Tchecoslováquia, a Hungria e a Alemanha Oriental, essa imagem é mais correta do que para a Polônia, que deu início à série. Para que os poucos milhares em clima festivo reunidos na Václavské Náměstí ou nas praças de Leipzig e Dresden tivessem um sucesso tão rápido e completo (nem mesmo havia necessidade de ocupar fisicamente as praças públicas de Budapeste), a "não existência" do poder comunista precisava já ter sido demonstrada de forma convincente ao final do longo e tortuoso processo polonês de insurreição permanente. As pessoas que lotaram a Václavské Náměstí, assim como as que vieram com fuzis para afugentá-las, já sabiam o que os poloneses haviam descoberto por tentativa e erro e com muito sofrimento.

Muitos fatores se combinavam para tornar a Polônia a primeira no processo de desmantelamento do comunismo; parece, no entanto, que o mais importante deles foi o prolongado processo de autoinstrução na autogestão da sociedade, culminando na relativamente precoce "polonização" do conflito do Estado-nação após o *coup d'état* militar de 1981. O processo e o evento destinado a detê-lo colocaram a relação entre o Estado e a sociedade, o papel do Estado nacional na perpetuação do regime opressivo, bem como a extensão da mudança alcançável dentro da estrutura do Estado nacional, em uma perspectiva inteiramente nova, desencadeando ambições que em outros lugares mais pareciam utopias ociosas. A decisão de Gorbachev de abandonar os satélites europeus a seus próprios recursos e destino encontrou a Polônia em um estado sociologicamente muito diferente dos países que não haviam acumulado experiência semelhante: o mais importante, a Polônia tinha uma força política alternativa totalmente desenvolvida, articulada e autossustentável na forma de um sindicato de trabalhadores politicamente experiente e poderoso.

Thorstein Veblen escreveu uma vez sobre a "punição por estar na liderança"; na verdade, o movimento trabalhista contestatório, bem enraizado, confiante e politicamente qualificado deu à Polônia a liderança que ela desfrutava no enfraquecimento e, por fim, no desmantelamento do domínio comunista no Leste europeu. No entanto, os próprios ativos que garantiram essa vantagem podem se transformar em desvantagem quando se trata da construção de um regime liberal-democrático estável (e isso além do estado lamentável da Polônia e de outras economias do Leste europeu, particularmente quando elas emergiram do abrigo de mercado da Comecon e foram forçadas a se medir pelos critérios competitivos do mercado mundial). Os intelectuais dissidentes da Hungria e da Tchecoslováquia, com a ajuda de estudantes e da juventude urbana agitada, estremeceram seus respectivos governantes comunistas sem uma mobilização política nacional e com o mínimo de aplicação de forças políticas maciças próprias, aproveitando-se dos golpes desferidos na confiança e na vontade de resistência de seus governantes locais "por omissão" – pelas revelações feitas no decorrer das batalhas polonesas. Uma vez no poder, eles podem agora avançar para estágios da revolução evidentemente menos populares e menos entusiasmados sem o movimento de massas poderoso, politicamente alerta e desafiadoramente independente cuidadosamente o vigiar de perto. Eles podem, de fato, contar com a apatia e a falta de habilidade política da população em geral para os ajudar a contornar os primeiros e mais complicados ângulos da transformação econômica e política, de modo que nenhuma violação da democracia seja necessária para pavimentar o caminho para uma democracia liberal estável no futuro.

Essa oportunidade parece ser negada à Polônia. Afinal, os trabalhadores das maiores empresas industriais, esses dinossauros mais obsoletos da fracassada industrialização comunista, menos capazes de entrar no sonho da Europa e destinados à extinção foram exatamente a força que derrubou o comunismo (e se tornou essa força por serem movidos essencialmente, como ainda o são, pelos interesses "não transformadores" dos melhores salários, das melhores condições de trabalho e de vida e das melhores formas de defender ambos no futuro), mas agora estão fadados a serem os primeiros a suportar as mais severas dificuldades da transformação econômica – a intensificação do trabalho, o aguçamento da disciplina de trabalho, a perda de segurança no emprego, o desemprego e tudo o mais.

## O domínio do Estado de patronagem

A característica distintiva das revoluções sistêmicas que ocorrem agora na Europa central e oriental é que o sistema que elas precisam desmantelar é um sistema de patronagem administrado pelo Estado, aquela troca imposta coercivamente entre a liberdade e a segurança. Sob o governo do Estado de patronagem, a liberdade de escolha individual em todas as suas dimensões deveria ser permanente e severamente restrita, embora, em troca, os aspectos menos atraentes da liberdade – como a responsabilidade individual pela sobrevivência pessoal, pelo sucesso e pelo fracasso – devessem ser poupados. Para os fortes, ousados e determinados, o Estado de patronagem parece uma versão mais sinistra da "gaiola de ferro" weberiana; no entanto, para muitos fracos, tímidos e sem vontade, também pode parecer um abrigo. Embora o fim da supervisão opressiva das agências do Estado e a abertura de espaço para a iniciativa individual seja uma mudança que provavelmente será saudada calorosamente por todos, a remoção da rede de segurança e a sobrecarga do indivíduo com responsabilidades anteriormente reivindicadas pelo Estado pode despertar sentimentos contraditórios; ela pode também induzir aqueles anteriormente protegidos pelo Estado a sintonizar suas antenas com as promessas populistas de segurança coletiva e transformá-los em seguidores voluntários de qualquer aspirante a líder pronto para fazer tais promessas e emprestar sua autoridade às suspeitas populares sobre os perigos do liberalismo desenfreado.

O período tenso do desmantelamento do Estado de patronagem é propício para reclamações, ao estilo de Carlyle, contra a "lógica do dinheiro" que substituiu relações muito mais efusivas e camaradas entre os senhores e seus homens. A patronagem cujo fim Carlyle lamentou foi, no entanto, diferente daquela do Estado comunista, difusa e apolítica; a patronagem gravada nos hábitos populares e pensada pelo regime comunista é centrada no Estado e totalmente política. Ela atua contra o indivíduo autossuficiente e contra a ordem da democracia liberal talhada à medida de tal indivíduo. É por isso que os indivíduos prontos para uma vida autossuficiente se opõem à patronagem. No Ocidente, eles próprios tendiam a não utilizar os serviços do Estado de bem-estar social (reconhecidamente uma versão consideravelmente mais branda, e certamente apenas unilateral, da patronagem estatal no estilo comunista abrangente, de forma individual, até que o acampamento dos fugitivos chegasse à massa crítica, permitindo-lhes se posicionar, coletivamente, contra o fardo que a existência contínua das instituições de bem-estar impôs a todos eles). No Leste pós-comunista, com sua classe média mortalmente ferida e com pouca probabilidade de recuperar o vigor sem o patrocínio ativo do Estado, as perspectivas de uma "aquisição" semelhante são bastante remotas. Olhar para o Estado em busca de garantias de segurança (tanto na vida privada quanto na empresarial) pode ser um hábito que a reconstrução pós-comunista pode reforçar em vez de erradicar.

As fórmulas políticas articuladas pelos intelectuais anticomunistas do Leste europeu diferem entre si na forma como equilibram a liberdade individual e a justiça distributiva administrada pelo Estado. Pode-se explicar a divisão fazendo referência às perspectivas controversas da herança do Estado de patronagem. No entanto, outro fator parece interferir, enraizado não tanto no passado comunista, mas no presente da "sociedade profissional", a qual, segundo muitos observadores contemporâneos a partir de Daniel Bell, a sociedade capitalista se torna em seu estágio moderno. A partir de seu estudo minucioso da mecânica do tipo ocidental contemporâneo de sociedade profissional, Harold Perkin conclui que "a luta entre as profissões do setor público e privado é o principal conflito da sociedade profissional" e que "os partidos políticos supostamente baseados em classes" são, "na realidade, grandes coalizões de diversos interesses profissionais". Perkin sugere que a rivalidade entre dois grupos de profissionais (duas seções da classe do conhecimento) está fundamentada na divisão de interesses genuinamente incompatíveis. A rivalidade é sobre os recursos, ou melhor, sobre o princípio de sua distribuição. Cada uma das duas seções obviamente prefere princípios mais adequados ao tipo de habilidade que possui. Assim,

> a ideologia do livre mercado atrai os administradores profissionais das grandes corporações e seus aliados porque ela os protege da acusação que eles mais temem, a de que eles próprios são a maior ameaça à competição e à liberdade dos cidadãos.

Apresentando-se como os galantes cavaleiros da liberdade, expressa na competição de mercado, eles escondem o fato de que toda competição expulsa concorrentes e tende ao monopólio – e assim esperam ser vistos pelo público como garantidores da liberdade de escolha e até da liberdade política. Os profissionais do setor público, por outro lado, preferem argumentar

> em termos de justiça social para cada cidadão, em vez do interesse próprio de cada profissão; [como esse argumento é aceito], a partir do momento que um serviço se torna profissionalizado sob auspícios públicos, os profissionais descobrem outras necessidades a serem atendidas e problemas a serem resolvidos e uma série de razões para ampliar suas atividades. Daí a expansão autogerada do Estado em todos os países avançados.[11]

---

[11] Ver Perkin, Harold. *The Rise of Professional Society: England since 1880*. Londres: Routledge, 1989. p.10-5. Existem, de acordo com Perkin (p.360), duas interpretações possíveis do "ideal profissional" essencialmente idêntico que surge do lugar ocupado por especialistas eruditos na configuração social moderna:

> O objetivo dos profissionais que comandam o sistema é justificar o mais alto *status* e as mais altas recompensas que podem alcançar pela necessidade social e eficiência que reivindicam para o serviço que realizam. O fato de o

Da perspectiva de Perkin, o sistema comunista poderia ser visto como a dominação de "profissionais do setor público" levada ao extremo radical e assegurada com a ajuda dos recursos coercitivos do Estado. O colapso do sistema comunista aproxima as sociedades pós-comunistas das condições prevalecentes nas sociedades profissionais do Ocidente. O processo de desmantelamento do Estado de patronagem terá de ser realizado nessas condições. Ele não se guiará, portanto, apenas por sua própria lógica. Os movimentos explicáveis quanto aos resquícios da patronagem estatal (ou quanto à oposição que suscitam) entrelaçar-se-ão com os desenvolvimentos políticos que só podem ser entendidos em termos da moderna competição por recursos entre os setores profissionais *público* e *privado*.

O Estado de patronagem oferecia serviços ruins, mas reduzia tanto os ganhos quanto as perdas que poderiam decorrer de decisões individuais. O resultado geral foi a diminuição do risco (exceto onde a iniciativa era estritamente proibida, ou seja, no espaço definido pelo Estado como pertencente à política, seu domínio monopolista) e o desenvolvimento de habilidades e atitudes econômicas que fornecem pouco apoio em situações de contingência, em que as probabilidades são iguais e os resultados das decisões são incertos. O comportamento adequado às condições irrestritas do mercado não foi aprendido nem mesmo pelos empresários privados e pelos fazendeiros enquanto eles agiam sob as condições de uma economia planificada. O clima de competição de mercado pode parecer muito inclemente para seu gosto. Não há necessariamente uma conexão entre os negócios privados e o entusiasmo por um estilo *laissez-faire* de cenário econômico, uma ausência profusamente demonstrada

---

> serviço não ser nem essencial nem eficiente não é obstáculo ao princípio. Só precisa ser pensado assim por aqueles que o fornecem e o recebem. A justificação pelo serviço aos clientes e à sociedade está na raiz do ideal profissional.

A batalha de ideias entre os princípios do mercado e do serviço do Estado é uma disputa dentro da família, uma rivalidade entre irmãos.

pelas acusações feitas repetidamente pelo Partido Camponês Polonês (e por vários porta-vozes políticos que disputavam os votos dos empresários urbanos) contra o governo, "que carece de política econômica".

## O colapso do comunismo e o advento da pós-modernidade

O comunismo foi feito segundo as esperanças e promessas modernas. O irmão mais novo, impetuoso e impaciente do socialismo partilhou incondicionalmente da confiança familiar nas maravilhosas promessas e perspectivas da modernidade e ficou impressionado com as vistas deslumbrantes da sociedade eliminando a necessidade histórica e natural e com a ideia da subordinação definitiva da natureza às necessidades e aos desejos humanos. Mas, ao contrário do irmão mais velho, não confiava na história para encontrar o caminho rumo ao milênio. Tampouco estava preparado para esperar até que a história provasse que essa desconfiança estava errada. Seu grito de guerra era: "O Domínio da Razão – agora!"

Como o socialismo (e todos os outros que acreditavam ferrenhamente nos valores modernos do progresso tecnológico, da transformação da natureza e de uma sociedade de abundância), o comunismo era totalmente moderno em sua convicção apaixonada de que uma boa sociedade só pode ser uma sociedade cuidadosamente projetada, racionalmente administrada e completamente industrializada. Foi em nome desses valores modernos compartilhados que o socialismo acusou os administradores capitalistas do progresso moderno de má administração, ineficiência e desperdício. O comunismo acusou o socialismo de não conseguir tirar conclusões das acusações: de parar nas críticas, denúncias, incitações, em que uma demissão instantânea de administradores ineptos e corruptos era adequada.

A redefinição de Lênin da revolução socialista como uma *substituição,* em vez de uma *continuação,* da revolução burguesa foi o ato fundador do comunismo. De acordo com o novo credo, o capitalismo era um crescimento canceroso no corpo saudável do progresso moderno; ele não era mais uma etapa necessária no caminho rumo a uma sociedade que incorporará os sonhos modernos. Os capitalistas não podiam ficar encarregados (como em determinado momento o foram pelos fundadores do socialismo moderno, Marx e Engels) nem mesmo do trabalho preliminar de limpeza do local: "derreter os sólidos e profanar o sagrado". Na verdade, a limpeza do terreno em si não era uma necessidade, nem um trabalho útil o suficiente para justificar a perda de tempo necessária para sua execução. Como os princípios de uma boa sociedade racionalmente organizada (mais fábricas, mais máquinas, mais controle sobre a natureza) eram bem conhecidos e acordados, podia-se proceder diretamente para a condução de qualquer sociedade (e, particularmente, uma sociedade sem fábricas, sem máquinas, sem os capitalistas ansiosos para os construir, sem os trabalhadores oprimidos e explorados no processo de construção) na direção de um Estado projetado por esses princípios. Não adiantava esperar que a boa sociedade chegasse pela ação dos trabalhadores, fartos dos sofrimentos causados pela má gestão capitalista do progresso. Como se sabia como seria a boa sociedade, atrasar ou mesmo desacelerar sua construção era um crime imperdoável. A boa sociedade poderia ser – tinha que ser – construída imediatamente, antes que os capitalistas tivessem a chance de a administrar mal e os trabalhadores, de experimentar os resultados dessa má administração; ou melhor, seus idealizadores devem assumir de imediato a gestão da sociedade, sem esperar que as consequências da má gestão apareçam. O capitalismo foi um desvio desnecessário do caminho da Razão. O comunismo era um caminho direto para seu Reino. O comunismo, diria Lênin, é o poder soviético junto com a "eletrificação de todo o país", isto é, a tecnologia moderna e a indústria moderna sob um poder de antemão consciente de seu propósito, que não deixasse nada ao acaso. O comunismo era a modernidade em seu estado de espírito mais determinado e em sua postura mais decisiva; a modernidade simplificada, purificada do último fragmento do caótico, do irracional, do espontâneo, do imprevisível.

Para ser justo com Lênin e outros sonhadores comunistas, devemos lembrar que a boa sociedade dos economistas e políticos do século XIX, discípulos de Smith, Ricardo, James e John Stuart Mill, não era uma sociedade de *crescimento* (por mais difícil que seja compreender isso hoje), mas sim uma sociedade de *estabilidade* e *equilíbrio*; uma economia estável e bem equilibrada, que atendesse a todas as necessidades da população – não uma economia que se fortalecesse e levasse a novos limites suas necessidades e as capacidades de consumo. A bondade da sociedade deveria ser medida por seu desempenho produtivo, pelo grau de satisfação das necessidades (dadas, "objetivas", finitas), não pela crescente riqueza e espetacularidade de sua exibição consumista. Lembremos também que, para os teóricos e práticos políticos daquele século, discípulos de Hegel, Comte ou Bentham, a boa sociedade era aquela em que a consciência individual estava bem equipada para o "interesse comum", aquela em que o Estado agia como a personificação suprema e o porta-voz dos interesses de todos, enquanto os membros do corpo político eram guiados pela consciência e pela lealdade às necessidades da sociedade. Os anseios e a consciência dos indivíduos *importavam* para o Estado e para a sociedade como um todo. O bem-estar da sociedade dependia da aceitação universal de seus valores centrais; para ser eficaz, o corpo político tinha de se *legitimar* em função desses valores partilhados (o que significava que tais valores deveriam ser aqueles defendidos e perseguidos pelos líderes da sociedade e pelos órgãos de sua liderança).

Recordemos também que, muito tempo *depois* do início da aventura comunista, as memórias de tal visão do século XIX encontraram sua mais monumental codificação no sistema teórico de Talcott

Parsons e que, mesmo tão tardiamente, ela foi aceita na época, nos dois lados da divisão capitalista/comunista, como o coroamento da sociologia moderna, o ápice da sabedoria científico-social, a tão esperada estrutura universal para a análise e a compreensão das realidades sociais, econômicas e políticas. Esse sistema teórico via a sociedade a partir da perspectiva do escritório de gestão (isto é, colocava a sociedade, antes de tudo, como um problema gerencial). Ele representava o *equilíbrio* como o requisito supremo e a tendência de um sistema social, a aceitação universal do *conjunto de valores* como o meio supremo para o cumprimento dessa função, a *coordenação* das necessidades individuais e sociais como a medida mais evidente de uma sociedade bem equilibrada e as próprias necessidades (em sintonia com praticamente todos os ensinamentos psicológicos e toda a sabedoria humanista recebida) como desagradáveis estados de tensão e ansiedade, que deixariam de existir no momento da satisfação das necessidades.

Finalmente, recordemos que, em estágios avançados do experimento comunista, o mundo capitalista assistia ao seu progresso com a respiração suspensa, com poucas dúvidas de que, por mais que pudesse ser deficiente em outros aspectos, o sistema emergente era um sucesso gerencial e econômico. O que contava para essa admiração aberta ou tácita era que a capacidade produtiva daquela sociedade rapidamente encurtou a distância que a separava das economias mais antigas e ricas do Ocidente. As siderúrgicas gigantes (quanto mais gigantescas, melhor) e os grandiosos sistemas de irrigação (quanto mais vastos, melhor) ainda eram aceitos como um indicador confiável de uma sociedade bem gerida a caminho do cumprimento de sua missão: a satisfação das necessidades de seus membros. O Estado comunista, em sua própria maneira admitidamente nada atraente, parecia servir aos mesmos ideais da era moderna que até mesmo aqueles que odiavam o capitalismo prontamente reconheceram como seus.

Nesses tempos agora estranhamente distantes, o audacioso projeto comunista parecia fazer muito sentido e foi levado muito a sério por seus amigos e inimigos. O comunismo prometeu (ou ameaçou, dependendo do ponto de vista do observador) fazer o que todo mundo estava fazendo, só que mais rápido (lembra-se do charme sedutor das teorias da convergência?). As verdadeiras dúvidas surgiram quando os outros pararam de fazê-lo, enquanto o comunismo seguia perseguindo os alvos agora abandonados, em parte por inércia, mas principalmente pelo fato de que, estando o comunismo em ação, não podia fazer outra coisa.

Em sua implementação prática, o comunismo foi um sistema unilateralmente adaptado à tarefa de mobilizar recursos sociais e naturais em nome da modernização: o ideal do século XIX da abundância moderna, a vapor e ferro. Ele poderia – ao menos em sua própria convicção – competir com os capitalistas, mas apenas com os capitalistas engajados nas mesmas atividades. O que ele não pôde fazer e não se preparou para fazer foi igualar o desempenho da sociedade capitalista centrada no mercado, uma vez que ela abandonou suas usinas siderúrgicas e minas de carvão e se mudou para a era pós-moderna (uma vez que ela atravessou, segundo o aforismo adequado de Jean Baudrillard, da *metalurgia* para a *demiurgia*; preso em seu estágio metalúrgico, o comunismo soviético, como que para expulsar os demônios, gastou suas energias na luta contra as calças largas, os cabelos longos, o rock e quaisquer outras manifestações de iniciativa demiúrgica).

Heller, Fehér e Márkus definiram a sociedade comunista como uma *ditadura sobre as necessidades*; e ela era isso, embora apenas naquele estágio posterior, "pós-moderno", ditar as necessidades tenha se tornado uma abominação *per se*, independentemente do quanto as necessidades vivenciadas por seus objetos tenham sido atendidas. Isso porque a sociedade que, ao longo de seu desenvolvimento moderno, via-se como um arranjo social voltado para a produção capaz de atender às necessidades *estabelecidas* em sua versão capitalista se voltou consciente, explícita e alegremente para a produção de *novas* necessidades. Uma vez vistas como um estado de sofrimento que exigia alívio, as necessidades agora se tornaram algo a ser celebrado e apreciado. A felicidade humana foi redefinida como a expansão da capacidade de consumo e o cultivo de novas necessidades, cada vez mais amplas e refinadas.

Para o sistema social, isso significava que a economia equilibrada não funcionaria mais e, em vez disso, era necessário um crescimento constante. Para o indivíduo, isso significava a *escolha* como o principal critério de boa vida e de sucesso pessoal: a escolha do tipo de pessoa que gostaria de ser (sempre novas composições de personalidade são oferecidas nas lojas), a escolha dos prazeres que gostaria de desfrutar, a escolha das próprias necessidades que se gostaria de buscar, adotar e satisfazer. A escolha se transformou em um valor por si só; o valor supremo, com certeza. O que importava agora era que a escolha fosse permitida e feita, não as coisas ou estados que eram escolhidos. E é precisamente a *escolha* que o comunismo, essa ditadura sobre as necessidades, não poderia e nunca iria fornecer – mesmo que pudesse atender às necessidades que ele próprio ditava (o que, na maioria das vezes, de todo modo, ele falhou espetacularmente em fazer).

Os bem alimentados, vestidos, educados e mimados jovens profissionais da Alemanha Oriental que marchavam para o oeste não fingiam estar fugindo de uma filosofia política detestada; quando pressionados pelos jornalistas, eles admitiram que o que buscavam (e o que não conseguiam no país que abandonaram) era uma variedade maior de mercadorias nas lojas e uma seleção mais ampla de destinos de férias. Em minha recente visita à Suécia, fui informado por alguns intelectuais ainda mais bem alimentados, vestidos e normalmente sustentados que – por mais extremamente eficiente que ela se orgulhe de ser – torna-se cada vez mais difícil conviver com a burocracia do Estado social-democrata; e isso se deve aos limites que ela impõe à escolha individual. Perguntei a meus interlocutores se, caso tivessem de escolher, abandonariam o médico atualmente designado pelo Serviço Nacional de Saúde ou procurariam outra escola para os filhos. Não, foi a resposta: o médico é excelente, assim como a escola que nossos filhos frequentam; por que diabos deveríamos ir a outro lugar? Entretanto, eles me disseram na frase seguinte, eu não havia entendido o ponto. Obviamente, o foco não era a qualidade do médico ou da escola, mas o gratificante sentimento de autoafirmação, expresso no ato da escolha do consumidor. É isso que nenhuma condição burocrática, por mais luxuosa que fosse, poderia oferecer.

Mesmo se o comunismo pudesse ter esperança (erroneamente, como acabou se revelando) de modernizar os modernizadores, tornou-se evidente que ele não podia contemplar seriamente o desafio do mundo pós-moderno, um mundo em que a escolha do consumidor é simultaneamente o requisito sistêmico essencial, o principal fator de integração social e o canal por meio do qual preocupações com a vida individual são expressas e problemas são resolvidos – enquanto o Estado, fundamentando sua expectativa de disciplina na sedução de consumidores em vez de na doutrinação e opressão de súditos, poderia (e teve que) se isentar de responsabilidade em relação a todos os assuntos ideológicos e, assim, fazer da consciência um assunto privado.

## Construindo uma sociedade capitalista em um mundo pós-moderno

De comum acordo, a passagem da economia estatal à economia de mercado baseada na iniciativa empresarial requer tanto a acumulação de capital privado quanto a presença de motivações empresariais. Sabemos o que estas últimas são a partir da análise insuperável de Weber sobre os motivos instrumentais na ascensão do sistema capitalista. A ganância e a busca pelo lucro, insistia Weber, têm pouco a ver com o capitalismo; a menos que sejam contidas por um cálculo racional, elas dificilmente podem levar à transformação capitalista –

e quase nunca o fizeram, embora fossem onipresentes em todas as sociedades conhecidas e alcançassem o auge da crueldade e da intensidade bem antes do advento da modernidade. Por outro lado, o traço ideologicamente induzido do *ascetismo mundano* tinha tudo a ver com a emergência da ordem capitalista. Foi essa característica que tornou a acumulação capitalista e a passagem para os negócios racionalmente calculados possível e, de fato, inevitável (a acumulação original de capital foi, de acordo com Weber, uma *consequência inesperada* da abnegação religiosamente induzida, juntamente com a busca de mão de obra como reflexo mundano da graça divina). Esse ascetismo mundano significa, antes de mais nada, o *adiamento da satisfação*, uma repressão, mais do que soltar a predisposição natural para o ganho célere e o prazer rápido, para a autoindulgência e o consumo ostensivo.

Restam poucos puritanos no mundo quando as sociedades pós-comunistas embarcam na "acumulação capitalista primitiva". Na verdade, o que enfureceu os rebeldes contra a economia de comando comunista e o que definitivamente derrubou o comunismo não foi a comparação invejosa com os sucessos produtivos dos vizinhos capitalistas, mas o espetáculo sedutor e tentador do consumo pródigo desfrutado sob os auspícios capitalistas. Foi a cultura narcisista pós-moderna de autopromoção, autossatisfação, gratificação instantânea e vida definida em termos de estilos de consumo que finalmente expôs a obsolescência da filosofia do "aço por cabeça" teimosamente pregada e praticada sob o comunismo. Foi essa cultura que deu o último golpe nas fracassadas esperanças comunistas de competir com o rival capitalista. E foi o desejo avassalador de compartilhar (e compartilhar imediatamente) as delícias do mundo pós-moderno, não o desejo de trilhar mais uma vez a tortuosa estrada da industrialização e modernização do século XIX, que mobilizou a massiva dissensão contra a opressão e a ineficiência comunistas.

O desafio pós-moderno provou ser altamente eficaz em acelerar o colapso do comunismo e assegurar o triunfo da revolução anticomunista em seu estágio político extremamente importante, ainda que preliminar. Esse recurso pode, no entanto, tornar-se uma séria desvantagem no estágio de transformação sistêmica por duas razões: primeiro, a relativa escassez de atitudes puritanas supostamente indispensáveis no estágio de acumulação primária de capital; segundo, a possibilidade de que as grandes esperanças em que se baseou a confiança antecipada atribuída aos governos pós-comunistas sejam frustradas – com efeitos adversos nas instituições ainda mal enraizadas da jovem democracia. A frustração pode ressurgir em suas sublimações usuais, sendo o bode expiatório, a caça às bruxas e a intolerância totalitária as mais proeminentes e irritantes entre elas. O clima sociopsicológico resultante pode ser fértil para o crescimento de formações políticas híbridas pouco parecidas com as esperanças liberal-democráticas dos líderes intelectuais da revolução.

As sociedades da Europa central e oriental realizaram vitoriosamente sua revolução de fevereiro. Os perigos de uma revolução de outubro ainda estão longe de serem excluídos. O processo revolucionário começou, mas seu destino e a direção que ele tomará no futuro previsível estão longe de serem certos. Cabe lembrar da visão de Winston Churchill sobre as perspectivas da guerra após a batalha de El Alamein: "Este não é o fim. Isto não é nem o começo do fim. Este é apenas o fim do começo".

# 8
# Vivendo sem uma alternativa

O comunismo morreu. De senilidade, alguns dizem. De aflições lamentáveis, outros dizem. Todos concordam que ele permanecerá morto por muito, muito tempo.

A opinião oficial (seja lá o que isso significa) do Ocidente abastado saudou a notícia, supostamente a menos esperada do século, com alegria autocongratulatória. O tema da celebração é bem conhecido: o "nosso modo de vida" provou, de uma vez por todas, tanto sua viabilidade quanto sua superioridade em relação a qualquer outra forma real ou imaginável; nossa mistura de liberdade individual e mercado de consumo surgiu como o necessário e suficiente princípio verdadeiramente universal de organização social; não haverá mais reviravoltas traumáticas da história; na verdade, não restará praticamente nada da história. Para o "nosso modo de vida", o mundo se tornou um lugar seguro. O século notável por lutar por suas escolhas no campo de batalha acabou, dez anos antes da hora marcada. De agora em diante, haverá apenas mais das coisas boas que existem.

No clamor da celebração, as poucas vozes de dúvida mal se ouvem. Algumas dúvidas não ousam ser expressas. Algumas preocupações inarticuladas nem mesmo se transformaram em dúvidas dignas de ser postas em palavras. Só é possível adivinhar o que elas são.

Aqueles que implantaram o comunismo como um bicho-papão para assustar crianças desobedientes ("veja o que será de vocês se não fizerem o que mandei") e as trazerem de volta à razão se sentem um pouco inquietos: onde encontrarão um substituto para o serviço prestado pelo comunismo tardio? Como manter as pessoas gratas pelo pouco que têm se não se pode obter crédito por as defender de terem menos ainda?

Algumas categorias de pessoas têm motivos mais radicais e imediatos para se preocupar. A enorme burocracia de guerra, por exemplo. Ela foi sustentada pela ameaça do império comunista do mal e, quanto mais pudesse fazer a ameaça parecer real e aterrorizante, melhor vivia. Essa burocracia controlava e extraía seu sustento da maior indústria de armas que existiu em qualquer tempo de paz da história. Essa indústria não precisava de uma guerra real para prosperar: o impulso inicial da ameaça comunista foi suficiente para assegurar um desenvolvimento exponencial contínuo. Depois disso, ela adquiriu seu próprio impulso de autoperpetuação e crescimento. Os produtores de armas defensivas competiam com os comerciantes das armas ofensivas, as marinhas com as forças aéreas, os tanques com as unidades de mísseis. As novas armas tiveram que ser desenvolvidas em um dia porque as armas inventadas no dia anterior tornaram inadequadas ou completamente obsoletas as usadas no dia anterior a esse. Ou novas armas tiveram que ser desenvolvidas apenas porque os laboratórios, cheios de cérebros de alto nível e mantidos constantemente no mais alto grau de tensão por comissões tentadoras, ambições de prestígio e rivalidade profissional, não paravam de gerar ideias sempre novas, e porque havia recursos tecnológicos sobressalentes ou ociosos ansiosos por absorvê-los. No entanto, esse arranjo confortável precisava da ameaça comunista para garantir o fluxo constante do fluido vital. A indústria de armas pode sobreviver menos do que qualquer outra sem um inimigo; seus produtos não têm valor quando ninguém tem medo e ninguém quer assustar os outros.

Há outra indústria poderosa que pode lamentar o falecimento do inimigo comunista: milhares de departamentos universitários e institutos de pesquisa, redes mundiais de congressos, conferências, editoras e periódicos, todos dedicados integralmente aos "Estudos Soviéticos e do Leste Europeu" que agora, assim como a burocracia de guerra, enfrentam a perspectiva de perderem seus postos por não serem mais necessários. Como todas as organizações bem estabelecidas e viáveis (incluindo a burocracia de guerra), a *sovietologia* certamente tentará encontrar um novo tópico para justificar a continuidade de seus serviços, o que só pode ser feito por meio do estabelecimento de novas metas para corresponder a seus impressionantes recursos humanos e materiais. No entanto, duvida-se que as novas metas, independentemente de como sejam definidas, atraiam, como no passado, os fundos e a benevolência dos detentores do poder o suficiente para manter a indústria em seu nível recente de riqueza material, prestígio acadêmico e ânimo autocongratulatório.

Essas e outras preocupações semelhantes podem ser bastante sérias para os interesses diretamente afetados por elas, mas a globalidade do desastre a que se referem é, para dizer o mínimo, uma questão de disputa. Existem, no entanto, outras consequências do fim do comunismo que podem ter efeitos deletérios verdadeiramente globais para a sobrevivência da mesma "forma de vida" cujo triunfo definitivo elas supostamente prenunciam.

Pressupõe-se amplamente, particularmente nas regiões mais à direita do espectro político, que a falência do sistema comunista deve ter desferido um golpe mortal não apenas nos pregadores e devotos declarados da fé comunista, mas em qualquer causa, mesmo as vagamente relacionadas com a tradição de "esquerda" da desafeição, da crítica e da dissensão, que questiona os valores, de visões alternativas. Supõe-se que o descrédito prático do comunismo (interpretado como "o Outro" de *nossa forma de vida*, como a totalidade *negativa* que injeta significado em *nossa positividade*) antecipa por omissão e desqualifica antecipadamente quaisquer dúvidas sobre a incontestável superioridade do regime *realmente existente* de liberdade e de mercado de consumo; que ele desacredita, além disso, qualquer sugestão de que esse regime, mesmo que tecnicamente mais viável, pode ainda não ser totalmente impecável, nem a mais justa das ordens concebíveis; que pode estar urgentemente precisando de uma revisão e de melhorias. Argumentarei, no entanto, que a afirmação de que o colapso do comunismo ameaça a sobrevivência da "alternativa de esquerda" e de que a crítica de esquerda *sozinha* é inválida como um *non sequitur*; que os perigos que realmente surgem no mundo que abandonou a alternativa socialista, supostamente desacreditada de uma vez por todas pelas práticas agora universalmente condenadas de sua variante comunista, aplicam-se à "nossa forma de vida" (isto é, ao regime *realmente existente* de consumidores livres e mercados livres) na mesma medida (ou talvez até mais) que se aplicam a sua crítica de esquerda; e que essa circunstância pode apenas tornar a continuação da crítica mais necessária do que ela normalmente seria.

## O significado histórico do colapso do comunismo

O que foi enterrado sob os escombros do sistema comunista? Vários Estados totalitários, é claro – espécimes de um regime que deixou indivíduos desprotegidos à mercê de poderes livres de regras e que isolou a autorreprodução dos detentores do poder político de toda e qualquer intervenção pelos que não têm poder. O fim do Estado totalitário não pode, no entanto, ser considerado final ou completo, pois o comunismo era apenas uma das muitas fórmulas políticas do totalitarismo. O totalitarismo não comunista não é nem logicamente incongruente enquanto noção nem tecnicamente inoperante enquanto prática. Mesmo um exame superficial da panóplia de regimes políticos existentes mostraria que emitir um atestado de óbito para o totalitarismo apenas porque sua versão comunista se desintegrou seria, para dizer o mínimo, uma decisão prematura e imprudente. Mesmo que todos os ex-Estados comunistas fizessem o procedimento democrático parlamentar e a observância dos direitos individuais (o que não é uma conclusão inevitável) durar, isso não significaria que "o mundo se tornou seguro para a democracia" e que a luta entre os princípios liberais e totalitários que até então coexistiam dentro dos corpos políticos contemporâneos foi resolvida. Sugerir que a utopia comunista foi o único vírus responsável pelas aflições totalitárias seria propagar uma ilusão perigosa, que é tanto teoricamente incapacitante quanto politicamente desarmante – para as futuras oportunidades de democracia, um erro caro, talvez até letal.

Existem, no entanto, outras sepulturas escondidas sob os escombros, que ainda aguardam para serem totalmente descobertas. A queda do comunismo foi uma derrota contundente para o projeto de uma *ordem total* – um arranjo artificialmente projetado e abrangente de ações humanas e seu contexto, que segue as regras da razão em vez de emergir de atividades difusas e descoordenadas de agentes humanos; foi também a queda do sonho grandioso de *refazer* a natureza, forçando-a a ceder cada vez mais a qualquer coisa que a satisfação humana possa requerer, ao mesmo tempo que desconsidera ou neutraliza suas tendências não planejadas às quais não poderia ser atribuído nenhum benefício humano sensato; ela também demonstrou a frustração definitiva das ambições de uma gestão global, de substituir a espontaneidade pelo planejamento, de uma ordem transparente, monitorada, supervisionada e deliberadamente moldada em que nada é deixado nas mãos do destino e tudo extrai seu sentido e sua *raison d'être* da visão de uma totalidade harmônica. Em suma, a queda do comunismo marcou o recuo final dos sonhos e ambições da *modernidade*.

Um dos traços mais evidentes da modernidade foi uma ânsia avassaladora de substituir a espontaneidade, considerada sem sentido e semelhante ao caos, por uma ordem desenhada pela razão e construída por meio do esforço legislativo e controlador. Esse desejo gerou (ou foi gerado por?) o que se tornou um Estado especificamente *moderno*: um Estado que modelou suas intenções e as prerrogativas que reivindicou segundo o padrão de um jardineiro, um médico ou um arquiteto: um Estado de *jardinagem*, um Estado *terapêutico/cirúrgico*, um Estado *gestor de espaço*. Era um Estado de jardinagem na medida em que se apropriava do direito de separar as plantas "úteis" das "inúteis", de selecionar um modelo final de harmonia que tornasse algumas plantas úteis e outras inúteis e de propagar as plantas úteis enquanto exterminava as inúteis. Era um Estado terapêutico/cirúrgico na medida em que estabelecia o padrão de "normalidade" e, assim, traçava a fronteira entre o aceitável e o intolerável, entre a saúde e a doença, combatendo a segunda para sustentar a primeira – e na medida em que colocava seus súditos no papel de pacientes: os locais de doenças, embora eles próprios não fossem agentes capazes de derrotar a enfermidade sem a instrução de um tutor informado e inventivo. Era um Estado gestor do espaço na medida em que se ocupava de ajardinar a terra deserta (foi a intenção paisagística que moldou o território operacional como um território deserto), sujeitando todas as características locais a um princípio unificador e homogeneizador de harmonia.

## Comunismo e modernidade

Tal como ocorreu, o comunismo levou os preceitos da modernidade muito a sério e começou a implementá-los com seriedade. De fato, sua lógica como um sistema o equipara para desempenhar as funções de jardinagem/terapêutica/arquitetônica em detrimento de todos, ou mesmo de quaisquer, os pré-requisitos ou exigências injustificados pela razão do empreendimento.

Ao longo de sua história, o comunismo foi o defensor mais devoto, vigoroso e corajoso da modernidade – devoto ao ponto da simplicidade. Ele também afirmou ser seu único defensor verdadeiro.

De fato, foi sob os auspícios comunistas, e não capitalistas, que o audacioso sonho da modernidade, libertado de obstáculos pelo Estado impiedoso e aparentemente onipotente, foi levado a seus limites radicais: os grandes projetos, a engenharia social ilimitada, a tecnologia enorme e volumosa, a transformação total da natureza. Os desertos foram irrigados (mas se transformaram em pântanos salinizados); os pântanos foram secos (mas se transformaram em desertos); enormes tubos de gás cruzavam a terra para remediar os caprichos da natureza na distribuição de seus recursos (mas eles continuaram explodindo com uma força maior que a dos desastres naturais de outrora); milhões foram retirados da "estupidez da vida rural" (mas foram envenenados pelos eflúvios da indústria racionalmente projetada, isso se não pereceram antes no caminho). Violentada e mutilada, a natureza não entregou as riquezas que se esperava; a escala total do projeto apenas tornava a devastação completa. Pior ainda, toda aquela violência e mutilação provou ser em vão. A vida não pareceu mais confortável ou feliz, as necessidades (mesmo as reconhecidas pelos tutores do Estado) não pareceram ser satisfeitas melhor do que antes, e o domínio da razão e da harmonia pareceu mais distante do que nunca.

O que o Ocidente abastado está de fato comemorando hoje é o falecimento oficial de seu próprio passado; o último adeus ao sonho moderno e à arrogância moderna. Se a alegre imersão na fluidez pós-moderna e o êxtase sensorial da deriva sem rumo foram envenenados pelos resíduos da consciência moderna – o desejo de fazer algo por aqueles que sofrem e clamam por algo a ser feito –, agora eles parecem impolutos. Com o comunismo, o fantasma da modernidade foi exorcizado. A engenharia social, o princípio da responsabilidade comunitária pelo destino do indivíduo, o dever de prover a sobrevivência individual constantemente, a tendência de ver as tragédias pessoais como problemas sociais, o mandamento de lutar coletivamente por justiça – todos os preceitos morais usados para legitimar (alguns dizem, motivar) as práticas modernas foram comprometidas sem chance de conserto pelo colapso espetacular do sistema comunista. Não há mais consciência culpada. Sem escrúpulos. Nenhum compromisso supraindividual contaminando a satisfação individual. O passado desceu ao seu túmulo em desgraça.

## A importância política do colapso do comunismo

O fim do sistema comunista também foi uma derrota para o Estado superambicioso e superprotetor. Na verdade, é porque o último ato do processo prolongado e tortuoso de morte foi tão final e dramático que é plausível descrever Estados ambiciosos e protetores como *super*ambiciosos e *super*protetores. Esse Estado parecia dar seu último suspiro na Václavské Náměstí e na praça de Timişoara, embora tenha sobrevivido, ainda que temporariamente, à Praça da Paz Celestial. O principal fator de descrédito desse Estado (*de facto*, se não em interpretações teóricas) é que ele revelava uma inacreditável fraqueza interna; ele se rendeu a uma multidão desarmada enquanto supostamente estava ameaçado apenas pela recusa resoluta dessa multidão em ir para casa. Tal fraqueza parece ser uma propriedade exclusiva do Estado comunista e pode ser fácil e felizmente atribuída a tudo o que ele representava. Pode-se imaginar um efeito semelhante de uma concentração pública na Trafalgar Square? Ou na Champs-Élysées? E pode-se imaginar a concentração?

Devido aos fatores descritos, os súditos do Estado comunista poderiam ter mais motivos para expressar desafeição do que a população da maioria dos países ocidentais. Mas – um ponto não enfatizado com força suficiente, se é que o foi – eles também tinham uma possibilidade maior de tornar sua desafeição eficaz e de forjá-la novamente em uma mudança sistêmica. O Estado superdominador teve que pagar um preço pelo volume formidável de seus interesses e prerrogativas – e o preço foi a *vulnerabilidade*. Afirmar o direito do Estado de comandar e controlar é assumir responsabilidade pelos efeitos. Sabe-se publicamente e está claramente marcado em quem colocar a culpa, e esse culpado é o *mesmo* para todo e qualquer ressentimento. O Estado pode apenas acumular e condensar a dissensão social e não consegue evitar virar a aresta da dissensão contra si mesmo. O Estado é o principal fator (e um fator suficiente) para forjar a variedade de queixas e propostas, frequentemente incompatíveis, em uma oposição unificada – pelo menos por tempo suficiente para produzir um confronto dramático. O Estado que assume o direito de estruturar a sociedade também induz uma tendência à polarização política: os conflitos, que do contrário permaneceriam difusos e dividiriam a população em várias direções, tendem a ser subsumidos sob uma oposição dominante entre o Estado e a sociedade.

Assim, não está provado que a natureza ilusória do poder do Estado e sua incapacidade de sobreviver à mera recusa de obediência sejam propriedade exclusiva do Estado comunista. Ao contrário, o que ficou provado é que o regime comunista criou as condições mais propícias para desmascarar o blefe da onipotência do Estado. Mais diretamente relacionada com a natureza do regime estava a possibilidade de que a recusa de obediência fosse sincronizada e global e envolvesse, se não a totalidade, pelo menos uma parte considerável da população.

Do ponto de vista da sociologia política, a consequência mais importante da atual tendência ocidental de desestatização de um número cada vez maior de áreas anteriormente administradas pelo Estado é a *privatização do dissenso*. Com o equilíbrio global das atividades sociais e a lógica do processo vital divididos em funções finamente fatiadas e mutuamente autônomas, as desafeições que surgiam ao longo de atividades separadas direcionadas para tarefas não têm onde se encontrar e se fundir. A desafeição tende a gerar campanhas monotemáticas, e a dissensão é funcionalmente dispersa e ou despolitizada ou politicamente diluída. Raramente, ou nunca, a queixa é dirigida contra o Estado, apesar dos esforços frenéticos dos partidos políticos. Na maioria das vezes, ela não chega nem a se misturar aos movimentos sociais; em vez disso, repercute em mais desilusão com soluções coletivas para problemas individuais e culpa o sofredor pelo potencial não realizado. A diferença entre os dois sistemas consiste não tanto no tamanho da soma total de desafeição, mas sim na propensão da dissidência, em um sistema comunista, de acumular até o ponto de deslegitimar o sistema e de se condensar em uma força que subverte o sistema.

É por essa razão que a farsa da onipotência estatal (às vezes representada na teoria política como "legitimidade"), mesmo que fosse apenas uma farsa, tenderia a permanecer invisível. Se os Estados comunistas e liberal-parlamentares (um que preside a economia de comando, o outro que deixa o jogo do mercado solto) compartilham ou não a fraqueza interna que apenas os Estados comunistas demonstraram recentemente, isso está fadado a permanecer uma questão discutível: é improvável a submeter a um teste prático. Portanto, as repetidas afirmações do "fim da história", do "fim do conflito", do "daqui para frente, mais do mesmo" podem se vangloriar de serem imunes à crítica empírica. Por mais erradas que essas afirmações possam *parecer*, seus detratores dificilmente encontrarão algo na vida política do sistema aparentemente vitorioso que torne suas dúvidas verossímeis.

De fato, o que muitas vezes é chamado de *civilização ocidental* parece ter encontrado a pedra filosofal que todas as outras civilizações buscaram em vão e, com ela, a garantia de sua própria imortalidade: ela conseguiu transformar seus *descontentamentos* em fatores de sua própria *reprodução*. O que poderia ser descrito em outros sistemas como aspectos de "disfuncionalidade", manifestações de crise e de ruptura iminente parece aumentar a força e o vigor desse sistema. A privação gera e aumenta ainda mais o poder sedutor da troca de mercado, em vez de gerar descontentamento politicamente eficaz: os riscos e perigos públicos gerados por tecnologias de "tarefa única" e especialização estritamente focada fornecem mais legitimação para ações voltadas para o problema e geram demandas por mais tecnologia e conhecimento especializado, em vez de questionar a sabedoria do pensamento e da prática "limitados por problemas"; o empobrecimento da esfera pública aumenta a busca por (e o poder de sedução das) fugas privadas da miséria pública e dizima ainda mais o grupo de defensores em potencial do bem comum. Acima de tudo, os descontentamentos gerados pelo sistema são tão subdivididos quanto as agências e as ações que os geram. No máximo, tais descontentamentos levam a campanhas "monotemáticas" que impõem um intenso comprometimento com o assunto em foco, ao mesmo tempo que cercam a estreita área de atenção com uma vasta terra de ninguém de indiferença e apatia. As plataformas político-partidárias não refletem interesses de grupos integrados, reais ou postulados; em vez disso, elas são cuidadosamente remendadas seguindo um cálculo escrupuloso da popularidade relativa (isto é, capacidade de geração de votos) de cada questão individual na atenção do público. A mobilização político-partidária de votos não diminui a apatia dos eleitores; de fato, pode-se dizer que o sucesso da mobilização por meio de temas únicos está condicionado à desatenção dos eleitores aos temas deixados de lado.

Como resultado de tudo isso, a atual forma de vida ocidental, com sua produção de necessidades patrocinada pelo mercado, sua privatização de queixas e suas ações de tarefa única, parece estar em uma posição notavelmente diferente daquela das civilizações regionalmente localizadas de outrora. Ela não tem inimigos eficazes internos nem bárbaros batendo em seus portões, apenas aduladores e imitadores. Ela tem praticamente (e, ao que parece, irrevogavelmente) deslegitimado todas as alternativas a si. Tendo feito isso, ela tornou estranhamente difícil – ou melhor, impossível – conceber um modo de vida diferente sob uma forma que resistisse à assimilação e dificultasse, em vez de impulsionar, a lógica de sua reprodução. Seus bardos corteses podem, portanto, com credibilidade, declará-la universal e *sub specie aeternitatis*.

## Os custos da vitória

Um aspecto da situação em que a forma de vida ocidental se encontra após o colapso da alternativa comunista é a liberdade sem precedentes que essa forma de vida terá a partir de agora na construção do "outro" de si e, da mesma forma, na definição de sua própria identidade. Não sabemos realmente que efeitos tal liberdade pode trazer: podemos aprender pouco com a história, pois ela não conhece situações semelhantes. Para a maior parte da civilização historicamente formada, "o outro" tinha o poder de autoconstituição. As alternativas apareciam como concorrentes reais e inimigos engenhosos, como ameaças a serem reconhecidas, e ativamente evitadas e às quais era preciso se adaptar. As alternativas eram fontes de um dinamismo ao menos temporário, mesmo que a capacidade de mudança se mostrasse, no final, muito limitada para evitar a derrota final. Durante a maior parte do século XX, o comunismo parecia desempenhar com sucesso o papel de tal alternativa. Mesmo antes disso, praticamente desde o início da modernidade capitalista, esse papel foi desempenhado pelos movimentos socialistas. A exibição vívida de uma organização social voltada para os fins que a modernidade capitalista negligenciou tornou necessário ampliar a agenda sistêmica e impôs correções que evitaram o acúmulo de disfunções potencialmente letais. (O Estado de bem-estar social foi o exemplo mais notável, mas de modo algum o único.) Esse luxo relativo de crítica autônoma e autoconstituída agora se foi. A questão é onde seu substituto funcional pode ser encontrado, se é que pode sê-lo.

A parte mais imediata da resposta é o papel radicalmente aprimorado da análise e da crítica intelectuais, racionais; a última precisaria agora carregar em seus próprios ombros uma tarefa compartilhada no passado com os concorrentes na batalha política de alternativas sistêmicas. O que está em jogo aqui não é apenas uma extensão e uma intensificação do antigo papel dos intelectuais. Ao longo da era moderna, em que o Estado baseou sua capacidade operativa sobretudo na legitimação ideológica, os intelectuais e suas instituições – sendo as universidades as mais proeminentes entre elas – foram, antes de mais nada, os fornecedores de fórmulas legitimadoras atuais ou em potencial, seja em sua vertente conformista ou rebelde. Atualmente não há muita demanda por esses bens, já que o Estado em geral cede a tarefa integrativa aos atrativos sedutores do mercado. (Essa ausência de demanda está por trás do processo apelidado de "crise das universidades", a erosão implacável do papel cultural derivada de seu alto *status* no passado.) Essa perda do *status* assistido pelo Estado, por mais alarmante que seja no momento, ainda pode provar ser uma bênção disfarçada. Separado à força da função legitimadora ou deslegitimadora automaticamente presumida ou atribuída, o trabalho intelectual pode compartilhar uma liberdade geral de criação cultural derivada da atual irrelevância da cultura para a reprodução sistêmica. (Discuti esse processo mais extensivamente no terceiro capítulo de *Liberdade*.)[1] Isso dá ao trabalho intelectual uma oportunidade de autonomia considerável; de fato, uma mudança radical de equilíbrio dentro da síndrome moderna de poder/conhecimento se torna uma possibilidade distinta.

Por outro lado, o declínio da alternativa comunista expõe as deficiências internas da versão de liberdade centrada no mercado, anteriormente desproblematizada ou minimizada quando confrontada com os aspectos menos atraentes do sistema de referência comparativa. Agora menos coisas podem ser perdoadas, provavelmente menos coisas serão placidamente toleradas. Será mais difícil descartar uma crítica imanente dos males da liberdade reduzida à escolha do consumidor por meio do velho recurso de aprovação imputada de uma alternativa desacreditada e exonerar as futilidades que a crítica revela como "o menor de dois males". A liberdade de mercado precisaria se explicar e se defender em seus próprios termos, e esses não são termos particularmente fortes ou convincentes,

[1] Bauman, Zygmunt. *Freedom*. Milton Keynes: Open University Press, 1989. [Ed. bras.: *Liberdade*. Trad. Silvana Perrella Brito. Santo André-SP: Academia Cristã, 2014.]

especialmente quando se trata de justificar seus custos sociais e psicológicos.

Os custos são, de fato, enormes. E não é mais possível os tornar menos assustadores ao mostrar que as tentativas feitas para corrigi--los em outros lugares aumentaram o volume total do sofrimento humano, em vez de diminuí-lo. Essas tentativas não estão mais na pauta, embora os custos não mostrem sinais de diminuição e demandem uma ação tão ruidosa quanto antes; apenas o apelo agora é mais comovente do que nunca, já que a inatividade não pode ser desculpada por procuração. A contínua polarização do bem-estar e das oportunidades de vida não pode se tornar menos repulsiva ao apontar para o empobrecimento geral que em outros lugares resultou dos esforços para remediá-lo. Os traumas da construção de identidade privatizada não podem ser facilmente encobertos ao apontar para os efeitos estupidificantes da alternativa totalitária. A indiferença apenas mal disfarçada pela pretensa tolerância não pode se tornar mais aceitável pela impotência da coexistência imposta pelo poder. A redução da cidadania ao consumismo não pode ser justificada pela referência aos efeitos ainda mais horríveis da mobilização política obrigatória. A rejeição irônica de se sonhar com o futuro perde muito de sua pertinência uma vez que a agora desacreditada promoção da "ordem total" e das utopias de jardinagem deixa de ser sua encarnação mais notável e tangível.

Todos esses pontos indicam uma oportunidade. Ela não garante necessariamente o sucesso. (Discuti antes a espantosa capacidade do *habitat* pós-moderno de absorver a dissensão e a crítica de vanguarda e de utilizá-los como fontes de sua própria força renovada.) Nós, os residentes do *habitat* pós-moderno, vivemos em um território que admite opções não claras e nenhuma estratégia que possa ser *imaginada* como incontroversamente correta. Estamos mais conscientes do que nunca do quão escorregadias todas as estradas são quando percorridas com determinação. Sabemos com que facilidade a crítica da liberdade "apenas de mercado" pode levar à destruição da liberdade como tal. Mas também sabemos – ou aprenderemos em breve, se ainda não o soubermos – que a liberdade confinada à escolha do consumidor é claramente inadequada para a execução das tarefas da vida que confrontam uma individualidade privatizada (por exemplo, para a autoconstrução da identidade); e que ela, portanto, tende a ser acompanhada pelo renascimento das mesmíssimas irracionalidades que os grandiosos projetos da modernidade desejavam erradicar, conseguindo, na melhor das hipóteses, sua supressão temporária. Os perigos espreitam de ambos os lados. O mundo sem uma alternativa precisa da autocrítica como uma condição de sobrevivência e de decência. Mas isso não torna fácil a vida da crítica.

dade como tal. Mas também sabemos – ou aprenderemos em breve, se ainda não o soubermos – que a liberdade condenada à escolha do consumidor [illegible] das famílias [illegible] vista que confrontam [illegible] exemplo, para a autoconstrução [illegible] deve ser acompanhada pelo [illegible]

# 9
# Uma teoria sociológica da pós-modernidade[1]

Eu aponto que:

1. O termo *pós-modernidade* traduz com precisão os traços definidores da condição social que emergiu nos países ricos da Europa e de ascendência europeia ao longo do século XX e assumiu sua forma atual na segunda metade desse século. O termo é preciso ao chamar a atenção para a continuidade e para a descontinuidade como duas faces da intrincada relação entre a condição social atual e a formação que a precedeu e a gerou. Ele traz à tona o vínculo íntimo e genético que liga a nova condição social pós-moderna à *modernidade* – a formação social que emergiu na mesma parte do mundo ao longo do século XVII e tomou sua forma final, posteriormente sedimentada nos modelos sociológicos da sociedade moderna (ou nos modelos de sociedade criados pela sociologia moderna) durante o século XIX, ao mesmo tempo que indica a morte de certas características cruciais

[1] As ideias esboçadas neste ensaio foram inspiradas ou estimuladas por leituras e debates numerosos demais para que todas as dívidas intelectuais possam ser listadas. Ainda assim, alguns mais generosos (mesmo quando desconhecidos) devem ser nomeados. São eles: Benedict Anderson, Mikhail Bakhtin, Pierre Bourdieu, Anthony Giddens, Erving Goffman, Agnes Heller, Michel Maffesoli, Stefan Morawski, Alain Touraine. E, claro, Georg Simmel, que começou tudo.

na ausência das quais não se pode mais descrever adequadamente a condição social como moderna, no sentido dado ao conceito pela teoria social ortodoxa (moderna).

2. A pós-modernidade pode ser interpretada como uma modernidade totalmente desenvolvida, tomando uma medida completa das consequências antecipadas de seu trabalho histórico; como uma modernidade que reconheceu os efeitos que produziu ao longo de sua história, embora o tenha feito inadvertidamente, raramente consciente de sua própria responsabilidade, por omissão e não por projeto, como subprodutos muitas vezes percebidos como resíduos. A pós-modernidade pode ser concebida como uma modernidade consciente de sua verdadeira natureza – *a modernidade por si mesma.* As características mais evidentes da condição pós-moderna – o pluralismo institucionalizado, a variedade, a contingência e a ambivalência – foram todas reveladas pela sociedade moderna em volumes cada vez maiores; no entanto, foram vistas como sinais de fracasso e não de sucesso, como evidência da insuficiência dos esforços até então, em uma época em que as instituições da modernidade, fielmente replicadas pela mentalidade moderna, lutavam pela *universalidade*, pela *homogeneidade*, pela *monotonia* e pela *clareza*. A condição pós-moderna pode, portanto, ser descrita, por um lado, como a modernidade emancipada da falsa consciência e, por outro lado, como um novo tipo de condição social marcado pela aberta institucionalização das características que a modernidade – em seus desígnios e práticas gerenciais – tentou eliminar e, tendo falhado nisso, tentou ocultar.

3. As diferenças análogas que separam a condição pós-moderna da sociedade moderna são profundas e seminais o suficiente para justificar (na verdade, para requerer) uma teoria sociológica separada da pós-modernidade que romperia decisivamente com os conceitos e metáforas dos modelos da modernidade e elevá-la-ia para fora do quadro mental em que foram concebidos. Essa necessidade surge do fato de que (apesar de suas notórias discordâncias) os modelos existentes de modernidade articulavam uma visão compar-

tilhada da história moderna como um *movimento com uma direção* – e diferiam apenas na seleção do destino final ou no princípio organizador do processo, seja de universalização, de racionalização ou de sistematização. Nenhum daqueles princípios pode ser sustentado (pelo menos não na forma radical típica da teoria social ortodoxa) à luz da experiência pós-moderna. Tampouco pode ser sustentada a própria metáfora mestra que lhe é subjacente: a do processo com um indicador.

4. A pós-modernidade não é um desvio transitório do "estado normal" da modernidade nem é um estado doentio da modernidade, uma doença passível de ser corrigida, um caso de "modernidade em crise". Ela é, pelo contrário, uma condição social autorreprodutora, pragmaticamente autossustentável e logicamente autocontida, definida por suas *próprias características distintivas*. Uma teoria da pós-modernidade, portanto, não pode ser uma teoria modificada da modernidade, uma teoria da modernidade com um conjunto de marcadores negativos. Uma teoria adequada da pós-modernidade pode apenas ser construída em um espaço cognitivo organizado por um conjunto diferente de suposições; ela precisa de seu próprio vocabulário. O grau de emancipação dos conceitos e temas gerados pelo discurso da modernidade deve servir como uma medida da adequação de tal teoria.

## As condições da emancipação teórica

Em primeiro lugar, o que a teoria da pós-modernidade deve descartar é a suposição de uma totalidade social "*organísmica*" e equilibrada que se propõe modelar ao estilo de Parsons: a visão de uma totalidade "principalmente coordenada" e fechada (a) com um grau de coesão, (b) equilibrada ou marcada por uma tendência esmagadora para o equilíbrio, (c) unificada por uma síndrome de valor internamente coerente e uma autoridade central capaz de promovê-la e aplicá-la e (d) que define seus elementos em termos da função que eles desempenham nesse processo de equilíbrio ou de reprodução do Estado equilibrado. Em vez disso, a teoria buscada deve presumir que a condição social que pretende modelar é essencial e perpetuamente *desequilibrada,* composta de elementos com um grau de autonomia alto o suficiente para justificar a visão da totalidade como um resultado caleidoscópico – momentâneo e contingente – da interação. A natureza ordenada e estruturada da totalidade não pode ser tomada como certa, nem sua construção pseudorrepresentacional pode ser vista como o propósito da atividade teórica. A aleatoriedade do resultado global de atividades descoordenadas não pode ser tratada como um desvio do padrão que a totalidade se esforça para manter; qualquer padrão que possa emergir temporariamente dos movimentos aleatórios de agentes autônomos é tão fortuito e imotivado quanto aquele que poderia emergir em seu lugar ou aquele destinado a substituí-lo, mesmo que apenas por um tempo. Toda ordem que pode ser encontrada é um fenômeno local, emergente e transitório; sua natureza pode ser mais bem compreendida por uma metáfora de um redemoinho que aparece no curso de um rio, retendo sua forma apenas por um período relativamente breve e apenas à custa de metabolismo incessante e de renovação constante de conteúdo.

A teoria da pós-modernidade deve estar livre da metáfora do progresso que informou todas as teorias concorrentes da sociedade moderna. Com a totalidade dissipada em uma série de ilhas de ordem que emergem, mudam e desaparecem aleatoriamente, seu registro temporal não pode ser representado linearmente. As transformações locais perpétuas não se somam para induzir (muito menos para assegurar) de fato uma maior homogeneidade, racionalidade ou sistematicidade orgânica do todo. A condição pós-moderna é um terreno de constante mobilidade e mudança, mas sem uma direção clara de desenvolvimento. A imagem do movimento browniano oferece uma metáfora adequada para esse aspecto da pós-modernidade: cada estado momentâneo não é nem um efeito necessário do estado anterior nem uma causa suficiente do próximo. A condição pós-moderna é *indeterminada* e *indeterminante*. Ela "desata" o tempo, enfraquece o impacto restritivo do passado e efetivamente impede a colonização do futuro.

Da mesma forma, a teoria da pós-modernidade faria bem se dispusesse de conceitos como *sistema*, em seu sentido ortodoxo e orgânico (ou, nesse caso, *sociedade*), que sugere uma totalidade soberana logicamente anterior a suas partes, uma totalidade que dá significado a suas partes, uma totalidade a cujo bem-estar ou perpetuação todas as unidades menores (e, por definição, subordinadas) servem; em suma, uma totalidade que se presume definir, e é praticamente capaz de definir, os significados das ações e agências individuais que a compõem. Uma sociologia voltada para as condições da pós-modernidade deveria substituir a categoria de *sociedade* pela de *socialidade*, uma categoria que tenta transmitir a modalidade processual da realidade social, o jogo dialético de aleatoriedade e padrão (ou, do ponto de vista do agente, de liberdade e dependência), uma categoria que se recusa a tomar como certo o caráter estruturado do processo – que trata, em vez disso, todas as estruturas encontradas como realizações emergentes.

Com seu campo de visão organizado em torno do ponto focal da totalidade engenhosa, doadora de significado semelhante a um sistema, as teorias sociológicas da modernidade (que se concebiam como teorias sociológicas *tout court*) se concentravam nos veículos de homogeneização e resolução de conflitos em uma busca incansável por uma solução para o "problema hobbesiano". Essa perspectiva cognitiva (compartilhada com o referente realista do conceito de "sociedade" – o Estado nacional, a única totalidade na história capaz de considerar seriamente a ambição da monotonia e da homogeneidade planejadas e artificialmente sustentadas e administradas) desqualificava *a priori* qualquer agência "não certificada"; a espontaneidade não padronizada e desregulada do agente autônomo era predefinida como um fator desestabilizador e, de fato, antissocial, a ser domesticado e extinto na luta contínua pela sobrevivência social. Da mesma forma, atribuiu-se importância primordial aos mecanismos e armas de promoção da ordem e manutenção do padrão: o Estado e a legitimação de sua autoridade, poder, socialização, cultura, ideologia etc. – todos selecionados pelo papel que desempenharam na promoção do padrão, da monotonia, da previsibilidade e, portanto, também da capacidade de gerenciamento da conduta.

Uma teoria sociológica da pós-modernidade está fadada a inverter a estrutura do campo cognitivo. O foco agora deve estar na agência; mais corretamente, no *habitat* em que a agência opera e que ela produz no decorrer da operação. Como ele oferece à agência a soma total de recursos para todas as ações possíveis, bem como o campo dentro do qual as relevâncias que orientam a ação e são voltadas para ela podem ser traçadas, o *habitat* é o território em que tanto a liberdade quanto a dependência da agência são constituídas (e, de fato, percebidas como tal). Ao contrário das totalidades sistêmicas da teoria social moderna, o *habitat* não determina a conduta dos agentes nem define seu significado; não é mais (mas, também, não é menos) do que o cenário no qual tanto a ação quanto a atribuição de significado são *possíveis*. Sua própria identidade é tão indeterminada e móvel, tão emergente e transitória, quanto a das ações e a dos significados que a constituem.

Há uma área crucial, porém, na qual o *habitat* desempenha um papel determinante (sistematizador, padronizador): ele estabelece a pauta para os "assuntos da vida" ao fornecer o inventário de fins e o conjunto de meios. A maneira como os fins e os meios são fornecidos também determina o significado dos "assuntos da vida": a natureza das tarefas que todas as agências enfrentam e têm de cumprir de uma forma ou de outra. Na medida em que os fins são oferecidos como potencialmente sedutores em vez de obrigatórios e dependem de sua própria sedução em vez do poder de apoio da coerção, os "assuntos da vida" se dividem em uma série de escolhas. A série não é pré-estruturada, ou é pré-estruturada apenas fragilmente e sobretudo de forma inconclusiva. Por essa razão, as escolhas por meio das quais a vida do agente é construída e sustentada são mais bem vistas (como tendem a ser vistas pelos próprios agentes) como algo que soma ao processo de *autoconstituição*. Para sublinhar a natureza graduada e definitivamente inconclusiva do processo, a autoconstituição é mais vista como *automontagem* (*self-assembly*).

Proponho que a socialidade, o *habitat*, a autoconstituição e a automontagem deveriam ocupar, na teoria sociológica da pós-modernidade, o lugar central que a ortodoxia da teoria social moderna reservou para as categorias de sociedade, de grupo normativo (como a classe ou a comunidade), de socialização e de controle.

## Principais princípios da teoria da pós-modernidade

1. Sob a condição pós-moderna, o *habitat* é um *sistema complexo*. Segundo a matemática contemporânea, os sistemas complexos diferem dos mecânicos (aqueles presumidos pela ortodoxa e moderna teoria da sociedade) em dois aspectos cruciais. Primeiro, eles são impredizíveis; segundo, não são controlados por fatores estatisticamente significativos (a circunstância demonstrada pela prova matemática do famoso "efeito borboleta"). As consequências dessas duas características distintivas de sistemas complexos são verdadeiramente revolucionárias em relação à sabedoria recebida da sociologia. A "sistematicidade" do *habitat* pós-moderno não se presta mais à metáfora organísmica, o que significa que as agências ativas dentro do *habitat* não podem ser avaliadas em termos de funcionalidade ou disfuncionalidade. Os estados sucessivos do *habitat* parecem ser desmotivados e livres de limitações da lógica determinista. E a mais formidável estratégia de pesquisa que a sociologia moderna desenvolveu – a análise estatística – não serve para explorar a dinâmica dos fenômenos sociais e avaliar as probabilidades de seu desenvolvimento futuro. A relevância e os

números se separaram. Os fenômenos estatisticamente insignificantes podem se revelar decisivos, e seu papel decisivo não pode ser compreendido de antemão.

2. O *habitat* pós-moderno é um sistema complexo (não mecânico) por duas razões intimamente relacionadas. Em primeiro lugar, não existe uma agência de "definição de objetivos" com capacidades ou ambições globais de gerenciamento e coordenação cuja presença forneceria uma perspectiva a partir da qual o agregado de agentes eficazes aparece como uma "totalidade" com determinada estrutura de relevâncias, uma totalidade que pode ser pensada como uma *organização*. Em segundo lugar, o *habitat* é povoado por um grande número de agências, a maioria delas com propósito único, algumas delas pequenas, outras grandes, mas nenhuma suficientemente grande para incluir ou determinar o comportamento das outras. O foco em um único propósito aumenta consideravelmente a eficácia de cada órgão em seu campo de atuação, mas evita que cada área do *habitat* seja controlada a partir de uma única fonte, pois o campo de atuação de qualquer órgão nunca esgota toda a área que a ação está afetando. Operando em diferentes campos, mas se concentrando em áreas compartilhadas, as agências são *parcialmente* dependentes umas das outras, mas as linhas de dependência não podem ser fixadas e, portanto, suas ações (e consequências) permanecem firmemente subdeterminadas, ou seja, autônomas.

3. A autonomia significa que os agentes são apenas parcialmente, se é que o são, limitados em sua busca por qualquer coisa que tenham institucionalizado como seu propósito. Em grande medida, eles são livres para perseguir o propósito com o melhor domínio dos recursos e da capacidade gerencial. Eles são livres para ver (e tendem a fazê-lo) o restante do *habitat* compartilhado com outros agentes como uma coletânea de oportunidades e "problemas" a serem resolvidos ou removidos. A oportunidade é o que aumenta a produção na busca do objetivo, os problemas são o que ameaça a queda ou a paralisação da produção. Em circunstâncias ideais (a maximização de

oportunidades e a minimização de problemas), cada agente tenderia a ir em busca de seu propósito até onde os recursos permitissem; a disponibilidade de recursos é a única razão de que necessitam para a ação e, portanto, a garantia suficiente da razoabilidade da ação. O possível impacto nas oportunidades de outros agentes não é forjado automaticamente na limitação da produção do próprio agente. Os muitos produtos de atividades de busca de propósito de numerosos agentes parcialmente interdependentes, mas relativamente autônomos, ainda devem encontrar, *ex post facto*, sua relevância, utilidade e atratividade para garantir a demanda. Os produtos provavelmente serão criados em volumes superiores à demanda preexistente motivada por problemas já articulados. Eles ainda devem buscar seu lugar e significado, bem como os problemas que podem afirmar serem capazes de resolver.

4. Para cada agência, o *habitat* no qual sua ação está inscrita aparece, portanto, notavelmente diferente do espaço confinado de suas próprias atividades autônomas e subordinadas a propósitos. Ele aparece como um espaço de caos e *indeterminação* crônica, um território sujeito a reivindicações rivais e contraditórias de atribuição de significado e, portanto, perpetuamente *ambivalente*. Todos os estados que o *habitat* pode assumir parecem igualmente *contingentes* (isto é, eles não têm razões esmagadoras para serem o que são e poderiam ser diferentes se qualquer uma das agências participantes se comportasse de maneira diferente). A heurística dos "próximos movimentos" pragmaticamente úteis desloca, portanto, a busca por conhecimento específico de cadeias determinísticas, algorítmicas. Nenhuma agência pode interpretar a sucessão de estados presumida pelas áreas relevantes do *habitat* sem incluir as próprias ações na explicação; as agências não podem, de forma significativa, examinar a situação "objetivamente", isto é, de maneira a permitir que eliminem ou afastem sua própria atividade.

5. A modalidade existencial dos agentes apresenta, portanto, as seguintes características: determinação insuficiente, inconclu-

sividade, mobilidade e instabilidade. A identidade do agente não é fornecida nem confirmada com autoridade. Ela deve ser construída, mas nenhum projeto para essa construção pode ser tomado como prescrito ou infalível. A construção da identidade consiste em sucessivas tentativas e erros. Ela carece de uma referência pela qual seu progresso possa ser medido e, portanto, não pode ser descrita de forma significativa como algo que está "progredindo". Agora, é a *atividade* incessante (e não linear) de autoconstituição que faz a identidade do agente. Em outras palavras, a auto-organização dos agentes em termos de um *projeto de vida* (um conceito que pressupõe uma estabilidade no longo prazo, uma identidade duradoura do *habitat*, que em sua duração transcende, ou pelo menos é proporcional à, longevidade da vida humana) é deslocada pelo *processo de autoconstituição*. Ao contrário do projeto de vida, a autoconstituição não tem um ponto de destino que atue como referência para avaliação e monitoramento. Ela não tem fim visível, nem mesmo uma direção estável. É conduzida dentro de uma constelação mutável (e, como vimos antes, impredizível) de pontos de referência mutuamente autônomos e, por conseguinte, os propósitos que orientam a autoconstituição em um estágio podem logo perder sua atual validade confirmada com autoridade. Consequentemente, a automontagem da agência não é um processo cumulativo; a autoconstituição implica a desconstrução paralela à construção, a adoção de novos elementos tanto quanto a perda de outros, o aprender junto com o esquecer. A identidade da agência, por mais que se mantenha em estado de mudança permanente, não pode, portanto, ser descrita como "em desenvolvimento". Na autoconstituição das agências, o "movimento do tipo browniano" da natureza espacial do *habitat* é projetado sobre o eixo do tempo.

6. O único aspecto visível da continuidade e dos efeitos cumulativos dos esforços autoconstitutivos é oferecido pelo corpo humano – visto como o único fator constante entre as identidades multiformes e inconstantes: o material, o substrato tangível, o recipiente, o

portador e o executor de todas as identidades passadas, presentes e futuras. Os esforços autoconstitutivos se concentram em manter viva (e preferencialmente em aumentar) a *capacidade* do corpo de absorver a entrada de impressões sensoriais e produzir uma oferta constante de autodefinições publicamente legíveis. Daí a centralidade do *cultivo do corpo* entre as preocupações de automontagem e a arguta atenção dedicada a tudo o que é "tomado internamente" (alimentos, ar, drogas etc.) e a tudo que entra em contato com a pele – essa interligação entre o agente e o resto do *habitat* e a fronteira fortemente contestada da identidade autonomamente gerida. No *habitat* pós-moderno, as operações do tipo "faça você mesmo" (corrida, dieta, emagrecimento etc.) substituem e, em grande medida, deslocam o exercício panóptico da fábrica moderna, da escola ou do quartel; ao contrário de seus predecessores, no entanto, elas não são percebidas como necessidades impostas externamente, que são incômodas e das quais se ressente, mas como manifestos da liberdade do agente. Sua heteronomia, antes flagrante por meio da coerção, agora se esconde atrás da sedução.

7. Como o processo de autoconstituição não é guiado ou monitorado por um projeto de vida soberano, planejado de antemão (tal projeto de vida só pode ser imputado em retrospecto, reconstruído a partir de uma série de episódios emergentes), ele gera uma grave demanda por um substituto: uma oferta constante de pontos de orientação que podem guiar movimentos sucessivos. São as outras agências (reais ou imaginárias) do *habitat* que servem como tais pontos de orientação. Seu impacto no processo de autoconstituição difere daquele exercido por grupos normativos na medida em que elas não monitoram nem administram conscientemente os atos de fidelidade e as ações subsequentes. Do ponto de vista dos agentes autoconstituídos, outros agentes podem ser metaforicamente visualizados como um conjunto aleatoriamente disperso de polos totêmicos independentes e desprotegidos, dos quais é possível se aproximar ou que podem ser abandonados sem solicitar permissão

para entrar ou sair. A autoproclamada fidelidade ao agente selecionado (o próprio ato de seleção) é alcançada por meio da adoção de *sinais simbólicos* de pertencimento, e a liberdade de escolha é limitada apenas pela disponibilidade e acessibilidade de tais sinais.

8. A *disponibilidade* de sinais para a potencial automontagem depende tanto de sua *visibilidade* quanto de sua presença material. A visibilidade, por sua vez, depende da *utilidade* percebida dos sinais simbólicos para o resultado satisfatório da automontagem, isto é, de sua capacidade de assegurar ao agente que os resultados atuais da automontagem são realmente satisfatórios. Essa garantia é o substituto para a certeza ausente, assim como os pontos de orientação com os sinais simbólicos agregados são coletivamente um substituto para padrões predeterminados para projetos de vida. A capacidade reconfortante dos sinais simbólicos se encontra na autoridade emprestada (cedida) de *especialização* ou de *serem seguidos em massa.* Os sinais simbólicos são ativamente procurados e adotados se sua relevância for atestada pela autoridade confiável do especialista ou se forem prévia ou concomitantemente apropriados por um grande número de outros agentes. Essas duas variantes de autoridade são, por sua vez, alimentadas pela sede insaciável de tranquilidade dos agentes autoconstituídos. Assim, a *liberdade* de escolha e a *dependência* de agentes externos se reforçam mutuamente, surgindo e crescendo juntas como produtos do mesmo processo de automontagem e da demanda constante por pontos de orientação confiáveis que elas inevitavelmente geram.

9. A *acessibilidade* dos sinais para a automontagem varia de agente para agente, dependendo principalmente dos recursos que determinado agente controla. Cada vez mais, o papel mais estratégico entre os recursos é desempenhado pelo conhecimento; o crescimento do conhecimento que foi apropriado individualmente amplia a gama de padrões de montagem que podem ser escolhidos de forma realista. A liberdade do agente, medida pelo leque de escolhas realistas, torna-se, na condição pós-moderna, a principal dimensão

da desigualdade e, portanto, a principal aposta do tipo de conflito *redistributivo* que tende a surgir da dicotomia privilégio/privação; da mesma forma, o acesso ao conhecimento – a chave para uma liberdade ampliada – torna-se o maior índice de posição social. Essa circunstância aumenta a atratividade da *informação* entre os sinais simbólicos procurados por seu potencial tranquilizador. Também aumenta ainda mais a autoridade dos especialistas, confiáveis como repositórios e fontes de conhecimento válido. A informação se torna um recurso importante e, os especialistas, os intermediários cruciais de toda a automontagem.

## A política pós-moderna

A teoria social moderna podia arcar com a separação da teoria das políticas. Na verdade, ela transformou em virtude essa plausibilidade historicamente circunscrita e lutou ativamente pela separação sob a bandeira da ciência livre de valores. Manter a separação vedada se tornou uma marca distintiva da teoria moderna da sociedade. Uma teoria da pós-modernidade não pode seguir esse padrão. Uma vez reconhecida a contingência essencial e a ausência de fundamentos supra- ou pré-agentes da sociabilidade e das formas estruturadas que ela sedimenta, fica claro que a política dos agentes está no cerne da existência do *habitat*; de fato, pode-se dizer que é sua modalidade existencial. Toda a descrição do *habitat* pós-moderno deve incluir a política desde o início. Esta não pode ser mantida fora do modelo teórico básico como um epifenômeno, uma reflexão superestrutural ou um derivado intelectualmente processado e tardiamente formado.

Poder-se-ia argumentar (embora o argumento não possa ser explicado aqui) que a separação entre a teoria e a política na *teoria* moderna poderia ser sustentada enquanto houvesse, de forma incontestada ou efetivamente imunizada contra contestação, uma divisão *prática* entre a prática teórica e a prática política. A última separação teve como base a atividade do Estado nacional moderno, indiscutivelmente a única formação social na história com pretensões e ambições de administrar uma ordem global e de manter um monopólio total sobre o estabelecimento e o cumprimento de regras. Da mesma forma, as políticas seriam o monopólio do Estado, e o procedimento para sua formulação deveria ser separado e independente do procedimento que legitimasse uma teoria aceitável e, de forma mais geral, o trabalho intelectual modelado segundo o último procedimento. A erosão gradual, embora implacável, do monopólio do Estado nacional (enfraquecido simultaneamente por cima e por baixo, por agências transnacionais e subnacionais, bem como pelas fissuras no casamento histórico entre o nacionalismo e o Estado, visto que nenhum precisa do outro de maneira muito veemente em sua forma madura) pôs fim à plausibilidade da segregação teórica.

Com o encolhimento da engenhosidade e das ambições do Estado, a responsabilidade (real ou apenas reivindicada) pelas políticas se afasta do Estado ou é ativamente descartada por iniciativa dele próprio. No entanto, nenhum outro agente a assume. Ela se dissipa; ela se divide em uma pletora de políticas localizadas ou parciais adotadas por agências localizadas ou parciais (principalmente agências de um único tema). Com isso, desaparece a tendência do Estado moderno de condensar e atrair para si quase todo protesto social decorrente de demandas e expectativas redistributivas insatisfeitas – uma qualidade que reforçou ainda mais o papel inclusivo do Estado entre as agências da sociedade, ao mesmo tempo que o tornou vulnerável e o deixou exposto a frequentes crises políticas (pois os conflitos rapidamente se transformaram em protestos políticos). Sob a condição pós-moderna, as reivindicações que no passado acumular-se-iam em um processo político coletivo e dirigir-se-iam ao Estado permanecem difusas e se traduzem em autorreflexividade dos agentes, estimulando ainda mais a dissipação das políticas e a autonomia das agências pós-modernas (se elas de fato se acumulam por um tempo sob a forma de um grupo de pressão voltado para um único tema, elas reúnem agentes muito heterogêneos em outros aspectos para evitar a dissolução da formação uma vez que o progresso desejado no tema em questão tenha sido alcançado; e, mesmo antes desse resultado final, a formação é incapaz de anular a diversidade de interesses de seus apoiadores e, assim, reivindicar e garantir sua lealdade e identificação *total*). Pode-se falar, de forma alegórica, da "funcionalidade da insatisfação" em um *habitat* pós-moderno.

Nem toda a política na pós-modernidade é inequivocamente pós-moderna. No decorrer da era moderna, a política de *desigualdade* e, portanto, de *redistribuição* foi de longe o tipo mais dominante de conflito político e gestão de conflitos. Com o advento da pós-modernidade, ela foi deslocada de seu papel dominante, mas permanece (e muito provavelmente permanecerá) uma característica constante do *habitat* pós-moderno. De fato, não há sinais de que a condição pós-moderna prometa aliviar as desigualdades (e, por conseguinte, os conflitos redistributivos) que proliferam na sociedade moderna. Mesmo esse tipo de política eminentemente moderno adquire, em muitos casos, um matiz pós-moderno. As reivindicações redistributivas de nosso tempo estão focadas mais frequentemente na conquista dos *direitos humanos* (um codinome para a autonomia do agente, para aquela liberdade de escolha que constitui a agência no *habitat* pós-moderno) para setores da população aos quais eles até então eram negados (esse é o caso dos movimentos emancipatórios de minorias étnicas oprimidas, do movimento negro, de uma vertente importante do movimento feminista, assim como da recente rebelião contra a "ditadura das necessidades" praticada pelos regimes comunistas), em vez de na clara redistribuição de riqueza, renda e outros valores consumíveis por parte da sociedade em geral. A divisão social mais evidente nas condições pós-modernas é aquela entre a *sedução* e a *repressão*, entre a escolha e a falta de escolha, entre a capacidade de autoconstituição e a negação de tal capacidade, entre autodefinições concebidas autonomamente e categorizações impostas que são vivenciadas como limitadoras e incapacitantes. Os objetivos redistributivos (ou, mais precisamente, as consequências) da luta resultante são mediados pela resistência contra a repressão da agência humana. Pode-se também inverter a afirmação acima e propor que, em sua interpretação na versão pós-moderna, os conflitos revelaram sua verdadeira natureza, aquela do impulso para a libertação da agência humana, que nos tempos modernos tendia a ser ocultada por trás de batalhas pretensamente redistributivas.

Ao lado das sobrevivências da forma moderna de política, no entanto, as formas especificamente pós-modernas aparecem e gradualmente colonizam o campo central do processo político pós-moderno. Algumas delas são novas; outras devem sua qualidade nova e distintamente pós-moderna a sua recente expansão e a seu impacto muito maior. As mais proeminentes são as seguintes (as formas nomeadas não são necessariamente mutuamente exclusivas e algumas atuam com propósitos opostos):

1. *Política tribal*. Esse é um nome genérico para práticas que visam à coletivização (confirmação supra-agente) dos esforços de automontagem dos agentes. A política tribal implica a criação de tribos como *comunidades imaginadas*. Ao contrário das comunidades pré-modernas que os poderes modernos começaram a desenraizar, as tribos pós-modernas existem apenas sob a forma do compromisso de seus membros que se manifesta simbolicamente. Elas não podem contar nem com poderes executivos capazes de coagir seu público a se submeter às regras tribais (raramente elas têm regras claramente codificadas às quais seja possível exigir submissão) nem com a força dos laços de vizinhança ou a intensidade da troca recíproca (a maioria das tribos é desterritorializada, e a comunicação entre seus membros dificilmente é mais intensa do que o intercâmbio entre aqueles que são e os que não são membros da tribo). As tribos pós-modernas estão, portanto, constantemente *in statu nascendi* em vez de *essendi*, trazidas de volta à existência por rituais simbólicos repetitivos dos membros,

mas não persistindo mais do que o poder de atração desses rituais (no sentido em que são semelhantes às *comunidades estéticas* de Kant ou as *comunhões* de Schmalenbach). A lealdade é composta pelo apoio manifestado ritualmente aos símbolos tribais ou pela animosidade igualmente demonstrada simbolicamente aos símbolos negativos (antitribais). Como a persistência das tribos depende apenas do desdobramento da lealdade afetiva, seria de se esperar uma condensação e uma intensidade sem precedentes do comportamento emotivo e uma tendência a tornar os rituais os mais espetaculares possíveis – principalmente por meio do aumento de seu poder de choque. Os rituais tribais, por assim dizer, competem pelo escasso recurso da atenção pública como o principal (talvez o único) recurso de sobrevivência.

2. *Política do desejo*. Isso implica ações que visam estabelecer a relevância de certos tipos de conduta (símbolos tribais) para a autoconstituição dos agentes. Se a relevância é estabelecida, aumenta a atratividade da conduta promovida, seus propósitos declarados adquirem poder de *sedução* e a probabilidade de ela ser escolhida e ativamente buscada aumenta: os propósitos promovidos se transformam em necessidades dos agentes. No campo da política do desejo, as agências competem entre si pelo escasso recurso dos sonhos individuais e coletivos da boa vida. O efeito geral da política do desejo é a heteronomia da escolha apoiada pela (e que, por sua vez, apoia a) autonomia dos agentes que escolhem.

3. *Política do medo*. Trata-se, de certa forma, de um suplemento (ao mesmo tempo um complemento e um contrapeso) da política do desejo, visando definir os limites para a heteronomia e evitar seus efeitos potencialmente nocivos. Se os típicos medos modernos estavam relacionados à ameaça do totalitarismo perpetuamente abrigado no projeto de sociedade racionalizada e gerida pelo Estado (a "bota eternamente pisoteando um rosto humano" de Orwell, a "engrenagem dentada da máquina" e a "gaiola de ferro" de Weber etc.), os medos pós-modernos emergem da incerteza quanto à solidez e à confiabilidade dos conselhos oferecidos por meio da política

do desejo. Na maioria das vezes, os medos difusos se cristalizam na forma de uma suspeita de que as agências que promovem o desejo são (por interesse próprio) negligentes ou inconscientes dos efeitos danosos de suas propostas. Tendo em vista a centralidade do cultivo do corpo na atividade de autoconstituição, o dano mais temido é aquele que pode resultar em envenenamento ou mutilação do corpo por penetração ou contato com a pele (os pânicos mais generalizados têm se concentrado recentemente em incidentes como a doença da vaca louca, a listéria em ovos, os camarões alimentados com algas venenosas, o descarte de lixo tóxico – estando a intensidade do medo correlacionada com a importância do corpo entre as preocupações autoconstituídas, e não com a significância estatística do evento e a extensão do dano).

A política do medo fortalece a posição dos especialistas nos processos de autoconstituição, ao mesmo tempo que aparentemente questiona sua competência. Cada instância sucessiva da suspensão da confiança articula uma nova área do *habitat* como problemática e, assim, leva a uma demanda por mais especialistas e mais competência.

4. *Política da certeza.* Isso implica a procura veemente de confirmação social da escolha, diante do irredimível pluralismo dos padrões disponíveis e à aguçada consciência de que cada fórmula de autoconstituição, por mais criteriosamente selecionada e fortemente acolhida, é, em última análise, uma de muitas e sempre "até segunda ordem". A produção e a distribuição de certeza é a função definidora e a fonte de poder dos especialistas. Como os pronunciamentos dos especialistas raramente podem ser testados pelos destinatários de seus serviços, para a maioria dos agentes a certeza sobre a solidez de suas escolhas pode ser plausivelmente cogitada apenas enquanto *confiança*. A política da certeza consiste, portanto, principalmente na produção e manipulação da confiança; de modo contrário, "mentir", "desapontar", "voltar atrás nas palavras", "encobrir" os atos impróprios ou apenas sonegar informações, a traição de confiança,

o abuso de acesso privilegiado aos fatos do caso – tudo isso emerge como principais ameaças à já precária e vulnerável autoidentidade dos agentes pós-modernos. A confiabilidade, a credibilidade e a sinceridade percebidas se tornam os principais critérios pelos quais os comerciantes de certeza – os especialistas, os políticos, os vendedores de *kits* de identidade automontados – são julgados, aprovados ou rejeitados.

Em todos os quatro palcos em que se desenrola o jogo político pós-moderno, a iniciativa do agente encontra ofertas socialmente produzidas e sustentadas. Via de regra, as ofertas disponíveis excedem a capacidade de absorção do agente. Por outro lado, o potencial tranquilizador das ofertas que acabam sendo escolhidas se encontra quase totalmente na superioridade percebida dessas ofertas sobre seus concorrentes. Essa é, enfaticamente, uma superioridade *percebida*. Sua atratividade depende de um maior volume de confiança alocada. O que é percebido como superioridade (no caso de utilidades comercializadas, dos estilos de vida ou dos grupos políticos) é a quantidade visível de *atenção pública* que a oferta em questão parece ter. A política pós-moderna é principalmente sobre a realocação de atenção. A atenção pública é a mais importante – cobiçada e disputada – entre as escassas mercadorias no foco da luta política.

## A ética pós-moderna

Assim como a política, a ética é uma parte indispensável de uma teoria sociológica da pós-modernidade que pretenda algum nível de integridade. A descrição da sociedade moderna poderia deixar de lado os problemas éticos ou atribuir-lhes apenas um lugar marginal, tendo em vista o fato de que a regulação moral da conduta foi, em grande medida, subordinada à atividade legislativa e legal das instituições sociais globais, enquanto o que permanecesse desregulado dessa maneira era "privatizado" ou percebido (e tratado) como algo residual e fadado à extinção no curso da modernização total. Essa condição não é mais válida; o discurso ético não é institucionalmente impedido e, portanto, sua conduta e resolução (ou irresolução) devem ser uma parte orgânica de qualquer modelo teórico de pós-modernidade.

Novamente, nem todas as questões éticas encontradas em um *habitat* pós-moderno são novas. Mais importante ainda, as questões possivelmente extemporâneas da ética ortodoxa – as regras que vinculam o relacionamento direto entre agentes morais em condições de proximidade física e moral – permanecem tão vivas e pungentes quanto antes. De forma alguma elas são pós-modernas; na verdade, elas também não são modernas. (Em geral, a modernidade pouco contribuiu, se é que o fez, para o enriquecimento das problemáticas morais. Seu papel se resumia à substituição da regulamentação moral pela legal e à isenção de avaliação moral de um amplo e crescente setor de ações humanas.)

A problemática ética distintamente pós-moderna emerge principalmente de duas características cruciais da condição pós-moderna: o *pluralismo* da autoridade e a centralidade da *escolha* na autoconstituição dos agentes pós-modernos.

1. O pluralismo de autoridade, ou melhor, a ausência de uma autoridade com ambições globalizantes tem um efeito duplo. Em primeiro lugar, exclui o estabelecimento de normas obrigatórias que cada agência deve obedecer (ou poder-se-ia sensatamente esperar que ela obedecesse). As agências podem ser orientadas por seus próprios propósitos, prestando, em princípio, tão pouca atenção a outros fatores (também aos interesses de outras agências) quanto puderem, dados seus recursos e seu grau de independência. As "bases não contratuais do contrato", desprovidas de suporte de poder institucional, estão, dessa forma, consideravelmente enfraquecidas. Se estão desmotivadas pelos limites dos próprios recursos da agência, qualquer restrição à ação da agência deve ser negociada novamente. As regras surgem principalmente como reações a conflitos e

consequências das negociações subsequentes; ainda assim, as regras já negociadas permanecem em geral precárias e subdeterminadas, enquanto as necessidades de novas regras – para regular questões controversas que não foram previstas anteriormente – continuam proliferando. Isso se dá porque o *problema* das regras permanece no foco da agenda pública e é improvável que ele seja resolvido de forma conclusiva. Na ausência de "coordenação principal", a negociação de regras assume um caráter distintamente *ético*: estão em jogo os princípios de autorrestrição não utilitária de agências autônomas – e tanto a não utilidade quanto a autonomia definem a ação *moral* como distinta de qualquer conduta autointeressada ou legalmente prescrita. Em segundo lugar, o pluralismo das autoridades conduz à retomada, por parte dos agentes, da responsabilidade moral que tendia a ser neutralizada, rescindida ou cedida enquanto as agências permaneciam subordinadas a uma autoridade legisladora unificada e quase monopolista. Por um lado, os agentes enfrentam agora à queima-roupa as consequências de suas ações. Por outro lado, enfrentam a evidente ambiguidade e controvérsia dos propósitos a que as ações deveriam servir e, portanto, a necessidade de justificar de forma argumentativa os valores que permeiam sua atividade. Os propósitos não podem mais ser fundamentados *monologicamente*; tendo necessariamente se tornado sujeitos de um *diálogo*, eles devem agora se referir a princípios amplos o suficiente para comandar a autoridade que pertence apenas a valores éticos.

2. A autonomia ampliada do agente tem, de forma semelhante, uma dupla consequência ética. Primeiro – na medida em que o centro de gravidade muda decisivamente do controle heterônomo para a autodeterminação, e a autonomia se torna o traço definidor dos agentes pós-modernos –, o automonitoramento, a autorreflexão e a autoavaliação se tornam as atividades principais dos agentes, sem dúvida os mecanismos sinônimos de sua autoconstituição. Na ausência de um modelo universal de autoaperfeiçoamento ou de uma hierarquia clara de modelos, as escolhas mais dolorosas que os agentes enfren-

tam são entre os propósitos de vida e os valores, não entre os meios que atendem aos fins incontroversos já estabelecidos. Os critérios supraindividuais de propriedade sob a forma de preceitos técnicos de racionalidade instrumental não bastam. Uma vez mais, essa circunstância é potencialmente propícia ao aguçamento da autoconsciência moral: só os princípios éticos podem oferecer critérios de avaliação e de escolha de valores que ao mesmo tempo sejam supraindividuais (carregam uma autoridade reconhecidamente superior àquela de autopreservação individual) e estejam aptos a serem utilizados sem que seja preciso renunciar à autonomia do agente. Daí o interesse elevado, tipicamente pós-moderno, no debate ético e o aumento da atratividade das agências que reivindicam a competência em valores morais (por exemplo, o renascimento de movimentos religiosos e aparentemente religiosos). Em segundo lugar, sendo a autonomia de todo e qualquer agente aceita como um princípio e institucionalizada no processo vital composto por uma série infindável de escolhas, os limites do agente cuja autonomia deve ser observada e preservada se transformam em uma fronteira rigorosamente protegida e intensamente contestada. Ao longo dessa fronteira, surgem novas questões que só podem ser resolvidas por meio de um debate ético. O fluxo e o resultado da autoconstituição devem ser testados antes da confirmação do direito à autonomia do agente? Em caso afirmativo, quais são os padrões segundo os quais o sucesso ou o fracasso devem ser julgados (e sobre a autonomia das crianças pequenas e das ainda mais novas, dos indigentes, dos pais que criam seus filhos de maneiras incomuns, das pessoas que escolhem estilos de vida bizarros, das pessoas que se entregam a meios anormais de intoxicação, das pessoas envolvidas em atividades sexuais idiossincráticas, dos indivíduos considerados com deficiência intelectual)? O quanto os poderes autônomos do agente podem se estender e em que ponto seu limite deve ser traçado (lembre-se da disputa notoriamente inconclusiva entre os princípios da "vida" e da "escolha" no debate sobre o aborto)?

Em resumo, no contexto pós-moderno, os agentes são constantemente confrontados com questões morais e obrigados a escolher entre preceitos éticos igualmente fundamentados (ou igualmente infundados). A escolha significa sempre assumir responsabilidade e por isso tem o caráter de um ato moral. Sob a condição pós-moderna, o agente é forçosamente não apenas um ator e tomador de decisões, mas um *sujeito moral*. O desempenho das funções vitais exige também que o agente seja um sujeito moralmente *competente*.

## A sociologia no contexto pós-moderno

As estratégias de qualquer estudo sistemático estão fadadas a refletirem a concepção de seu objeto. A sociologia ortodoxa refletia o modelo teórico da sociedade moderna. Foi por essa razão que a explicação adequada das propensões autorreflexivas dos atores humanos provou ser tão espetacularmente difícil. Deliberadamente ou contra seus desejos declarados, a sociologia tendeu a marginalizar ou a explicar a autorreflexividade como o seguimento de regras, o desempenho de funções ou, na melhor das hipóteses, a sedimentação do aprendizado institucionalizado; em cada caso, como um epifenômeno da totalidade social, entendida, em última análise, como "autoridade legítima" capaz de "coordenar principalmente" o espaço social. Enquanto a autorreflexividade dos atores permaneceu reduzida à percepção subjetiva de obediência a regras impessoais, ela não precisou ser tratada com seriedade; raramente foi examinada como variável independente, muito menos como condição principal de toda a sociabilidade e de suas sedimentações institucionalizadas.

Nunca infalível, essa estratégia se torna particularmente inadequada na condição pós-moderna. O *habitat* pós-moderno é, de fato, um fluxo incessante de reflexividade; a sociabilidade responsável por todas as suas formas estruturadas, mas fugidias, sua interação e sua sucessão são uma atividade discursiva, uma atividade de interpretação e de reinterpretação, de interpretação retroalimentada na condição interpretada apenas para desencadear outros esforços interpretativos. Para estar efetiva e consequentemente presente em um *habitat* pós-moderno, a sociologia deve conceber a si mesma como um participante (talvez mais bem informado, mais sistemático, mais consciente de regras, porém ainda um participante) desse processo interminável e autorreflexivo de reinterpretação e conceber sua estratégia de forma correspondente. Na prática, isso muito provavelmente significará substituir as ambições de juiz de "crenças comuns", curandeiro de preconceitos e árbitro da verdade por aquelas de um esclarecedor de regras interpretativas e facilitador da comunicação; isso significará a substituição do sonho do legislador pela prática do intérprete.

# Apêndice
# Sociologia, pós-modernidade e exílio: uma entrevista com Zygmunt Bauman

*Richard Kilminster* e *Ian Varcoe*

Esta é uma versão editada de uma entrevista com o professor Bauman realizada em 15 e 16 de agosto de 1990, como parte da preparação para uma coletânea de ensaios que viriam a ser publicados sob o título *Power, Culture and Modernity: Essays in Honour of Zygmunt Bauman* [Poder, cultura e modernidade: ensaios em homenagem a Zygmunt Bauman].

*P.* Embora suas publicações e interesses de pesquisa tenham coberto uma ampla gama de campos sociológicos ao longo dos anos, ainda assim, em nossa visão, você tem uma personalidade intelectual distinta e contínua. Nós o vemos, de forma geral, como um marxista humanista, interessado em cultura, uma espécie de teórico crítico, e parece também haver um tema contínuo de rejeição do sistema em seu trabalho. Você pode comentar sobre essas observações? Estamos no caminho certo aqui?

*R.* Bem, não sou um bom juiz dessas questões porque o que vocês estão propondo dificilmente tem estrutura. Sua proposta é tomar uma série de categorias objetivas e pedir que eu me situe nessas categorias objetivas, de certo modo, objetiva e externamente, como um estranho em relação a mim mesmo. Mas esta não é uma apresentação em que a pessoa em questão é a que melhor desempenha a função. Isso é algo que é muito mais bem feito precisamente por pessoas do lado de fora, capazes de exercer um julgamento objetivo, referindo-se a categorias objetivas e assim por diante... Prefiro procurar categorias subjetivas que fornecem a estrutura para minha própria pesquisa, mas que não necessariamente se sobrepõem a essas categorias objetivas que vocês mencionam, como a teoria crítica, o marxismo humanista e assim por diante.

Posso simplesmente dizer que, na verdade, havia duas coisas com as quais me preocupei em meus escritos ao longo de minha vida acadêmica. Uma era a classe trabalhadora, defendendo os injustiçados ou os oprimidos, o sofrimento em geral. Por muito tempo eles foram equiparados: a classe trabalhadora como a personificação do sofrimento. Esse era um tópico, e o outro era o tópico da cultura.

Quando tento generalizar a partir daqui e dizer por que me interessei por essas duas coisas, o que se segue é que um provável motivo foi a irritação com o que eu chamaria de arrogância ou presunção, de certa forma. A frase que me enfureceu muito cedo em minha vida intelectual, eu me lembro, foi o conceito de Hegel sobre a identidade entre o real e o racional. Isso foi algo que me deixou furioso e que, creio eu, delineou muito mais do que meu interesse, porque o interesse era expor o lado de baixo, desmascarar, desmontar justamente aquela presunção, a convicção de que vivemos no melhor mundo possível, o que não tem realidade, mas algum tipo de fundamento suprarreal para isso. E a questão que de certa forma deriva dessa primeira, que era um interesse – eu diria – menos em um projeto arquitetônico do que nas técnicas de construção – essa era minha maior preocupação na sociologia. Não tanto as estruturas, mas sim o processo estruturado. Compreender como a visibilidade, a tangibilidade e o poder da realidade – e a convicção com relação à crença na realidade – estão sendo construídos: foi por isso que me interessei pela cultura. Eu diria que foi Antonio Gramsci quem realmente fez a conexão clara entre essas duas questões para mim.

Essa foi a maior influência da minha vida, quando li seus *Cadernos do cárcere*. O que Gramsci de fato me apresentou pela primeira vez foi a realidade como algo flexível e fluido, a ser retraduzido para a linguagem da organização em ação... Creio que esse elemento estava presente desde o primeiro livro que produzi. Um livro do qual ainda tenho muito orgulho, até hoje, é *Between Class and Elite* (1972)... Antes mesmo desse livro, o qual trouxe da Polônia, como vocês sabem, escrevi outro sobre o socialismo britânico (1956). Assim, esse foi um interesse de longa data que culminou em *Memories of Class* (1982), que foi, de certo modo, um adeus não à classe trabalhadora, mas à identidade entre a classe trabalhadora e o problema da injustiça e da desigualdade. O problema da desigualdade sobreviveu, mas não está relacionado com o problema da classe trabalhadora, em especial. Em vez disso, reencarnou na visão helênica da pós-modernidade. É a questão da tolerância como assimilação e como solidariedade, duas opções que se colocam diante da mentalidade pós-moderna.

Depois, havia as problemáticas da cultura. Publiquei a primeira investigação em larga escala sobre a cultura em 1966. Entretanto, vários anos antes disso, publiquei outros estudos relacionados a ela. O livro de problemáticas culturais de 1966 se chamava *Culture and Society*: a ideia de Gramsci da sociedade como o produto sedimentado, ossificado e petrificado da criatividade cultural, justaposto à produção cultural contínua, como um corpo morto contra a atividade vital. Ele tem origem parcial em Gramsci, mas também pode ter sido inspirado na teoria da cultura de Simmel, sua retradução da problemática da alienação da esfera econômica para a da espiritualidade: os produtos espirituais que são alienados e então confrontam o criador como uma realidade alienada. Esse foi o início do meu interesse pela cultura. Então, como vocês sabem, houve *Ensaios sobre o conceito de cultura* (1973), que desenvolveu esse tema da cultura como o processo criativo contínuo, e acho que os dois temas (descritos antes) se fundem no que chamamos de trilogia da modernidade.

Há *Legisladores e intérpretes* (1987), *Modernidade e Holocausto* (1989) e *Modernidade e ambivalência* (1991).

*P.* Isso foi extremamente útil porque nos dá elementos de continuidade.

*R.* Não posso provar que houve continuidade. Não é apenas que a continuidade está na mente de quem vê. Era a continuidade, eu diria, apenas daquilo que me irritava – a continuidade de certas paixões. As paixões vagam; por exemplo, vocês mencionaram que procurei várias inspirações espirituais atuais e as rejeitei: o estruturalismo e a hermenêutica, por exemplo. Bem, isso seria um excelente exemplo de *des*continuidade. A meu ver, foi um elemento de continuidade. Eu estava procurando uma resposta às mesmas perguntas o tempo todo e, se não a encontrasse, mudava-me para outro lugar. Mas levei minhas dúvidas comigo.

*P.* Você pode descrever a influência mais importante em seu desenvolvimento intelectual, tanto indivíduos quanto tradições de pensamento?

*R.* Em minha palestra inaugural na Universidade de Leeds, falei sobre meus dois professores, Hochfeld e Ossowski; então está gravado lá (1972). Ossowski é conhecido no Ocidente, mas Hochfeld não. Novamente, há dois elementos nos motivos intelectuais, e houve dois professores diferentes ao mesmo tempo. Acho que existe algum tipo de simetria entre essas duas dualidades na minha vida. Na verdade, os dois professores têm algo em comum: eles eram muito diferentes da maioria dos sociólogos acadêmicos. Eles estavam convencidos da tremenda importância sociopolítica de seu trabalho puramente acadêmico. Seu trabalho nunca esteve isolado, por si só. Mas, por outro lado, se fossem questionados sobre suas alianças e lealdades primárias, provavelmente responderiam de forma diferente. Hochfeld diria que se dedicava aos princípios morais, e que era de importância secundária se eles fossem buscados por meio da política ou do trabalho acadêmico. Já Ossowski diria que sua lealdade principal era com a verdade e rejeitaria qualquer tipo de atividade que exigisse que ele abrisse mão desses princípios e entrasse em algum tipo de negociação – a arte do possível ou algo assim. Assim, nesse sentido, eles eram muito diferentes; e não era muito fácil conciliar as influências, não ficar esquizofrênico, tendo esses dois professores ao mesmo tempo.

Pessoalmente, sinto bastante a influência deles no que estou fazendo. Por exemplo, o retorno tardio à problemática da moralidade, penso eu, é uma espécie de homenagem póstuma a Hochfeld. É o tipo de trabalho que ele estava tentando fazer... Já mencionei Gramsci, que provavelmente foi o ponto de virada em minha vida intelectual.

*P.* Como o marxismo e a sociologia se combinaram nas influências de seu desenvolvimento? Eles eram separados ou distintos? Se não o eram, como a tradição intelectual polonesa os combinou?

*R.* Existe um tipo de ambiguidade interna sobre o marxismo, mesmo que ele seja absorvido e aceito como a ideologia oficial de um país. Ele é especialmente inadequado para esse papel, a menos que seja simplesmente traduzido, como o foi no marxismo soviético, como a vontade do partido – ou melhor, o último documento oficial do partido. Ele permanece extremamente ambíguo, porque legitima instrumentalmente a realidade. Ou seja, legitima a realidade que tende para algo que não é, algo diferente de si mesma. E, portanto, em certo sentido, ele organicamente fornece critérios para a crítica da realidade. Desse modo, qualquer tentativa de usar o marxismo como justificativa de um tipo particular de realidade é atravessada por esse elemento de crítica. A realidade está longe de ser perfeita. Ela ainda não chegou lá. É "ainda não": a realidade é sempre "ainda não", sempre não alcançada, não realizada. Por conseguinte, os intelectuais que se juntaram ao movimento comunista foram, ao mesmo tempo, bombas-relógio: sempre foram dissidentes em potencial.

Pergunto-me se vocês já notaram que, por exemplo, na Alemanha nazista, nunca houve o fenômeno da dissidência intelectual, mas a história da Rússia soviética e dos países do Leste Europeu está repleta de ondas de dissidência intelectual. Por quê? Não foi um fenômeno acidental, porque a ideologia nazista foi acolhida "toda em um pacote só". Foi extremamente honesto, em certo sentido, extremamente direto; tudo o que foi dito foi intencional. E aqueles que aderiram sabiam exatamente o que aquilo implicava. Os intelectuais foram atraídos para o comunismo pela garantia de que o futuro seria diferente do presente, de que este é imperfeito. Isso é algo que os intelectuais tendem a pensar de qualquer maneira: o presente não é exatamente como a Razão gostaria que fosse. Portanto, mais cedo ou mais tarde, quando lhes fosse pedido que dissessem que o que esperavam já havia sido realizado, surgiu o fenômeno da dissidência... O marxismo, como legitimação da sociedade comunista, foi um fracasso, na minha opinião. Na verdade, ele não era nada adequado para esse papel.

*P.* Marxismo *e* sociologia: você parece estar sugerindo que eles não eram categorias separadas, que o marxismo foi ensinado *como* sociologia.

*R.* Sim, eu concordaria com isso. Acho que existe um paralelismo entre essas qualidades internas do marxismo e da sociologia em geral. Acho que a sociologia é uma disciplina esquizofrênica, organicamente dual, em guerra consigo mesma. E é por isso que, na maioria dos países, a sociologia é sempre objeto de intenso (e até um pouco mórbido) fascínio. Quer seja elogiada, quer seja punida e condenada, ela é sempre considerada de forma semelhante aos ferreiros nas sociedades mais simples: pessoas consideradas uma espécie de alquimistas, montados em cima de barricadas normais utilizadas para manter as coisas separadas. Agora, por que a sociologia é tão internamente ambígua e inerentemente esquizofrênica? É porque, por um lado, ela só pode partir da sociedade como ela é, ou seja, a sociedade que já realizou sua obra, que já está enquadrada, aparada e organizada, e de indivíduos que já são manipulados, independentemente de como isso tenha ocorrido: os impulsos humanos naturais, as orientações, as vidas, as tendências e assim por diante. Então, o ponto de partida é a realidade como ela é. Você não pode fazer uma afirmação sociológica sem já presumir a sociedade "em vigor". Ela já está "lá"... Por outro lado, a sociologia apresenta a sociedade – qualquer tipo de sociedade, qualquer estado da sociedade, qualquer forma de sociedade – como uma realização. Portanto, ela a relativiza. Consequentemente, ela a coloca em questão. Sendo assim, ela é inerentemente contra essa arrogância que diz que ela não é apenas a realidade, mas a única realidade que existe, e que ela tem suas próprias leis e regras internas que não podem ser violadas a não ser em detrimento de quem comete a violação. Assim, por um lado, existe esse potencial conservador na sociologia. Por outro, existe esse potencial reformador, revolucionário, crítico. E eles não podem ser separados. Esse é o ponto principal. Você não pode ser um tipo de sociólogo totalmente, cem por cento, conservador e legitimador sem dar à sua legitimação uma forma que seja potencialmente disruptiva. E não se pode ser um sociólogo subversivo e disruptivo sem, ao mesmo tempo, apelar para o poder das realidades, da dominação, das estruturas etc. Essa dualidade também está presente no marxismo – creio que a maneira como elas funcionam em seus respectivos contextos, seja na sociologia marxista ou na sociologia não marxista, é, de fato, muito semelhante.

*P.* Como você, muitos outros escritores simpatizantes da tradição marxista ocidental passaram a atribuir importância crucial à cultura, uma vez que era desse domínio, amplamente concebido, que as pessoas extraíam os significados de que precisavam para dar sentido às suas vidas; e ela também foi a poderosa fonte de visões de uma sociedade diferente. Mas quão autônoma, na sua opinião, é a cultura?

*R*. No meu discurso, a visão normal e global da cultura como um epifenômeno, algo como a cereja do bolo, um extra para o material "real" e duro da vida social, que é a "estrutura" – é difícil expressar todas essas coisas na minha linguagem, quanto mais torná-las centrais. Já mencionei antes minhas principais visões sobre o assunto: a "estrutura" é a cultura sedimentada, a petrificação dos produtos culturais da atividade cultural... Esta nunca começa em nenhuma geração, em nenhum lugar em particular, do zero. Ela sempre tem que contar com o que já foi feito pelas gerações anteriores. E, por outro lado, ela não é uma atividade inteiramente livre, porque a matéria sobre a qual ela opera é dada. A matéria são os seres humanos com suas propensões naturais, bem como os recursos disponibilizados para a atividade cultural pelo desenvolvimento anterior. Então, ela é sempre a manipulação de algo. A cultura nunca invoca essas coisas do nada – ela sempre age em coisas que existem. Mas o que há de específico na maneira sociológica de ver a realidade atual é vê-la como uma realização, um produto da atividade. Assim, é por isso que acho difícil responder à pergunta "Até que ponto a cultura é autônoma?" – autônoma em relação a quê? Ela é uma forma de atividade. Você pode perguntar o quanto tudo na vida humana é autônomo, mas não a cultura.

*P.* No início dos anos 1970, você escreveu muito sobre o estruturalismo. Esse interesse decorreu logicamente do seu interesse pela cultura? No entanto, é perceptível que ele parece ter diminuído posteriormente. Isso é verdade para muitos outros sociólogos que passaram a duvidar do estruturalismo, baseados, entre vários fatores, no fato de que ele era a-histórico e inaplicável a sociedades avançadas e que a analogia entre a sociedade e a linguagem era insustentável. Seu pensamento seguiu esse caminho?

*R*. Sou inerente e, provavelmente, incuravelmente eclético; isto é, não estou muito interessado em lealdade a nenhuma escola ou estilo em particular. Em todos os lugares, estou procurando por coisas que parecem ser relevantes para aquilo em que estou trabalhando. E, uma vez que as encontro, não me preocupo muito em saber se transgredi algum limite sagrado ou se entrei onde não deveria pelo fato de pertencer a uma escola diferente... isso é uma coisa. Durante minha carreira intelectual – se quiserem a chamar assim –, flertei dessa maneira com uma série de novos modismos que pensei que poderiam conter algo relevante. Alguns rejeitei imediatamente por serem completamente irrelevantes para os meus interesses... Ora, o motivo de meu encantamento e fascínio por Lévi-Strauss não foi pelo que alguns atribuem a ele, sua pretensa promessa de dar uma espécie de resposta final à estrutura de tudo, aos obstinados fundamentos supremos da realidade, como algumas pessoas o interpretaram... O que me fascinou no estruturalismo de Lévi-Strauss foi justamente sua insistência de que não existe *a* estrutura, como a estrutura da sociedade, por exemplo. O que existe é apenas uma vontade constante – que é universal, segundo ele – de estruturar tudo... Estamos estruturando a música; estamos estruturando o pensamento mitológico; estamos estruturando a culinária; estamos dando estruturas para todas as áreas de nossas vidas. Mas o que é universal aqui é essa propensão, esse impulso interior, a estruturar – e não qualquer estrutura que emerge daí. Ele rejeitou enfaticamente a ideia *da* estrutura social. Cada aspecto da vida social é estruturado. Mas isso não significa que haja alguma estrutura final, definitiva e subjacente a tudo. Então, realmente vi uma oportunidade em Lévi-Strauss, entendido dessa forma. Vi uma ideia que reflete muito meu interesse primário nessas técnicas de construção. *Modernidade e ambivalência*, por exemplo, o trabalho que escrevi bem recentemente. Ele é todo sobre essa compulsão moderna para estruturar, para eliminar a ambivalência e expulsar a ambiguidade, para classificar, para projetar, para denominar, para separar e para segregar. Eu estava interessado no estruturalismo nesse sentido e não me arrependo desse período de intensos estudos [de escritores estruturalistas] simplesmente porque o que aprendi com ele é uma parte muito orgânica do meu pensamento.

*P.* Você está dizendo que teve interesse nele por suas próprias razões, por assim dizer, desde o início... Você esteve interessado, talvez, em algumas das descobertas e como elas poderiam ser estendidas e desenvolvidas, aplicadas etc. ao estudo da cultura.

*R.* Encontrei descobertas muito úteis nesse campo, em particular – precisamente nos escritos de estruturalistas: a linguagem como um sistema no sentido de que há um arranjo de permutações constantes, de modo que a continuidade, a realidade, da existência é alcançada apenas por meio da criatividade e da mudança contínuas; a linguagem existente apenas sob a forma de uma coleção infinita de elocuções. Considerei esse quadro de pensamento, essa atitude mental, bem propício e semelhante aos meus próprios interesses.

*P.* A partir de várias declarações que você fez ao longo dos anos, fica-se com a forte impressão de que você vê uma importante função da sociologia como uma disciplina independente, que produz ideias, relativiza absolutos sagrados, desmistifica formas estabelecidas de pensar e agir e explora diferentes mundos sociais. Duas questões, então: esse modelo de sociologia se encaixava muito bem na natureza das sociedades socialistas estatais, onde o Estado comunista era fundamentalmente mais afetado por expressões de dissidência intelectual que desafiavam sua legitimidade. Quão bem esse modelo se transferiu para um cenário ocidental? Qual é sua opinião sobre outra estratégia de desenvolvimento da sociologia que sugere ser mais importante, pelo menos no Ocidente, estabelecer a credibilidade institucional e profissional da disciplina como uma ciência, por meio da geração de conhecimento confiável da sociedade?

*R.* A meu ver, a sociologia tem, inevitável e incuravelmente, duas facetas: uma face é potencialmente conservadora e a outra é potencialmente subversiva; e, como as duas faces de uma moeda, elas não podem ser separadas, estão sempre lá – então você não pode ter uma sem o risco da outra. Essa é a visão constante da sociologia, que não mudou no meu pensamento. O que mudou consideravelmente é a maneira como exemplifico essa dualidade básica e como a explico a mim mesmo.

Por muito tempo, pensei nessa dicotomia em termos de a sociologia sempre influenciar, de certa forma, a realidade social, mas ser capaz de fazê-lo de duas maneiras diferentes: por meio da racionalização ou da manipulação. Ora, a manipulação significa simplesmente, em certo sentido, permear a estrutura da sociedade, sua organização e a legislação sobre ela; permear o ambiente em que a atividade humana ocorre. Portanto, de certa forma, forçando as pessoas – ao organizar o cenário com muita habilidade – a fazer o que os responsáveis demandam que elas façam. Esse tipo de sociologia serve aos governantes, aos gerentes de fábrica e aos patrões. Isso é a influência por meio da manipulação. A influência por meio da racionalização seria muito diferente, fornecendo ao indivíduo mais informações sobre o ambiente, vários parâmetros de vida, o ambiente em que ele/ela deve realizar sua atividade de vida e assim por diante. E, da mesma forma, essa segunda influência prejudica a primeira. Ou seja, se a primeira restringe a liberdade de escolha do indivíduo, a segunda potencializa a liberdade de escolha e, portanto, sublinha a participação dos indivíduos na estruturação da sociedade. Então, de fato, uma mão luta contra a outra. O que a sociologia faz, por um lado, prejudica as coisas que foram feitas por outro lado. Foi assim que pensei sobre o assunto, durante muito tempo. Eu pensava, na verdade, que a sociologia impunha soluções por meio da escolha do indivíduo, ou da atividade legislativa do Estado – ou qualquer outra organização dirigente –, mas sempre se impondo sobre a realidade e mudando-a.

Não presumo que a sociologia seja um corpo de conhecimento capaz de desempenhar tais funções por conta própria... Pensei muito sobre como a síndrome do poder-saber de Foucault se aplicava à sociologia e cheguei à conclusão de que não se aplica a ela de forma alguma. Concluí que a sociologia não é uma formação discursiva. Se ela o é, é feita apenas de buracos – de aberturas –, de modo que haja uma entrada constante de material de fora, assim como há saída. Estou bastante inclinado a ver a sociologia hoje como um redemoinho em um rio veloz, um redemoinho que mantém sua forma, mas que muda seu conteúdo o tempo todo, que pode manter sua forma apenas na medida em que existe um fluxo constante de água. Isso é metaforicamente. Agora, de forma mais prática, mais literal: o que eu diria é que a sociologia é uma interpretação constante, ou um comentário, sobre a experiência. Não é a experiência dos sociólogos, mas a experiência compartilhada pelos sociólogos com a sociedade de maneira mais geral. E esse comentário retorna à própria sociedade... Determinar onde a sociologia termina e o "real" começa, estabelecer a propriedade da mesma forma como você cerca a terra – "esse é o meu lote", "esse é o lote deles" –, está praticamente fora de cogitação: você não pode fazer isso. Pelo contrário, é um envolvimento constante com a realidade, mas de tal forma que... novamente, para usar uma metáfora, recordo a bela afirmação de Blaise Pascal sobre a história: "A história é um livro que escrevemos e no qual somos escritos". Bem, eu colocaria da mesma forma a relação entre a sociologia e a realidade social que ela tenta apreender.

Como o velho dilema se apresenta para mim? Ele está entre a sociologia como autoridade legisladora – a sociologia motivada pela razão legislativa, a razão que afirma (reivindica) o direito ao dizer definitivo, à última palavra – e um segundo tipo de sociologia que se propõe um objetivo diferente – isto é, por sua própria presença, por seu impulso interpretativo muito impulsivo e compulsivo, o objetivo de relativizar as interpretações existentes da realidade... O único direito que ela reivindica para si é o direito de expor a presunção e a arrogância, as reivindicações injustificadas de exclusividade por parte das interpretações alheias, mas sem substituí-las: "Veja, o que você está convencido de que é a verdade não é necessariamente assim, porque aqui está outra possibilidade de olhar para essa coisa". E você pelo menos percebeu que, em última análise, é de sua responsabilidade fazer a escolha. A boa escolha não está dada, não está aí esperando para ser aprendida e absorvida. A escolha é algo pelo qual você tem que trabalhar.

*P.* Agora você está dizendo que essa visão que costumava ter sobre a função da sociologia como racionalização ou manipulação é uma visão "moderna" da sociologia. Você agora diz que devemos olhar para isso de uma maneira diferente.

*R.* Ao longo da maior parte da minha vida, a *raison d'être* da sociologia foi: ser uma espécie de visão missionária, de conversão à verdade. Muito semelhante ao que disse Spinoza sobre o dever moral do detentor da verdade: "Se estou certo e você está errado, é meu dever moral convertê-lo ao meu ponto de vista. Seria cruel da minha parte se eu não o fizesse". Em Platão, você tem a mesma coisa: quando os filósofos realmente iam para este mundo onde eles contemplavam ideias puras de perto, seu dever era retornar à terra e trazer essa sabedoria para os outros – se eles negligenciam esse dever, são pessoas realmente imorais. A ideia da sociologia como atividade de conversão, proselitista e missionária, sempre terminava na construção de novas estruturas de dominação, quaisquer que fossem as intenções. Quer fossem de esquerda ou de direita, progressistas ou reacionárias, conservadoras ou liberais, sempre rumavam na mesma direção. Acho que tudo fazia parte do projeto moderno.

*P.* Falando dos interesses da profissão, onde nos encaixamos na estrutura do conhecimento? Onde nos encaixamos institucionalmente, nas universidades e instituições de pesquisa, se essa é a visão que temos de nossa disciplina?

*R.* Não tenho problemas em justificar o significado social da disciplina, da qual me sinto parte, apontando o papel que ela desempenha na autorreflexão, na vida organicamente autorreflexiva em que todos vivemos. E acho que pouquíssimas outras áreas da atividade intelectual podem realmente reivindicar a mesma possibilidade dessa função específica – de desempenhá-la, como faz a sociologia; ou seja, de servir a essa atividade extremamente crucial de autorreflexão – e simplesmente por fornecer os recursos, e também os padrões, para ela sem afetar e sem antecipar os resultados dessa autorreflexão para as escolhas que sucederão. Estou plenamente consciente da tradição autocontida, autossustentada e institucionalizada da sociologia acadêmica, especificamente, em parte, da sociologia americana, e estou bastante consciente, sendo um sociólogo, de que, uma vez que uma instituição tenha sido estabelecida, ela tem a qualidade de autoperpetuação; e a coisa mais importante que uma instituição bem-sucedida faz é erguer paredes impenetráveis que, de certa forma, tornam-na imune a influências externas e mantém-na em seu curso. Estou certo de que a autojustificação para a continuidade da existência da filosofia é a presença de milhares de textos filosóficos, um discurso contínuo que nasceu há muito tempo na Grécia Antiga e que perdura até hoje.

*P.* O que, porém, em sua visão mais recente da natureza do conhecimento sociológico, distingue a sociologia do jornalismo, da crítica cultural, da filosofia social e de muitas outras coisas? Existe alguma diferença?

*R.* Bem, o que é distintivo é a tradição da qual somos os guardiões. Temos nossos livros, para os quais nos dirigimos. Temos nosso discurso contínuo, do qual somos os participantes. E é exatamente isso que trazemos como dote quando entramos nesta atividade autorreflexiva, que continua de qualquer maneira, em todos os lugares. E temos algo para trazer... Segundo a *Crítica da faculdade de julgar*, de Kant, a comunidade estética só será uma realidade por meio da participação contínua das pessoas que de fato fazem do grupo uma comunidade. No entanto, o *télos*, o propósito, de tornar essa comunidade uma realidade é um requisito necessário dessa atividade contínua de criação de comunidade, dessa participação, desse compromisso que é de fato a única materialidade da comunidade estética. Não há solução objetiva para a questão, segundo Kant, por exemplo, de o que é a beleza e o que é a feiura; não há "objetivo", "externo", "objetivamente dado" fora dessa criação e desse desmonte contínuos da comunidade estética como processo... Então, é assim que a sociologia age, creio. E sei que não é uma boa notícia para quem realmente deseja ter a certeza, a garantia, do sucesso antes de começar o trabalho. A maioria das pessoas provavelmente gostaria muito desse luxo: essa garantia realmente vem em todos os formatos. Um dos formatos próprios das ciências é a garantia dada pelo método científico. Se você seguir o método, poderá chegar a algo interessante ou totalmente banal e sem importância. Mas não importa – o que importa é que o método garantiu que fosse uma descoberta válida. Então você gostaria de ter esse tipo de garantia, dada antecipadamente. Mas não acredito que haja tal garantia.

*P.* Você vê algum paralelo entre esta visão e o que você estava dizendo anteriormente sobre a cultura como uma produção, constantemente em construção? O que importa não é a estrutura, mas a construção, as operações.

*R.* Acho que a sociologia é uma atividade cultural *par excellence*. Ela é o exercício da espiritualidade humana, a constante reinterpretação da atividade humana no curso da própria atividade. Portanto, é um elemento muito importante da qualidade autorreflexiva e de automonitoramento da ação humana.

*P.* Como podemos ter certeza de que essa visão da sociologia não é transitória, que não reflete como os sociólogos se veem durante a fase particular de desenvolvimento, nacional e mundialmente, que estamos vivendo no momento?

*R.* Basicamente, não podemos ter certeza porque a sociologia *é* uma atividade transitória, confinada a seu tempo e lugar. Ela faz parte da etapa de desenvolvimento da cultura e não é pior por essa razão. Penso que é exatamente daí que ela obtém seu valor. Ela está sempre envolvida com questões tópicas e atuais relevantes para o estágio específico do desenvolvimento político, econômico, social e cultural. Não vejo nada de errado nisso. Agora, fingir que ela fala ao momento atual a partir do ponto de vista de alguma perspectiva supratemporal e extraterritorial significaria fazer falsas acusações. Claro, é um bom estratagema na luta pela autoridade, mas não acho que tenha nada a ver com a honestidade acadêmica, que é o único fundamento que eu apontaria ao reivindicar o direito de ser ouvido.

*P.* Sua visão da principal importância e função da sociologia se assemelha àquela da teoria crítica da Escola de Frankfurt – uma versão sociológica da "dialética negativa", se preferir. Em um estágio de sua carreira, você foi um defensor convicto da obra de Jürgen Habermas como um escritor que tentou combinar a insistência dos positivistas no conhecimento confiável com o reconhecimento da dimensão hermenêutica da vida social em uma ciência com intenção "emancipatória" na tradição marxista. Você considerar-se-ia ainda um "sociólogo crítico"?

*R.* Sim, considerar-me-ia, porém não gosto de Habermas.

*P.* Não mais!

*R.* Sim, não mais. Creio que o que realmente me atraiu nele foi seu ideal de uma sociedade moldada segundo o padrão de um seminário de sociologia, isto é, existem apenas participantes e a única coisa que importa é o poder do argumento. Portanto, a função da sociologia é desmascarar esses outros fatores, que se escondem por trás de uma discussão suposta e aparentemente livre, e dar fim a sua influência. E, uma vez que isso é alcançado, o problema da verdade se funde com o do consenso, o da concordância e assim por diante. Então, gostei disso como um *focus imaginarius* utópico, um pouco como a ideia do experimento ideal, que obviamente nunca é alcançado, mas, a menos que você a tenha, não pode de forma alguma fazer um experimento. Entretanto, gostei desse horizonte, dessa perspectiva, como fator organizador e direcionador de nossos esforços – que devemos almejar. Mas, uma vez que Habermas partiu daí para uma reformulação positivista direta de Parsons, perdi qualquer afinidade espiritual com seu projeto.

*P.* Temos falado muito até agora em termos de filosofia social. O tipo de categorias que empregamos principalmente serviram para tratar de justiça social, de cultura, de limites, de possibilidades etc. Mas também pensamos ter visto em seu trabalho, ao longo dos anos, algo mais próximo da teoria sociológica em sentido estrito. Ou seja, algum tipo de síntese intelectual das ligações entre as contradições do capitalismo e a crise cultural. Estamos certos em enxergar esse interesse contínuo na tendências das sociedades avançadas?

*R.* Tenho tido um interesse contínuo nessas questões – com uma ressalva, no entanto: a de que a maneira como as formulo mudou... Sou contra se considerar a atual situação mundial em termos de crise ou deformação de algo diferente. Então, o que estou procurando – o que estou muito ansioso para descobrir – é a possibilidade de tratar desse tipo de realidade em seus próprios termos, como um sistema em si mesmo, uma realidade que não é uma forma inferior ou alterada de qualquer outra coisa, mas apenas ela própria, e descobrir como ela funciona. Creio que o fato de continuarmos presos a velhos conceitos (o capitalismo, a sociedade industrial, a cultura homogeneizante, a legitimação por ideologia unificada e homogênea e as ideias semelhantes) faz-nos negligenciar uma série de coisas importantes na sociedade contemporânea... A ideia de pós-modernidade foi introduzida como uma coleção pura de ausências. Ela foi formulada e articulada em termos de: "isso não existe"; "isso está ausente"; "essas coisas desapareceram" e assim por diante. Agora, quanto mais cedo nos livrarmos dessa amarra da memória histórica, como a chamo, melhor.

*P.* Foi apenas nos últimos anos – talvez em resposta à maior notoriedade e à maior legitimidade alcançadas pelo liberalismo econômico no Ocidente na era da Nova Direita – que você abordou sistematicamente a questão da "liberdade", em seu livro recente (1988) com este título. Você concorda que, como muitos socialistas, até agora se preocupou mais com a desigualdade do que com a liberdade, da qual, vindo de uma tradição marxista, você era naturalmente cético?

*R.* De fato, parti dos escritos clássicos do liberalismo. Meu primeiro livro, sobre o socialismo britânico, foi baseado em um estudo de Jeremy Bentham, John Stuart Mill e Herbert Spencer. Fiquei realmente impressionado com o fato de J. S. Mill, partindo de alguns pressupostos liberais e individualistas muito diretos, ter, seguindo a lógica do utilitarismo, se tornado de fato um socialista. Na verdade, ele deduziu a necessidade da manipulação social da justiça, os arranjos sociais da justiça, de sua dedicação à liberdade individual, como um complemento necessário, como um suplemento. Uma coisa que o liberalismo não pode satisfazer é precisamente a questão da justiça, da justiça social. Quem estiver preocupado com o valor da justiça não pode simplesmente parar ao dizer: "Bem, a única função do Estado é definhar, desaparecer e deixar as coisas como estão". Isso é uma coisa, e a outra é que... o Estado de liberdade total é praticamente inimaginável. Esse é um Estado não social, e a liberdade na sociedade significa sempre a liberdade de *x* impor sua vontade sobre *y*: em certo sentido, a liberdade é privilégio. Chego cada vez mais à conclusão de que a liberdade é um fator de estratificação tremendamente importante na sociedade. Que ela é a essência da estratificação social. O que significa que você é superior? Significa que você tem mais opções à sua disposição. Quanto mais abaixo você está, mais determinado você é, menos livre. A discussão – a notória discussão – na sociologia sobre o lado voluntarista do ator social como tal é irremediavelmente abstrata porque a voluntariedade, ou o voluntarismo, da ação humana é uma questão de posição social, ou do lugar que se ocupa na estrutura social. Você pode ser mais ou menos voluntarista dependendo da situação em que se encontra. Então, creio que o divórcio entre o discurso da desigualdade e o discurso da liberdade é prejudicial para ambos. A única maneira de discutir qualquer uma das duas questões é juntá-las. Do que se trata a desigualdade? No fim das contas, sobre a liberdade desigual. E do que se trata a liberdade? Sobre avançar na capacidade social de fazer coisas... Então, acho que as duas problemáticas só podem ser compreendidas se forem tratadas conjuntamente. Essa é a minha resposta para isso.

*P.* Você é alguém que, em sua própria vida, mudou de um sistema social voltado para a maximização da igualdade, pelo menos em seus pronunciamentos ideológicos sobre si, para uma sociedade que era o lar clássico do individualismo ou do liberalismo econômico, onde a ênfase, na realidade, teria sido na direção do polo da liberdade. Como alguém que experimentou essa transição, viveu nessas duas sociedades... como isso alimentou seu processo de reflexão?

*R.* Essa é uma questão extremamente complicada. A ideia da provisão do Estado de bem-estar social consistia realmente em envolver o Estado a fim de criar para as pessoas comuns, que não tinham liberdade, as condições para ela. Era muito parecido com a visão de Aneurin Bevan sobre o Serviço Nacional de Saúde, de que se tratava de uma "despesa única". Você o introduz e então todos ficariam saudáveis; e então não haveria mais gastos com a saúde nacional – pelo menos, ele estaria diminuindo cada vez mais, ano após ano. Essa era a ideia. E foi o mesmo com o Estado de bem-estar social. Ele foi pensado como uma instituição facilitadora, como uma medida temporária para fornecer uma espécie de segurança para as pessoas, para que elas soubessem que poderiam ousar, correr riscos e se esforçar porque sempre há essa provisão de segurança se fracassarem... O mesmo pensamento estava por trás do experimento comunista, e é por isso que muitas pessoas foram tão seduzidas, na verdade. Uma grande parte da intelectualidade polonesa foi atraída por ela.

De qualquer maneira, a Polônia estava em um estado diferente da Inglaterra. Em 1939, quando teve fim a existência independente da Polônia, havia oito milhões de desempregados no país. Cerca de um terço da população estava sem trabalho. A pobreza era inimaginável para os padrões britânicos: não havia provisões para os desempregados e as pessoas ficavam sentadas na rua, sem fazer nada, sem esperança, sem energia para fazer algo ou procurar qualquer coisa. Assim, falar da liberdade como a única coisa que faltava ali teria suscitado de imediato um sorriso irônico... O que preocupava a maioria das pessoas era o pão de cada dia, a segurança do trabalho, a certeza de que os filhos conseguiriam emprego, esse tipo de coisa. Desse modo, a liberdade viria mais tarde, quando eles de fato... é muito parecido com o que Marx disse, vocês lembram: a liberdade começa quando as necessidades são satisfeitas, as necessidades básicas – quando você é alimentado e protegido... A liberdade não era exatamente uma pauta prioritária; o que estava em questão era proporcionar essas condições de vida às pessoas. O efeito dessa situação específica da Europa oriental naquela época foi tornar as pessoas pensantes mais sensíveis a quem estivesse em qualquer condição de incapacitação. A pobreza significava principalmente essa incapacidade de ser verdadeiramente livre. Portanto, a recepção do liberalismo e da liberdade ocidental foi manchada por esse reconhecimento de que as pessoas que tiveram sucesso, as pessoas que realmente lograram e não precisavam de provisões coletivas para sustentar seu bem-estar, negam esse suprimento a outras que realmente precisam dele. Não é fácil encontrar o equilíbrio entre os dois – os contribuintes "precisam" de mais liberdade, a pessoa que recebe os benefícios "precisa" de mais restrições. Creio que permaneci sensível a essa dialética de liberdade, dependência e justiça.

No que diz respeito à liberdade acadêmica, liberdade de falar e escrever, na Polônia não foi como na Rússia soviética. Ela não foi um país stalinista em nenhum momento – talvez por um período muito breve de um ou dois anos, breve demais para deixar qualquer traço profundo...

*P.* Testemunhamos o fim dramático do comunismo na Europa oriental nos últimos anos, como um experimento histórico fracassado no coletivismo estatal. É óbvio que você levou a sério – mais do que algo a ser simplesmente criticado como uma ilusão ideológica – as afirmações liberais clássicas sobre a liberdade, o mercado, o individualismo e os perigos do estatismo. Você diria que Popper foi historicamente inocentado?

*R.* Uma coisa que Popper disse é, a meu ver, extremamente atual e inestimável, e isso é algo que emerge desses eventos recentes muito claramente – e apenas de eventos recentes no Leste. Trata-se dessa "engenharia social fragmentada" que ele justapõe à ordem global. Creio que essa é a questão principal, a principal mudança, a principal alteração. A queda dos comunistas dramatizou espetacularmente essa mudança, mas apenas porque, a meu ver, o sistema comunista foi a dramatização extremamente espetacular da mensagem do Iluminismo. Essa era a mensagem comum, adotada pelo Ocidente e pelo Oriente – porém se tentou sua implementação de forma tão condensada no Leste. Tentei explicar as razões em alguns de meus artigos, especialmente naquele sobre a *intelligentsia* do Leste Europeu [1987], dividida entre a modernidade já existente "lá fora" e o mundo irremediavelmente pré-moderno, que, por isso, sentia o mesmo que a América sentiu com relação a Cristóvão Colombo ou, melhor ainda, a Américo Vespúcio, a saber: "é apenas uma terra vazia, desabitada, uma terra de possibilidades infinitas, 'tudo vale'". Por essa razão, esse foi um exercício prático muito mais condensado e intenso do ideal iluminista da ordem global do que em qualquer outro lugar. Seu colapso não foi apenas o colapso do comunismo – é claro, foi o colapso do comunismo, com certeza –, mas também foi mais do que isso: foi o colapso de uma certa ideia moderna de uma "sociedade projetada". Popper foi inocentado não apenas por razões morais, mas também pela absoluta impossibilidade de fazê-lo, pela inacessibilidade técnica de alcançá-lo.

*P.* Se saísse agora uma segunda edição de seu *Socialism: The Active Utopia* (1976), o que você diria em um novo prefácio? É possível ver o socialismo como a "contracultura" do capitalismo?

*R.* Bem, estou muito mais preocupado agora com a contracultura da modernidade, tendo colocado o capitalismo tradicional do século XIX e o socialismo na mesma categoria. Eles foram uma briga de família dentro da modernidade. No século XIX, a realidade e a inevitabilidade da modernidade nunca foram questionadas – incluindo o marxismo. Houve o movimento romântico, e houve Nietzsche, no final, mas basicamente o discurso central presumiu esse tipo de "realidade como dada de uma vez por todas"; Progresso; a concepção Whig da história; "estamos lutando contra o preconceito, a ignorância e a superstição"; e assim por diante. Nesse contexto, "capitalismo e socialismo" era a discussão sobre a melhor forma de implementar esse progresso, sobre o qual todos concordavam. Creio que já passamos desse momento, e é o próprio valor dessa visão de mundo que está em xeque. Portanto, presumindo que o mundo, para ser são e poder se autocorrigir e se monitorar, precisa de uma contracultura, a questão é: é a contracultura do capitalismo ou é a da modernidade? Qual é realmente a exigência do momento, em certo sentido? Aguardar algum tipo de novo Marx que formule essa contracultura, não do capitalismo desta vez, mas da modernidade. Não tenho certeza se estou totalmente ciente, não tanto da resposta a essa indagação, mas até de onde buscar a resposta a essa pergunta. Porém estou convencido de que o próprio problema da contracultura do capitalismo está ultrapassado. Parece que agora estamos na encruzilhada entre uma estrada que contém o capitalismo e o socialismo juntos, casados para sempre em seu vínculo com a modernidade, e outra estrada é difícil de descrever.

*P.* Você não aceitaria a visão de que o socialismo de Estado falhou e o capitalismo liberal triunfou?

*R.* Penso que as pessoas que comemoram o colapso do comunismo, como eu, comemoram mais do que isso, às vezes sem sabê-lo. Na verdade, celebram o fim da modernidade, porque o que ruiu foi a mais decisiva tentativa de fazer a modernidade funcionar, e ela falhou. Seu fracasso foi tão descarado quanto o foi a tentativa.

*P.* Passando ao seu interesse pelo consumismo: por que a experiência de relativa riqueza nas sociedades ocidentais no período pós-guerra constitui uma parte tão grande de seu pensamento e de seus escritos recentes?

*R.* Isso está ligado à pergunta que vocês fizeram antes. Estou realmente em busca de um modelo teórico de sociedade contemporânea que seja emancipado dos velhos conceitos e que represente essa sociedade como uma entidade por si só. E aqui encontro no consumismo uma categoria central. O que proponho, vocês lembram, de forma experimental, no final desse pequeno livro sobre liberdade (*Liberdade*, 1988) é que o mesmo papel central que foi desempenhado na sociedade moderna pelo trabalho, pelo emprego, pela ocupação, pela profissão, é desempenhado na sociedade contemporânea pela escolha do consumidor... Os primeiros eram o vínculo que conectava a experiência de vida – o problema de autoidentidade, a vida laboral, a vida empresarial – no primeiro nível, a integração social no segundo nível e a reprodução sistêmica no terceiro nível... O consumismo representa a produção, a distribuição, o desejo, a obtenção e o uso dos bens simbólicos. Bens *simbólicos*: isso é muito importante. O consumo não é apenas uma questão de satisfação de necessidades materiais ou de encher o estômago. Trata-se de manipular os símbolos para todos os tipos de propósito. No nível do mundo da vida, é para o propósito de construir identidades, construir o *self*, de construir relações com outros. No nível da sociedade, ele visa sustentar a existência contínua das instituições, dos grupos, das estruturas e de coisas afins. E, no nível sistêmico, visa assegurar a reprodução das condições nas quais tudo isso é possível... Acho que, cedo ou tarde, vamos reescrever a história dos séculos XIX e XX apenas como a produção do industrialismo. E sobre a produção do consumo? Ela deve ter ocorrido então, em algum ponto. Mas nós o negligenciamos. Estávamos tão fascinados com o trabalho, com o emprego e com a produção de tecnologia que dificilmente olhamos para outra coisa. Há alguns novos livros, por exemplo, *Dream Worlds*, de Rosalind Williams (1989), o qual eu creio que assinala o início dessa reformulação.

*P.* Claro, essa parte do processo produtivo – trabalho e indústria – mudou globalmente, não foi?

*R.* Eu me pergunto se é uma questão de mudança ou se é uma questão de nos tornarmos sensíveis a aspectos que sempre estiveram lá, mas que não estávamos inclinados a ver por estarmos dominados pelos modelos que, por assim dizer, criamos, como esse modelo centrado no trabalho. Fomos subjugados pela ideologia dominante do sistema, empenhados em produzir mais e com maior lucro.

*P.* Outras pessoas do Leste Europeu relataram o choque que vivenciaram quando confrontados inicialmente com o consumismo ocidental, a abundância e o maior desperdício. Sua experiência foi assim também?

*R.* Não me lembro desse tipo de choque. Vim para o Ocidente muitas vezes antes de realmente me estabelecer aqui. Comecei a viajar para o Ocidente em 1956... Foi uma introdução suave... Com uma bolsa de pesquisa, minha primeira descoberta não foi sobre a vida dos ricos, mas sobre a vida dos pobres.

*P.* Então, em outras palavras, seu interesse pelo consumismo não é motivado por um tipo de resposta moral. Tem muito mais a ver com uma análise do modo como as sociedades funcionam.

*R*. Sim, ele é fascinante para mim intelectualmente, não só porque é uma categoria tão útil na criação desses modelos teóricos, mas também porque, uma vez aceito como a categoria central, conduz a outro olhar e a outra avaliação de muitas suposições básicas sobre as motivações e atitudes humanas, sobre a relação entre o indivíduo e a sociedade e sobre toda a lógica da existência humana. Elas foram um tanto deturpadas e transformadas em algo unilateral por essa perspectiva da sociedade centrada no trabalho... Não acho que a avaliação moral seja direta. Estou longe de castigá-la por desencadear o materialismo humano, a ganância e coisas semelhantes. A sociedade de consumo é uma instrumentalidade diferente, mas, em si só, ela não é nem moral nem imoral, como qualquer outra sociedade.

*P.* Sua analogia em *Liberdade* entre a sociedade de consumo e a Abadia de Thelema, de Rabelais, é incisiva e reveladora. Você, em algum nível, desaprova o consumismo? Estaremos corretos em detectar nessa obra, particularmente nos dois últimos capítulos, tanto uma admiração pelo consumismo como uma solução para o paradoxo liberdade-segurança quanto um tom crítico porque ele não nos aproxima muito do antigo ideal socialista de autogoverno comunitário?

*R*. Nesse trabalho, estou acusando duplamente o consumismo – ou melhor, a visão orientada por Hayek sobre ele – de duplicidade. Uma das acusações é a de que, em comparação com o consumismo, o capitalismo industrial era muito mais honesto, porque era direto. Ele dizia: "Aqui estão os patrões; aqui estão os doadores de trabalho e os tomadores de trabalho; as pessoas estão divididas; elas permanecerão divididas; a única coisa que podemos oferecer é a oportunidade de, se você realmente se esforçar ao máximo, se juntar aos melhores; mas haverá vencedores e perdedores" e assim por diante. O consumismo não tem essa franqueza: ele promete algo que não pode entregar. Na verdade, promete a universalidade da felicidade. Todos são livres para escolher e, se todos puderem entrar na loja, todos ficarão igualmente felizes. Essa é uma duplicidade. A outra é a limitação de sua desculpa de que você resolve completamente a questão da liberdade uma vez que oferece uma liberdade de consumo. Portanto, é uma redução da liberdade ao consumismo. Essa é a outra duplicidade. As pessoas são levadas a esquecer que também poderia haver outras formas de autoafirmação além de simplesmente comprar uma roupa melhor.

*P.* Ao dizer que existem essas duplicidades no consumismo, você está implicitamente as criticando, de algum ponto de vista. O que lemos nisso foi: aqui está um socialista ainda; aqui está alguém que está falando sobre autogoverno comunitário ou autogestão, controle dos trabalhadores, estar no controle de sua vida e assim por diante.

*R.* Indiquei os *foci imaginarii*. A primeira dessas duplicidades é consequência do desrespeito ao princípio da justiça; a segunda é resultado do desrespeito ao princípio da autoafirmação. Esses princípios permanecem comigo o tempo todo – se você os chama de socialistas, tudo bem, mas de qualquer maneira não acho que eles sejam particularmente socialistas. Eles são muito mais amplos do que isso. Realmente acredito que o comunismo foi apenas o esforço estupidamente condensado, concentrado e ingênuo de impulsioná-los, mas os valores nunca foram inventados pelos comunistas. Eles estavam lá, muito mais amplos; eram valores ocidentais do Iluminismo. Não consigo imaginar uma sociedade que descartasse completamente esses dois valores, nunca... Uma vez inventadas as ideias de justiça e autoafirmação, é impossível esquecê-las. Elas irão nos assombrar e nos importunar até o fim do mundo.

*P.* Finalmente, podemos falar um pouco sobre o assunto da identidade judaica e suas possíveis consequências para sua perspectiva e suas preocupações sociológicas. Seu exílio da Polônia se deveu tanto ao antissemitismo quanto à conveniência política. E não seríamos os primeiros a apontar as vantagens da marginalidade na formação do olhar sociológico. Recentemente, você escreveu sobre o Holocausto, os estrangeiros, os forasteiros e os exilados e viu os judeus como arquetípicos nesses últimos aspectos, como a única "nação não nacional", preocupando-se com o significado de "assimilação" nesse sentido. Por que você considera que se tornou mais consciente dessa dimensão de sua vida nos últimos anos?

*R*. Bem, houve três momentos em que o judaísmo desempenhou um papel em minha vida. No geral, durante a maior parte da minha vida, o judaísmo desempenhou um papel muito pequeno, se é que teve algum. A primeira vez que isso veio à minha consciência foi em 1968 – essa erupção de antissemitismo...

O segundo momento foi o livro de Janina [Bauman] sobre o Holocausto (1986). Pode parecer muito bizarro, mas pela primeira vez entendi o que o Holocausto significava quando li seu livro. Eu sabia que havia um Holocausto – todo mundo sabia que havia um Holocausto –, mas era um evento "lá", em outro lugar. Como eu disse no prefácio do meu livro sobre o assunto, eu via o Holocausto como um quadro na parede e, de repente, vi-o como uma janela pela qual você pode ver outras coisas. Então, fiquei fascinado, fascinado intelectualmente, com essa questão e, passo a passo, ao ler a literatura e tentar resgatar essa experiência dos relatos de outras pessoas, cheguei ao terceiro momento... Descobri aquela condição peculiar em que os judeus foram lançados pela primeira vez durante o período de rápida modernização e assimilação na segunda metade do século XIX. Se passarmos pelas ideias de pessoas como Marx, Freud, Georg Simmel e Kafka – todas essas pessoas que realmente criaram o que chamamos de cultura moderna – e, além disso, para pessoas como Lévi-Strauss, Levinas, Derrida ou figuras menores, menos conhecidas (como Jabès ou Shestov), mas também bastante influentes na formação das categorias essenciais da cultura moderna, podemos encontrar algum tipo de afinidade eletiva (para usar o termo weberiano) entre a condição imposta de suspensão social no processo de assimilação e o tipo de cultura moderna penetrante, perceptiva e perspicaz que viu através da ilusão da modernidade. Assim, nesse sentido, a experiência judaica poderia auxiliar na compreensão de algumas questões gerais, pelas condições em que foram concebidas as categorias essenciais da cultura moderna.

Devo dizer que tudo isso é bastante intelectual e sem emoção. Nesse sentido, sou, fui e continuo sendo um estranho. Gosto muito do que três pessoas disseram sobre os judeus. Um deles é o dramaturgo Frederic Raphael; ele é extremamente consciente de ser judeu, como vocês sabem, e bastante ativo em explicar o que isso significa. Mas ele disse que "o significado de eu ser judeu é que estou fora do lugar em todos os lugares". Essa é uma afirmação. A segunda afirmação é de George Steiner, que disse que "minha pátria é minha máquina de escrever". E a terceira afirmação, feita por Wittgenstein, foi que "o único lugar onde problemas filosóficos reais podem ser enfrentados e resolvidos é a estação ferroviária". Essas três afirmações apontam na mesma direção. E acho que esse "lugar nenhum", como disseram essas pessoas, é uma situação intelectualmente fértil. Você é um pouco menos limitado pelas regras e vê além.

*P.* Então você está dizendo que a experiência desse grupo, em primeiro lugar pelo Holocausto e em segundo lugar apenas por sua posição estrutural em geral, é uma rica fonte de descobertas sociológicas.

*R.* A primeira é o povo judeu como tal. A segunda não é o problema judaico em geral, mas o problema da assimilação da elite intelectual judaica: pessoas que foram os profetas mais ávidos e dedicados dessa grande oportunidade da modernidade. Na medida em que buscavam se assimilar a essa nova vida moderna, porém, na verdade se assimilavam a sua própria assimilação, pois esse era o único lugar aonde podiam ir. Kafka captou isso muito bem, usando a metáfora do animal de quatro patas: as patas traseiras já saíram do chão, mas as patas dianteiras não encontram onde se apoiar. Esse é o tipo de situação suspensa que agora se torna mais ou menos universal – todos nós vivemos em uma situação de contingência e escolha: nada é dado; tudo deve ser feito. E os judeus – esse tipo de judeu intelectual – simplesmente se encontraram por acaso nessa situação primeiro.

*P.* Gostamos da frase "nação não nacional", porque você tem o povo judeu, que é, pelo menos nas sociedades ocidentais, praticamente invisível. Eles não são como os negros ou asiáticos – eles são invisíveis –, mas, ao mesmo tempo, os judeus têm crenças não cristãs, celebram um calendário diferente de festas religiosas e atuam em comunidades pequenas e bastante unidas, casando-se muitas vezes dentro da própria comunidade; no entanto, ao mesmo tempo, esse grupo é parte integrante do país em que se estabeleceu, de modo que – a frase é adequada – eles são tanto de fora quanto de dentro.

*R.* Sim, mas isso diminuiu bastante. O ponto que estou enfatizando em *Modernidade e ambivalência* é que foi simplesmente uma "oportunidade histórica única". A vida dos judeus assimilados, que vocês descrevem e conhecem, as únicas pessoas que vocês realmente encontraram, é monótona, sem inspiração e não exatamente fértil. Não há nada para impulsionar correntes intelectuais especiais, para dar perspectivas particularmente amplas e romper horizontes. Foi apenas um período na história em que os judeus estavam saindo da camisa de força do gueto e entrando na sociedade maior. Isso foi a segunda metade do século XIX e a primeira parte do século XX, especialmente nos territórios de modernização intensa e abreviada – Áustria-Hungria, Alemanha, Europa central e Europa oriental –, onde se criou essa oportunidade de uma espécie de visão profética, de abrir os olhos para coisas que outras pessoas ainda não viam... Essa afinidade eletiva não é um fenômeno especificamente judaico. Ela é, na verdade, o fenômeno de uma situação social peculiar em que parte da população judaica se encontrava em tais circunstâncias. Para enfatizar: não estou atribuindo uma missão especial ao judaísmo; estou simplesmente dizendo que, por acidente da história, a experiência judaica teve um significado especial para a compreensão da lógica da cultura moderna.

## Referências

BAUMAN, Janina. *Winter in the Morning*: A Young Girl's Life in the Warsaw Ghetto and Beyond, 1939-1945. Londres: Virago Press, 1986. [Ed. bras.: *Inverno na manhã: uma jovem no gueto de Varsóvia*. Rio de Janeiro: Zahar, 2005.]

BAUMAN, Zygmunt. *Socjalizm Brytyjski*. Varsóvia: PWN, 1956.

______. Culture, Values and Science of Society. *University of Leeds Review*, v.15, n.2, p.185-203, out. 1972.

______. Intellectuals in East-Central Europe: Continuity and Change. *East European Politics and Societies*, v.1, n.2, p.162-86, 1987.

# Índice remissivo

SOBRE O LIVRO

*Formato*: 13,7 x 21 cm
*Mancha*: 24,5 x 38,7 paicas
*Tipologia*: Iowan Old Style 10/14
*Papel*: Off-white 80g/m² (miolo)
Cartão Triplex 250g/m² (capa)
*1ª edição Editora Unesp*: 2023

EQUIPE DE REALIZAÇÃO

*Capa*
Negrito Editorial

*Edição de texto*
Giuliana Gramani (Copidesque)
Tulio Kawata (Revisão)

*Editoração eletrônica*
Eduardo Seiji Seki (Diagramação)

*Assistente de produção*
Erick Abreu

*Assistência editorial*
Alberto Bononi
Gabriel Joppert

Rua Xavier Curado, 388 • Ipiranga - SP • 04210 100
Tel.: (11) 2063 7000 • Fax: (11) 2061 8709
rettec@rettec.com.br • www.rettec.com.br